本書を実現させてくださった

世界中の人に心からの感謝を込めて

WHAT IS YOUR DREAM?

201カ国、202人の夢

この地球で同じ今を生きる人たちの夢を通じて

多様な生き方、多彩な価値観、多岐にわたる課題など

いろいろな世界を知ることができる。

世界中の人の夢を知ることで、自分の夢に気づく。

自分の夢に気づくことで、世界に何ができるかを知る。

ONE WORLD
IN
ONE BOOK

「私たちの夢に国境はない」

一人の夢から始まったプロジェクトに

世界中の人たちが共感して、この一冊が生まれた。

「世界は一つ」

あたりまえだけど、まだ、あたりまえではない事実が

この一冊に詰め込まれている。

「I から We へ」

一人の夢から、みんなの夢になることで

分断を越え、国境を溶かし、一つの世界に向かっていこう。

CONTENTS

– コンテンツ –

WORLD MAP

AMERICAS

P.294 ···· アメリカ

EUROPE
P.142 ···· ヨーロッパ

ASIA
P.382 ···· アジア

AFRICA
P.12 ···· アフリカ

OCEANIA
P.252 ···· オセアニア

ABOUT
THE DREAMPA

－ 夢ページについて －

国・地域の名前[1]

国・地域の旗[2]

夢の題名

---

[1]　国名は、国際連合加盟国は国連表記に、非加盟国はIOC表記に準じています。
　　ただし、国・地域名については代表者と協議の上、通称を使用している場合が
　　あります。各大陸・地域区分は国連のものに準じています。

[2]　国・地域の旗は2021年3月現在のデザインを使用しています。

GE

書いてもらった夢※3

SDGs ICONS

一人ひとりの夢に関連するSDGs
の番号を最大三つまで表示して
います。また、P.513には本書
におけるSDGsの考え方、P.520
にはSDGs索引があります。

国・地域の代表者の名前※4

※3　2020年3月から2021年4月までの間に各国代表者に書いてもらった夢を掲載しています。
　　本文中において、冒頭に掲示した国・地域名と異なる呼称を用いている場合や、国連非加盟の
　　国・地域を「国」として表記している場合がありますが、代表者による表現を尊重しています。

※4　現在住んでいる国や国籍を有している、もしくは有した国、アイデンティティを感じてい
　　る国などを基準として、代表者を選出しています。

WE HAVE A DREAM

201ヵ国202人の夢
×SDGs

編 = WORLD DREAM PROJECT

EASTERN AFRICA

SOUTHERN AFRICA

MIDDLE AFRICA

WESTERN AFRICA

NORTHERN AFRICA

AFRICA

-アフリカ-

チャド
P.72

中央アフ
リ

カメルーン
P.68

赤道ギニア
P.80

サントメ・プリンシペ
P.70

ガボン
P.82

コンゴ
P.66

アンゴラ
P.76

ナミビア
P.62

EASTERN AFRICA
－ 東アフリカ －

SOUTHERN AFRICA
－ 南部アフリカ －

MIDDLE AFRICA
－ 中部アフリカ －

エリトリア
P.34

ジブチ
P.48

ソマリア
P.36

エチオピア
P.32

南スーダン
P.44

国

ウガンダ
P.46

ケニア
P.20

ゴ 民主共和国
P.78

ルワンダ
P.38

ブルンジ
P.52

タンザニア
P.42

セーシェル
P.16

コモロ
P.30

ザンビア
P.26

モザンビーク
P.22

ジンバブエ
P.28

マラウイ
P.24

マダガスカル
P.18

モーリシャス
P.50

ツワナ
P.64

アフリカ
P.56

エスワティニ
P.58

レソト
P.54

SEYCHELLES

セーシェル

島々からの声に耳を傾けて

　セーシェルのような小さな島国は、気候変動の原因にほとんど加担していないにもかかわらず、その影響を最も受けやすい国に挙げられます。適切な対策が講じられなければ、その影響はひどくなる一方だと予測されています。私は成長する過程で、気候変動が引き起こす破滅的な影響を、まさに目の前で見てきました。海面上昇によって、大好きなビーチが海に消

えていくのを見ました。異常気象のために、耐えられないほど気温が上がるのを体感しました。気候変動の脅威によって、大量のサンゴが白化し、固有種が絶滅し、友達やさまざまな家族が家を追われるのを見ました。

2013年にセーシェルのアンス・オー・パンで洪水が起きたとき、私はその対策チームの一員でした。熱心なボランティアとして、すでにセーシェル赤十字社などの国内のNGOと深くかかわっていたのです。サイクロン・フェレンがもたらした大雨に高潮が重なって深刻な洪水が起き、沿岸地域は壊滅的な被害を受け、インフラへのダメージは広範囲に及びました。

この出来事は私たち島民への警鐘となりました。また、若者たちによる国際イベントに参加したおかげで、セーシェルが直面する課題は、他の島国にも共通していると気づいたのです。こうして、SIDS Youth AIMS Hub（SYAH）を共同設立しました。これは7つの小さな島国が加盟する若者たちの地域ネットワークです。私たちのコミュニティ、国、地域、そして地球をより良い場所にするために協力し、若者主導のプロジェクトをそれぞれの島で同時に展開しています。SYAHの活動を通して、私は自分の声を聞いてもらえていると感じています。大きな力をもらい、世界に重要な貢献を果たせていると感じています。同じ志を持つ人たちとの出会いは、私たちに必要な世界の姿、そして、未来の世代が受け継ぐ世界の姿を追求する原動力を与えてくれます。私はもっと多くのセーシェル人や一般の若者たちに変化をもたらす力を持ってほしいと思っています。政府にもっと要求したり、環境に優しいエネルギーを提唱したり、二酸化炭素の排出を減らそうと持続的に取り組んだりなどです。

私の夢は、誰もが明日の世代のために今日の資源を守ろうと努力する、そんな世界に住むことなのです。世界がついに小さな島国の願いに耳を傾け、気候変動への取り組みが高まっていくことを夢見ています。私たちの暮らしは危機に瀕しています。得られる限りの支援を必要としています。大きな支援も小さな支援も。

アナエル・ボドウェル

MADAGASCAR

マダガスカル

我が王国の女王

　女性や少女のために、私は夢見ています。一人ひとりが型にはまった考え方や差別、障壁から自由になれることを。私は願っています。女性や少女が、魂が発する最も純粋な叫びや真の望みに耳を傾け、自分の奥深くに眠る核とつながれることを。型にはまるなんて嫌だと、情熱的に堂々と自由を求める女性や少女で、世界がいっぱいになってほしい。自信や愛に満ち、詩的で、強く、夢と情熱にあふれた生き方をする女性や少女で。魔法の杖の一振りで、彼女たちは素晴らしい自分への一歩を踏み出せるのです。

　「女性によって、女性のために。」このことが私の人生を導いています。私は、女性の力を心から信じる、強い女性たちの家族に育ちました。その1人が祖母です。彼女は孤児院をつくり、弱い立場にある大勢の子どもを助けていました。祖母の存在はまるで私の世界の太陽で、命は贈り物だと教えてくれたのも彼女でした。祖母をはじめ、まわりの女性たちが私に自信の種を蒔いてくれたおかげで、最良の自分になれたのです。

　ある日、スラムの子どもたちのために公立学校でボランティアをしていたときのこと。夢を聞かせてとお願いしました。みんな打ち明けてくれました。ただ1人の、小さな女の子を除いて。「ディナ、私には夢がないの。」彼女は涙が枯れるほど大泣きしました。私はこの涙を決して忘れません。大勢の少女の夢が、型にはまった社会の見方や古くからの男女差別に踏みにじられているのです。

　私は夢見ています。彼女のような少女たちが内なる力を見いだし、嵐を乗り越え、輝く陽光を見つけることを。規範もレッテルも夢を打ち砕くものはもういりません。雨が止むことはないと思い込んでいる女性たちは、自分にその価値があることを知らないのです。私はおとぎ話を夢見ています。そこでは女性や少女が魔法を使います。「めでたし、めでたし」で終わらず、幸せな生活が続きます。彼女たちは自分の王国の女王なのです。私は夢見ています。すべての女性や少女たちが、太陽の下であるがままに咲き誇ることを。

アンドリアリマンジャカ・ディナ・ノメナ

KENYA

ケニア

Take Action!

怖くても行動する。迷っても行動する。1人でも行動する。何よりも大切なのは、行動することだ。

僕には、非感染性疾患（NCDs）の情報不足が引き起こす死と苦しみがない世界を見るという夢がある。NCDs は、がん、糖尿病、慢性的な肺疾患、心血管疾患、メンタルヘルスなど、人から人へ感染しない病気だ。高校生のとき、がんが親友の命を奪った。次の年、叔母が脳卒中で亡くなり、その1年後にもう1人の友人が糖尿病で亡くなった。もし NCDs に関する正確な情報さえあれば、彼らは今も生きていたかもしれない。

僕が大きな決断をしたのは大学生になったときだ。NCDs に関する情報に誰もが自由にアクセスできるように組織をつくろうと決めた。友達も家族も、その考えは甘いと言った。僕は若すぎるし、経験もお金もないから失敗する、と。みんなが言ったように僕は二度「失敗」した。だけど、僕は諦めなかった。僕が何もしなかったら、僕が夢を追い続けなかったら、苦しみ、死んでしまう人がいる。それが分かっていたから、僕は大変なことも乗り越えることができたんだ。

僕がつくった会社、Stowelink Inc. では、NCDs について知ってもらうためにさまざまなプロジェクトを実施し、モバイルアプリやボードゲームの開発にも取り組んできた。これまで 200 万人以上に情報を届けることができた。さらに、僕は3冊の本を出版した。そのうち2冊は健康や病気に関するものだが、もう1冊では若い起業家がスタートアップをうまく運営していく助けになればと思い、僕が起業家として歩んできた道のりを紹介している。

想像してみてほしい。もし僕が最初の一歩を踏み出さなかったら？情報が得られないままもっと多くの命が失われていたことだろう。どんな夢だって実現できると知ってほしいんだ。夢を実現する方法は、最初の一歩を踏み出すだけ。

だから、まず行動しよう！

ステファン・オグウェノ

MOZAMBIQUE
モザンビーク

心の自由、心の独立

　今よりも若い頃、本当の自由とは心の自由であり、自分で考え、問いを立て、答えを求め、自分なりの真実を創造して語る能力だと言われたことがあります。それができるようになれば、識字力を身につければ、いよいよ自由になれるんだと。その日以来、こうした自由についての考え方が人生の原動力となり、その実現が私の夢になりました。

モザンビークは45年前に独立を宣言したにもかかわらず、私たち国民はまだ心の独立を果たしていません。現在、モザンビークは、識字率が世界で最も低い国の一つです。識字率は人口のたった47%、そのうち女性の識字率は28%に過ぎません。[1] 女の子の94%が小学校に入学するものの半数以上が中学校を中退し、大学に進学するのはわずか1%。[2] ほとんどの女の子は、基本的な読み書きのスキルを持たずに学校を去っていくのです。さらに、2019年7月まで、児童婚が合法でした。伝統の結果として何世代にもわたってはびこってきたのです。

そのため、私は自分自身を例外的な存在だと思っています。モザンビークに住む女の子でありながら、大学へ行くことができ、他の子どもたちが見る夢よりも大きな夢を描くこともできたから。だけど、教育という恩恵を受ける資格があるのは、私だけではなかったはずです。才能があり、能力があり、可能性があり、もっと多くのことを成し遂げられる若い女性は何百万人もいます。私はたまたま両親が教育を大切にしている幸運な人だっただけなのです。

モザンビークは1975年の独立後、国の再建に貢献できる有能な若者を必要としていました。私の両親は動員され、教育こそが繁栄と成功の鍵であると考えるようになった若者たちの一部でした。ありがたいことに、両親は私に教育を諦めることや10代で結婚することを強要しませんでした。

若者は木のようなもの。水をあげれば成功できます。若者たちが早い時期に「教育こそ、自分たちが望む変化を起こす唯一の方法である」と知れば、自らが手にしている巨大な力に気づくことができるでしょう。

すべての人、特に若い女性が教育を受けられるようにして、自分自身の心の自由と独立をつかみ取れるようにすることが私の夢です。高等教育を追求した後は、不足している教育資源に対するソリューションを提供し、何よりも教育という旅において子どもたちをサポートすることの利点について意識を高めていくつもりです。教育は決して運や特権の問題であってはなりません。基本的人権なんです。

カルメン・リボンボ

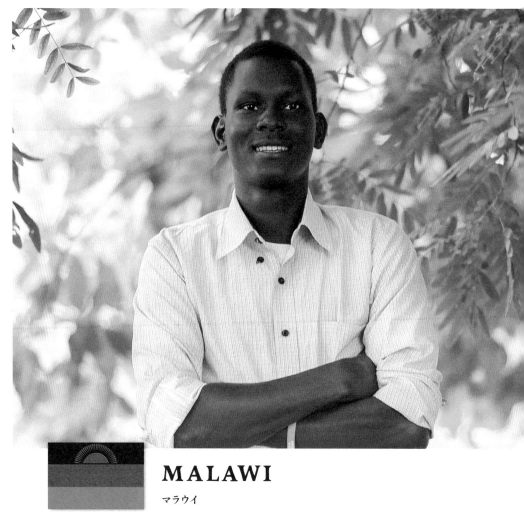

MALAWI

マラウイ

友を信じ、機会をつかもう！

　私は貧しい家庭に生まれた。両親ともに教育を受けておらず、教育の機会についてはほとんど何も知らなかった。4人のきょうだいのなかで、高等教育を受けたのは私だけだった。

　私は特別に、大学教育を受ける許可を与えられた。そのような機会を与えられたものの、スムーズに勉強できたわけではなかった。両親は授

業料や他の必需品の支払いができなかったのだ。学業を成就するという私の夢は危うくなりかけた。だが、熱意に燃えた若者だった私は、必死になって支援を探し求めた。LinkedInなどを通じてつながった外国の友達の助けを借りて、有益な情報を手に入れていった。それは特に、人間関係の構築についてだ。懸命に取り組んだかいあって、奨学金を獲得するという素晴らしい結果がもたらされた。この結果は、どこで、どのように、チャンスを探すのかという知識を持てたことで達成されたのだ。

そういうわけで、何よりもまず情報にアクセスできる世界をつくることが大切だと、私は信じている。私の家族はとても幸せだろう。なぜって、私を見れば未来には可能性があるのだということが分かるし、私が教育を受けるためにどんな手順で支援を受けたのかが分かるのだから。

発展途上国では、多くの若者たちがチャンスを手にするための情報にアクセスできない。これは貧しかったり、有益な情報を得られるような場所がほとんどないからだ。私たちはこのことをよく認識して、若者が情報にアクセスしてチャンスを得られるように、健康、農業、起業家活動など、多くの分野で改善しなければならない。

私の夢は、キャリアアップや専門知識を高めるために、若者が平等かつ公平にグローバルなチャンスを捕まえて、夢を実現させるプラットフォームをつくることである。最終的にはこのプラットフォームを大きなコンサルティング会社にしていきたい。これにより、若者はたくさんの生きたスキルを身につけて、より容易に仕事に就くことができ、社会に安定した仕事が生まれる。また、夢を追う若者の妨げとなる経済的負担を減らすことにもなるだろう。

私が若者たちに伝えたいメッセージは、「信じることがすべて」ということ。自分のことを信じ、夢を大切にし、勇気を持って自ら進んで世界中のさまざまな人たちと本物の関係を築くべきだ。そして、めぐってくるチャンスに、常に注意を向けるのだ。

ジョン・クムウェンダ

ZAMBIA
ザンビア

気候変動と闘う新世代の戦士を導く

　私はザンビアの都市キトウェ郊外のコミュニティで育ちました。その村では干ばつ、季節的な洪水、不規則な降雨パターンが不作を引き起こしていました。私も含めた村の子どもたちは時として朝ご飯をろくに食べられずに出かけるので、勉強に集中するのに苦労したものです。近くの銅山が引き起こす汚水のせいで、タンパク源として私たちが頼りにして

いた川魚は死に、呼吸器系の病気が地域を襲って入院患者が急増しました。私たちの村には誇れるものなどほとんどなく、「故郷」と呼ぶことにさえ抵抗がありました。

　私はあらゆる環境問題を解決するには、子どもたちや若者たちが希望の光だと思っていました。しかし、彼らはみな将来の不安と真っ向から闘うことができず、故郷で彼らを鼓舞してくれる人を必要としていました。

　そこで私は14歳のとき、希望を掲げ、村に行動を呼びかけるためにラジオとメディアに目をつけました。私が放送する毎週のラジオ番組は、今では毎週200万人以上のリスナーに聞いてもらえるようになりました。この経験は、子どもたちが、地球のために地域の行動を起こすように鼓舞する力を持っていることに気づかせてくれたのです。

　子どもの頃の私の努力はやがて、現在私たちがAgents of Change Foundationと呼んでいる団体を誕生させることになりました。若者が主導するザンビア人による団体です。この団体は、持続可能な開発と気候変動に対する行動に向けて、ラジオや写真、動画を活用しながら、ザンビア全土で1,000人以上の子どもたちを動員しています。私たちは過去5年間に気候変動、効率的な資源活用や持続可能な消費についての助言を提供する、1,500以上のポッドキャストを世に送り出してきました。こうした努力は、バラク・オバマ元アメリカ大統領、エリザベス2世女王、国連環境計画（UNEP）、大阪青年会議所に認められるに至ったのです！

　私はこれまでの人生を通して、子どもであっても身近な家族や友人、地域社会に良い影響を与えることができるということを学びました。私たちは自分のエネルギー、スキル、ツールを使って、地球上にポジティブなカスケード効果を生み出すことができます。私はこれまで、あらゆる社会的な問題や環境問題が根絶された世界を夢見てきました。そのことが気候変動と闘う戦士でいるように自分を突き動かし、新世代の戦士を育ててきたのです。

ブライトン・カオマ

ZIMBABWE

ジンバブエ

男性依存のサイクルから抜け出そう

　私の夢はシンプルでピースフルですよ。

　私は現在ロースクールに通っているのですが、まず10年後にはジンバブエの農村部（できればアフリカ全土）で弁護士として活動したいと考えています。ジェンダーに基づく暴力事件が、地方の農村の伝統的な裁判ではなく、国の法廷で審理されるように後押ししたいのです。そして、暴力の被害者のために心理療法やシェルターを提供する組織を開くことも計画しています。

　ジンバブエの農村部では、「男性は稼ぎ頭、女性は子育てや家事をする人である」と女性には教えられています。私も個人的に、こうした言動がいかに女性を徐々に弱らせ、男性依存のサイクルを生み出し、さらに若い世代へと受け継がれるのかを目の当たりにしてきました。私の目標はこのサイクルを断ち切り、女性が自分の足で立ち上がれるように促していくことです。

　私が構想しているシェルターでは、裁縫、ガーデニング、木工、パンづくりといった職業訓練を夜間学校で受けながら、識字率の向上を目指します。こうしたスキルは農村部で役立ち、コミュニティ開発のためのお金を生み出すことになります。例えば、地元の学校の制服を縫製したり、ガーデニングプロジェクトで採れた新鮮な野菜を地元のお店に提供したり。焼いたパンをコミュニティで販売したり、助けを必要としている人に大工仕事を提供したりすることもできます。経済的地位で言うと、ジンバブエは赤ちゃんがハイハイを始めたようなものだから、政府による大規模な資金援助を期待するのは非現実的。女性たちがコミュニティのための資金を生み出しながら、男性依存のサイクルを断ち切らないといけません。

　私の夢は人権教育や新しいビジネスの機会を通じて、アフリカの農村地域と、そこに住む女性たちの生活を変革することです。この夢が、平等な未来に向けて私のモチベーションを高め続けています。私は女性のエンパワーメントと男女平等に情熱を抱くフェミニストとして、人生の再出発を望む女性の声と力を支える柱になりたいです。

ベネボレンス・ムバノ

COMOROS

コモロ

普段着のヒーロー

　生まれてからずっと、私たちは変化を切望してきました。そして私たちが住む世界は、毎日、さらに多くの理由を突きつけてきます。気候変動、紛争、貧困、さまざまな不正や不平等。もちろんこれら諸悪は今日始まったわけではありませんが、インターネットの普及でますます多くの問題が浮き彫りになっています。

しかし、ほとんどの場合、変化への望みは落胆に、ときには諦めに変わります。なぜなら私たちには物事の流れを変え、ひいては世界を変えるための力が足りないと思ってしまうからです。結局のところ、変化は権力者が起こすものだと信じることに慣れているのです。政治、立法、経済のいずれの変化であっても。私たちは、変化は重大な事件によって引き起こされるものだと歴史のなかから学んできました。革命や自然災害、パンデミック、国の支配層の思いつきといった出来事によってです。

　私は長い間このように信じていましたが、あるとき、「バタフライ・エフェクト」というたとえを知ったのです。蝶が羽をひとたび動かしたことで、世界の裏側で竜巻が引き起こされているかもしれない。日常生活に話を置き換えると、このたとえは、私たちの世界が複雑で、予測不可能で、脆いものであり、さらに、私たちの小さな行いがいかに重要な変化につながりうるかを暗示しています。

　そのときから私は、この小さな蝶の羽ばたきを毎日実践するようにしています。家庭生活のなかで、さらにビジネスリーダーとして、活動家として、モチベーショナル・スピーカーとして。そして、気をつけて見てみれば、私の小さな行動が大きな変化を生んでいることが分かったのです。私は起業家として、デジタル広告代理店を共同設立しましたが、ちょっとした感謝の言葉をかけ、仲間の仕事を評価すると、それが彼に自信を与え、良い仕事をするようになり、会社の業績が上がり、彼の給与が上がり、ひいては彼の家族がより良い暮らしができるようになるのです。元をたどれば、すべてが小さな感謝の言葉から生まれたのです。

　だから、私は夢見ています。誰もが良い方向へ世界を変える力を持っていると気づくことを。ささやかな親切や共感、環境意識、職業倫理、美徳に基づくささやかな行動で世界を変えられるのです。「バタフライ・エフェクト」という視点から、誰もが自分の行動の価値を認め、私たちが夢見る世界を築くために普段着のヒーローになることを私は夢見ています。私たちの小さな行動が、いずれは気候変動のような大きな闘いでの勝利に導いてくれることでしょう。

トイミモウ・イブラヒム

ETHIOPIA

エチオピア

アートで夢を育てる

　幼い頃の私は画家になりたいと思っていましたが、それはかないません でした。長じて心理カウンセラーになった私はあるとき、アートは人を癒 やすことができると気づいたのです。それは、子どもの頃に抱いていたアー トへの夢と、メンタルヘルスの専門家としての人生が結びついた瞬間でした。

　子どもや若者はいろいろなことに憧れ、何か大きなことをつくり出した いと思うものです。私の住むエチオピアは美しい国ですが、自分たちの夢 を語ったり、自分自身を表現する場を十分に持たない子どもたちの姿を見 てきました。子どもたちがやってきては、こうしたことを思いっきりでき る安全な場所をつくる。そのために自分には何ができるだろう？　あらゆ る形式のアートを使って、みんな自分の考えを自由に表し、自らを癒し、 目標に向かって前進する世界を私は夢見るようになりました。

　その後、Solgit という国際的なサーカス・アーティストと出会い、2016 年にエチオピアで SunEko Art for Social Development という団体をつく りました。私たちは社会性の成長を助けるツールとして「ソーシャル・サー カス」を実践しています。音楽やダンス、演劇、スポーツなど、子どもや 若者の関心を引くものが含まれています。プログラムの参加者はコミュニ ケーション力、ウェルビーイング、学業、創造力、体力や行動パターンといっ た点でより良い変化を示してきました。

　6年前、私たちは小さなアートセンターから始まりました。そして今では、 子どもや若者のために「アートによる癒し」を提供する、東アフリカ最大 のオープンスペースをつくるべく奔走しています。誰でも訪れることがで きて、何かをつくり出し、力を伸ばしていけるような場所。子どもや若者 のために創造性に富んだ空間を提供し、彼らにとって最適で、実りの多い 方法での成長・発達を目的としたサービスを提供します。

　アートは強力な言語であり、夢とつながり、自分自身を表現するツール だと強く信じています。アートを直接的・間接的に使って、子どもが年長 者から学んだり、年長者が子どもから学ぶ。そんな調和と思いやりに満ち た世界の実現が、私の夢です。

エフレム・ベケレ・ウルデイス

ERITREA

エリトリア

不正義に抗う勇気

　私は恵まれた立場でこの文章を書いています。まずはこのことを明らか
にしておきます。11歳のときに国を去り、カナダで生活していてエリトリ
ア国民が経験している苦境をほんの少しも味わったことはありません。個
人的な目標を追求するために、エリトリア国内に残る人々から自分自身を
切り離したのです。しかし、できる限り謙虚な姿勢で、共感と思いやりの

気持ちを込めてこの文章を書いています。

エリトリアでは今でも多くの命が失われ、大人や幼い子どもが自由と人権を求めて国外脱出を図っています。これはほとんど知られていません。なぜなら海外に離散した私たちが、こうした不正義に目を向けようとしないからです。生きて国外脱出できたエリトリア人たちは、どういうわけか同胞たちの困難に対して無関心になります。故国のイメージは美化される一方で、ますます現実のありさまから遠ざかっていきます。私自身も、ごく最近まではこの問題に無関心なままでした。でもこのことを自覚してからは、海外在住エリトリア人たちに、今も故国で暮らす同胞たちの権利のために闘わなければならないという意識を目覚めさせようとしてきました。「無関心と放置は、多くの場合、しばしばむき出しの嫌悪以上の傷を負わせる」というJ・K・ローリングの言葉が、私のなかで生きています。

1991年の独立以来、エリトリアは独裁政権下にあります。イサイアス・アフォルキ大統領は政治団体の結成を禁じ、選挙を廃止し、政府の各部門を閉鎖することで、巧みに目的を果たしてきました。権力を監視する目はなく、国民は脅かされています。言論、表現、集会、信仰の自由は存在しません。高校を卒業した者には、一生涯続く兵役が待っています。その上、政府は教育を厳しくコントロールしています。国民はずっと政府の管理下で絶望を抱えながら停滞したままです。

故国に暮らす同胞の力になるためには、何ができるのか。その第一歩として、私は本当の意味での教育が必要だと主張しました。これは、サスカチュワン大学のアフリカ学生委員会会長としての私の大切な目標の一つです。加えて、移民法の学位を取りたいと考えています。この問題に関する理解を深め、同胞の自由と権利を守り、次世代の人々が共感を持って行動を起こせるようにするためです。自分が恵まれた立場を生かして、声を上げられない人たちの身に起こっている不正義を広く世界に訴える勇気を持ってほしい。未来の世代に、私はそう呼びかけたいのです。

ヘブン・ベルヘ

SOMALIA

ソマリア

鮮やかな路上の物語を世界へ届ける

　子どもの頃、目のアレルギーがあり、かゆみ、涙目、充血に苦しんでいました。当時ソマリアには資格のある検眼医がいませんでした。それで私は医師になりたいと思ったのです。また、父は有名な内科医でした。父のように、私も患者さんの痛みを和らげ、希望を取り戻してあげたいと思いました。それで私は、大学で検眼学と検眼トレーニングを学ぶため、ハルゲイサに引っ越しました。

　さて、目とカメラには、多くの共通点があります。どちらもレンズを備え、それで光を屈折させて目あるいはレンズの後方に到達させるという方法で機能しています。後方とは目なら網膜、カメラならフィルムに相当します。他にも多くの共通点がありますが、そういうこと以上に、幼い頃から私は人間の目と写真に対して強い興味を抱いてきました。私は科学と芸術の架け橋となるよう運命づけられていたのだと思っています。

　子どもの頃に撮った写真を、家族は気に入ってくれました。家族でデジタルカメラを所有していて、私は夕日の写真を撮ったことを覚えています。私はそれらをいくつかのアルバムにまとめました。18歳のとき、スマートフォンとInstagramを利用して、「ストリート・ストーリーズ」を記録する旅を始めました。ストリート・ストーリーズとは、せかせか歩いたり笑っている人、カラフルな行商人から買い物客まで、私たちが街で目にする日常生活そのもの。ソマリアの人々の美しさや文化の豊かさを世界に見せたかったのです。私の旅は今や、ソマリアのイメージを変えることに成功したアフリカの物語だと見なされています。多くの汎アフリカのプラットフォームで公開され、CNNのAfrican Voicesでも特集されました。

　あまたの物語が、誰の目にも触れられず、明らかにされず、誰にも語られないままにされてきました。私の写真を通して伝えられることは、素敵なこと。私の夢は、写真のなかに自分たちの物語を記録し、それを世界とシェアすることを同世代の若者たちに教えること。とてもシンプルですが、世界への影響は、決して小さくはないのです。

アドナン・オブド・モハメド

RWANDA

ルワンダ

子どもに尽くす、未来に尽くす

　私は、恵まれない家庭に生まれました。教育を受けるためにとても苦労し、支援者からサポートを受けながら、ケプラー大学を卒業しました。この経験から私は、恵まれない子どもたちを守ろうと決意しました。私自身が経験したことが未来の世代でも起きるのを阻止したいのです。

　ルワンダは、東アフリカ内陸部にある開発途上国です。1994年のツチ族の大虐殺という悲劇を経て、2035年までに「中所得国」、2050年までに「高所得国」になることを目指して、さまざまな分野で国づくりを進めてきました。しかし、この目標を達成するまでには長い道のりが待っており、教育が先導役として必要になるでしょう。なぜなら、スキルがあれば、雇用のチャンスが生まれ、所得が増え、生活水準も向上するからです。

　ルワンダでは、公立学校での初等教育は無料ですが、私立学校の学費は高額です。言うまでもなく、私立学校は常に上位にあります！　入学者数はより少ないものの、そこには高給をもらっている熱心な教師がいて、より優れた組織構造があり、社会的、知的発達の鍵となる規律を重んじる環境があります。しかし、良い結果を生み出すこうした環境を、公立学校で採用するのは難しいかもしれません。これでは、公立学校の子どもたち、特に貧困地域では質の高い教育を受けられないままです。

　こうした現実から、私たちはイテテロ・ブライト・アカデミーという強力な教育構想を立ち上げました。これは、ルワンダにある30の郡それぞれに複合的教育施設をつくろうというものです。このアカデミーでは、従来の形式の教育に加えて、課外活動や週末の特別授業も行っています。公衆衛生や経済力の向上、能力の開発といったことについて、コミュニティに知ってもらうためです。さらに重要なことなのですが、新型コロナウィルスの流行に伴って、昔ながらの教室内での教育に頼るのではなく、デジタル学習を可能性のある選択肢として取り入れることにも挑戦してきました。

　イテテロは、すでに多くの成果を上げています。2018年に始まり、私たちの幼稚園を112人の子どもたちが卒園し、経済的に恵まれない状況にいる26人の若き才能を見出しました。Smile Africa TVというYouTubeチャ

ンネルを開始し、私たちの講義がきっかけで253人の高校生が地域の社会
活動に参加しました。今では2050年までにすべての郡に学校施設をつく
るという新しい構想を描くようになりました。それは私の夢と希望であり、
すべての恵まれない子どもたちとルワンダのために、力の限りを尽くして

実現させたいと考えています。そのためのアイデアを持っている人がいれ
ば、私たちはいつでも大歓迎です！

ジョセフ・ドゥサベ

UNITED REPUBLIC
OF TANZANIA
タンザニア

誰もが誰かに必要とされる世界

　自分は役立たずで、努力が足りない。私は幼い頃からそう感じ、苦しんできた。両親が事あるごとに言ってきたのは、私は家族の役に立っていないこと、私に失望させられてきたということ。そう言って子どもたちをがんばらせようとする親は、アフリカにたくさんいると思う。

　こうした言葉は聞くたびに心が痛くてたまらないものだった。両親を喜

ばせようと一生懸命やったが、結果は無駄に終わった。がんばっては諦め
るというサイクルが延々と続いた。そのうち、「私はそんなにひどい娘な
のか？」と自問するようになった。

　高校生の頃から、人に助けの手をさしのべることはあったが、それはと
てもささいなことだった。私よりも経済的に恵まれない家庭のルームメイ
トに自分のお小遣いを渡した。大学に入るとボランティア活動に打ち込み、
私にできることは何でもやった。自分に対しても、家族に対しても、人の
役に立ち、欠くことのできない存在だと証明したかったのだ。時が流れる
うちに、それが習慣となった。目の前に助けが必要な人がいれば、手をさ
しのべないではいられなくなった。

　役に立つ人間だと認めてもらおうと、全力を尽くした。人の助けになっ
ていることに夢中になり、いつしかボランティア活動が第二の故郷のよう
に感じられるようになった。ボランティアをしたり、誰かを助けたりする
と、とても幸せな気持ちになった。愛されるためにもっともっとがんばら
なければと思っていたが、「愛されている」「感謝されている」と感じるこ
とが、私の心にぽっかりとあいた穴を埋めてくれた。きっかけこそ自分の
存在価値を証明したいという気持ちだったかもしれないが、今では他者の
人生をより良く、より安全に、より幸せに、より豊かにしなければならな
いという想いに突き動かされるようになっている。

　世の中には、慈善事業家と呼ばれる人があふれている。だが人によって
取り組んでいる課題はさまざまだ。私に関して言えば、単に慈善事業家と
呼ばれたいわけではない。人々の人生をより良い方向に、しかもがらりと
変えられるような人間にいつかなるのが夢なのだ。私は、自分がひどい娘
だとは思わない。最高ではないとしても、十分に良いと自信を持って言え
る。見返りを求めることなく、人に与えることができれば、私の夢が実現
したということになるだろう。誰かの人生を少しでも良い方向に変えたい。
誰もが愛され、感謝され、必要とされ、いつも助けの手が近くにあって安
心できる。そんなチャンスのある世界が、私の夢だ。

　　　　　　　　　　　　　　　　　　　グロリア・J・ワンヘレヤ

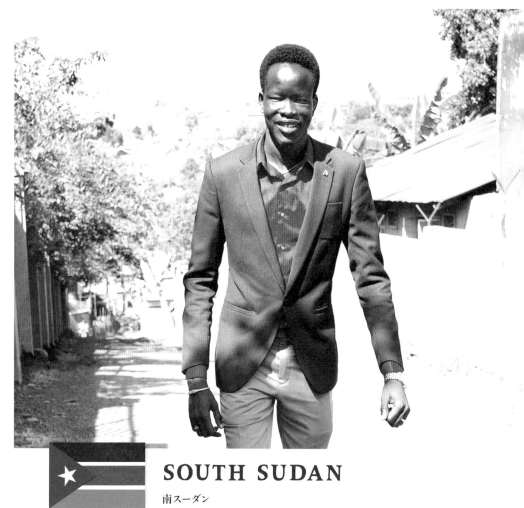

SOUTH SUDAN

南スーダン

苦境から立ち上がる！

　私の祖国である南スーダンは、国連加盟国中で最も貧しい国の一つです。2011年7月9日にスーダンからの独立を達成したとき、これでようやく私たちは、自分たちの針路を自分たちの責任において決められるのだと考えました。ところが、政治家たちはこの国を無意味な内戦へと引き戻し、私たち市民を呆然とさせました。何千人もの命が奪われ、何百万もの人々

が近隣諸国に避難を余儀なくされ、さらには数千もの人々が国内避難民として国連の民間人保護施設に避難することになりました。石油収入と外国からの援助だけに頼っていた南スーダンの経済は破綻し、何百万人もの人々が絶望的な貧困と飢饉（ききん）に見舞われました。2018年に和平協定への署名が行われたにもかかわらず、依然として高インフレが続いています。

　さらには、企業による石油採掘によって、南スーダンの自然環境は極めて劣悪な汚染状態にあります。さまざまな種類の有毒化学物質が水域に流れ出し、それが生態系を破壊し、人間と動物の両方の命をより大きなリスクにさらしているのです。特に妊婦への影響は深刻で、早産の増加から奇形の赤ちゃんがしばしば生まれています。また、飲料を含め化学産業もまた大きな汚染源となっています。プラスチックを大量に生み出しているものの、適切に処理されず、それがいずれ川に流れ込み、水生動物を殺し、水を安全ではなく使用できないものへと変えているのです。さらに、こうした産業からの排ガスやプラスチックの不適切な燃焼は、地球温暖化の一因にもなっています。

　マケレレ大学で工業化学を専攻している私はこうした悪習と闘い、この国を助けたいのです。マケレレ大学で学位を取得した後は、南スーダン国立標準局（SSNBS）や環境当局で働き、環境を監視し、安全を確保できるようにしたいと考えています。私はまた、仲間たちとともにSOUTH SUDAN CHEMICAL SOCIETYという機関を立ち上げる計画を進めています。この機関では環境への化学物質の流出を抑制したり、化学産業界で働く若き専門家を養成したり、経済の活性化についての研究を重点的に行います。

　私が想い描く理想の南スーダンは、人と人だけでなく、人と環境が調和している国です。現在、私の国は「国民が幸せでない国」の上位10カ国のうちの一つに位置づけられています。イノベーションを起こし、国全体の経済を大きくするための環境を生み出し、国民みんなが幸せに暮らせるようにすることが私の夢です。

タップ・パイ・ガッデ・タット

 # UGANDA

ウガンダ

挫折を夢に変える

　ウガンダの人口の95%以上を30歳未満が占めますが、失業者がとても多く、ウガンダの人口・住宅統計によると、人口の16%がシングルマザー。これをウガンダの現在の人口約4000万人に当てはめると、約650万人がシングルマザーということになります。その上、女性の失業率は男性の4倍。私たちの社会では女性が持続的な雇用を見つけるのが難しいのです。

　私の母もシングルマザーでした。私はジンジャ郊外のスラム街で育ちましたが、そこでは雨が降るとプラスチックごみが水路や側溝に流れ込み、水があふれました。私は学校を休まねばならず、さらに母も学費を払う余裕がなくなりました。そうして19歳のとき、学校を辞めました。私は自立する方法を見つけなければならず、Social Innovation Academyに参加することを決めました。そこで私は、ウガンダのプラスチックごみ問題を解決するという夢をシェアしてくれた人々と出会ったのです。20歳のときには、Kimuli Fashionabilityに参加しました。この組織ではプラスチックごみを集め、水に強く丈夫で美しい、ショッピングバッグなどの装飾品につくり変えていました。

　こうした経験から「ごみ」と「ファッション」に注目するようになり、翌年、シングルマザーの雇用機会を創出するTusobola Women（現・Plastrix Pack）を立ち上げました。プラごみを、私たちが首都カンパラ周辺のごみ埋め立て地や集積所から調達して、お客様のデザインに合わせて裁断、仕立て屋さんに送って、おしゃれな装飾品アクセサリーのでき上がり。最後にスーパーバイザーがチェックして最高の品質のものを納品します。

　最初は資金調達や生産の流れに苦労しましたが、それによって情熱こそが燃料であり、原動力であると教えられました。今の私の夢は、600人のシングルマザーを地域のトレーナーとして教育すること。そうして、プラスチックごみの削減に貢献したいのです。

ザハラ・ナビリ

DJIBOUTI

ジブチ

みんなが夢を追うための電気

　ビデオゲームは今やジブチのカルチャーの一つと言っていいほどで、FIFA シリーズやフォートナイト、Call of Duty などが人気だ。私もビデオゲームに夢中で、フランス留学から帰った後、2018 年には e スポーツ協会を設立し、いくつかの e スポーツイベントを開催したりしてきた。私の国でビデオゲームを盛り上げるための最終ステップとして、若者が VR

ゲームを楽しんだり、他にもリラクゼーションやエンターテインメントのためのスペースを兼ね備えたゲーミングセンターをオープンさせようとしているが、ここで大きな課題にぶつかった。それは法外な電気料金。そのせいで、私は諦めかけた。

　ジブチは約2万3000km²の小さな国だが、国の発展を助ける天然資源に恵まれている。Googleで「ジブチ」と検索すると、アフリカで最も低い海抜マイナス153mに位置するアッサル湖のように、息をのむパラダイスを見つけることができるだろう。しかし、生活環境の改善を妨げるさまざまな問題があり、とりわけ電力問題は深刻だ。

　ジブチは世界で最も電気料金が高い国の一つに数えられており、消費電力1kW当たりの平均価格は55ジブチ・フラン（2021年3月現在で約34円）。夏場は灼熱だが、そんななか何度も停電に見舞われる。収入の大半を電気料金に吸い取られるのが嫌で、結婚したくないなんて若者もいる。ジブチの将来のために、適切な解決策を見つけなければならない。

　長い間、電力問題は解決できないものとして捉えられてきたが、私は全くそう思わない。技術は進歩している。電気料金を下げるためのプロジェクトが次々と生まれ、年間360日にわたる晴天を利用した太陽光発電や地熱のポテンシャルを生かした地熱発電などのプロジェクトが進んでいる。私もまた、ゲーミングセンターの電力需要を満たすため、ソーラーパネルが使えるかどうか実現可能性を研究している。これは環境への影響を低減し、手頃な価格の電気を実現するための主な解決策の一つになるかもしれない。すべてが順調に進めば、2021年までに投資してゲーミングセンターのプロジェクトを再開するつもりだ。

　発展途上国は、火力や原子力には頼れない。私たちは太陽光や風力などの再生可能エネルギーを利用して解決策を見つけなければならない。すべての人が手頃な価格で電気を利用でき、環境のウェルビーイングを最優先に考えながら夢を追えるようにしたい。それが私の夢だ。

エリエ・イ・ダヤ

MAURITIUS

モーリシャス

「母なる大地」の上で暮らす大家族

　5歳の子どもと言えば、お人形遊びやかくれんぼに夢中な年頃でしょう。では、私はどうだったか？　世界を変えることを夢見ていました。それどころか「世界を変えた女性」の1人になろうと思っていたのです。そう、ダイアナ妃のように。「世界を変えた女性」というTV番組に出てくるダイアナ妃を、母がいつも憧れのまなざしで見ていたからです。

　母がダイアナ妃の人生が特集された雑誌を持っていたこともよく覚えています。もちろん私は幼かったので、そこに何が書いてあるのか分かりませんでしたが、ダイアナ妃がアフリカ人グループと会談している写真に目を奪われました。白人女性が「黒人」たちと和やかに話している姿を見て何だか気になった私が、写真の背景にあるストーリーを母に尋ねると、ダイアナ妃が宝石のようにいかに貴重な人であるかを話してくれました。

　そして、貧しい人々を助けようとするダイアナ妃の情熱が私の情熱になりました。23歳のとき、政治の世界に入り、モーリシャスの野党に所属して、貧富の格差やジェンダーの不平等に反対する運動を開始しました。しかし政界では、若い女性議員はそれだけで男性議員から差別を受けました。政治家でいるには、腐敗した体制の一部になり、自分の価値観を裏切らなければならないということを知りました。私のやりたいことはこれだったの？

　かつてダイアナ妃が「王妃になるのではなく、みんなの心の王妃になりたい」と述べていたように、自分が政治家になることを夢見るより、より良い世界を夢見ることの方がはるかに大切なんだと悟りました。そうして、2020年の初めに政治活動を辞めました。私の直近のプロジェクトは、若いアフリカ人が自分たちの経験を記録、共有し、アフリカでより良いネットワークを推進する方法を学べる、オンライン・シンクタンクをつくることです。

　なぜ、めいっぱい働いても少ない収入しか得られないという社会に慣れてしまっているのでしょうか？　なぜ銀行のCEOと同じように清掃員に敬意を払うことができないのでしょうか？　なぜ万人がありのまま平等に尊重されないのでしょうか？　私は「実力主義」の世界を夢見ています。そこでは、社会正義が広く行き渡り、誰もがハッピーで、貧しくて学校に通えない子どもたちもおらず、女性たちは関心があることを声に出すことができます。

　「アフリカ人、黒人は動物同然だ！」という固定観念に終止符を打ちたい。そうして、より良いアフリカになる手助けをしたい。腐敗した独裁者、栄養失調、非識字、貧困……こういうものだけでアフリカが満たされているわけではありません。同じ「母なる大地」の上で暮らす私たちはみな、互いに公平であるべきです。社会正義が何にも勝る世界を自分たちの手でつくる。それが私の夢です。

ダヴィーナ・マーデン

BURUNDI
ブルンジ

「パーフェクトな村」づくり

　私は「パーフェクトな村」を夢見ています。誰もが医療を受けられ、飢えに苦しむことはなく、地域社会は経済的に栄え、環境が守られ、みなが発展のために力を合わせる村です。

　ブルンジでは栄養失調が蔓延し、妊婦や新生児の死亡率が高くなっています。ですが、これらすべての問題は防ぐことができるのです。

私は若い頃から自分の村の課題をよく見ていたので、故郷に何が必要かを知り、「パーフェクトな村」の構想を抱くようになりました。そして、ある人物が村にやってきて、彼がしたことを見たとき、この構想にさらに没頭するようになりました。その人は抜歯の施術を行いましたが、消毒した器具を使わず、保健学の教育も受けていませんでした。このような行為はHIVの感染を引き起こすかもしれません。私は、村に新たな希望をもたらそうと心に決め、17歳のとき、看護学校に通い始めました。卒業すると、病気の村人の家を訪ね、自分にできる医療サービスは何でも提供しました。そして、23歳のときにATN Burundiを創設したのです。農村部に住む弱い立場の弱い人々のために、医療の改善を目指すNPOです。

　さらに同じ年に、Perfect Village Communitiesも立ち上げました。私たちは、コミュニティの開発のために共同組合を組織し、村の食料生産や環境問題に取り組んでいます。家畜を育てて肥料をつくり、それを使って土壌を再生しています。これは環境を守りながら、食料生産を行うためです。食料生産によって飢餓をなくし、農業ビジネスを確立したいと考えています。最終的には、経済的な自立を確保して、医療や教育へのニーズを満たせるようにしていく予定です。

　今では、ますます多くの村民が「パーフェクトな村」を目指し、コミュニティの結束は強くなり、大きく成長を続けています。私たちはすでに多くのことを成し遂げてきました。医療について言えば、健康相談プログラムやワークショップを実現させ、栄養失調や衛生問題について指導をしてきました。また、村に二つの医療施設をつくり、ここでは妊婦や5歳未満の子どもたちは無料で医療を受けることができます。

　私たちは、夢に向かってさらに仕事を続けていきます。ブルンジ国内の他の地域にも活動を広げ、将来的には、私たちの構想を他の国々にも伝えていきたいと考えています。私たち自身のためだけでなく、ブルンジや親愛なる地球のために奉仕できる日が待ち遠しいです。

パフェ・ムギシャ

LESOTHO

レソト

若い母親たちに力を

　私はレソトで生まれ育った若いアフリカ人女性です。私が幼い頃に両親は離婚し、母が1人で弟と私を育ててくれました。母はあらゆる試練や苦難にもかかわらず、土木工学の学位を取得しました。私はそんな母を深く尊敬しています。私は21歳でシングルマザーになりました。大学3年で社会福祉の学位を目指していたときです。非常に苦しい時期となりました。1人での子育ては、心身ともにへとへとになります。でも、力と勇気を振り絞って卒業しました。この経験のおかげで、私自身の夢が生まれました。レソトの女性たち、特に農村部のシングルマザーを解放することです。

　世界では、7億5000万人の非識字人口のうち、約3分の2が女性だそうです。また、6200万人の女の子が学校に通っておらず、さらに数百万人が学校に通い続けるのに苦労しているそうです。※3 女の子が不登校になると、10代の妊娠や児童婚などに結びつきがち。実際、レソトでは女の子の早期妊娠が多いのです。にもかかわらず、彼女たちが健康な生活を送る助けになるサポートや知識、資源はほとんどありません。

　社会福祉の知識を活かして、私は若い母親たちの自立を支えるイニシアチブをつくろうとがんばっています。彼女たちが農学の専門家に教えてもらったり、職業訓練を受けたりして農業のことを学べるよう手助けをします。また、前向きな子育てのスキルや、仲間やセラピストによる支援グループを提供したり、生理用品の配布も行ったり、教育の妨げになるものをなくそうとしています。こうして、レソトの女性や少女たちの地位が、社会的にも経済的にも向上するでしょう。結果として男女平等を早急に実現できます。

　「国が発展するかどうかの最良の判断材料は、その国が女性たちをどう扱うかだ。」（バラク・オバマ）私が描く未来は、もっと多くの女性たちが、特にシングルマザーたちが自立していくというものです。そして世界で、女性が社会的にも経済的にも役目を果たし影響を及ぼすとき、子どもたちは私たちをヒーローだと思うようになり、自分たちも次世代のリーダーになろうとやる気になることでしょう。

マパセカ・ムファハマ

SOUTH AFRICA

南アフリカ

ぼくたちの戦いは続く

　若いレズビアンのミリセント・ガイカは、2013年に殴打されレイプされた。犯人の男たちは、彼女が「男性ではない」ことを証明したいと考えたんだ。リンド・セレは、天使のような素晴らしい歌声を持つとても若くて有望なアーティストだった。だが、ある朝、ダーバンのウムラジというタウンシップ※4で何度も刺された。街の人々はただ見ているだけだった。

もし彼らがストレートだったら、こんな無残な死を遂げていたのかな？悲しいことだけど、これが現実なんだ。

　南アフリカは、LGBTIQ+ の権利を含めて、人間としての尊厳を擁護・保障する強い憲法を持つ国と、世界からは見なされている。でも、初めに書いた通り、これは必ずしもそうじゃない。そもそも固有の権利だって言うなら、何でいまだに権利を主張しなければいけないの？　もちろん、LGBTIQ+ の人々に対する人権意識は労働権も含めて間違いなく進歩してきた。でも、ぼくたちはまだ戦い続けている。必ず勝ち取らなければいけない。ジェンダーの平等を。

　法的な保護が整っているところでさえ、現実はなかなか変わらない。LGBTIQ+ のコミュニティは、職場でも社会でもたくさんの差別に耐えている。都市部はおおむね寛容だけど、タウンシップではゲイのコミュニティに対する残忍な殺人や人権侵害が多発している。それは本当に悲しいことだ。タウンシップで生まれ育ったゲイのぼくも長い間、差別を恐れるあまり自分自身のコミュニティのために声を上げることができないでいた。ぼくたちのほとんどが自分のセクシュアリティを隠したり、寛容な職場環境を持つ分野に自然と引き寄せられる。

　でも、ぼくが求めているのは「寛容」じゃない。「受容」だ。例えば、隣の人が何か言ったりしたりするのを気にすることなく、ぼくは同性のパートナーと手をつないで歩きたい。僕はそういう考え方がもっともっとたくさんの国々に広まり、高い次元でLGBTIQ+ の権利が守られる世界を実現させたい。性的指向やジェンダーに関係なく人間の生命を尊重し、祝福する国。すべての人が差別を受けることなく暮らし、その恩恵にあずかることのできるアフリカ。それがぼくの夢だ。

　ぼくたちは今、価値が相対化された時代に生きている。この時代は、ぼくたちの固有の価値観や信念についての哲学的イデオロギーの違いが、憲法に謳われている価値観や目的と矛盾しがちだ。だからこそ、ぼくは人間の尊厳を守るということについての教育と意識を社会の隅々まで行き渡らせ、社会に変革を引き起こしていきたい。

　ぼくの夢はまだ終わらないんだ。

エヌトゥトゥコ・マキューヌ

ESWATINI

エスワティニ

人にも自然にも優しい農業

　私はエスワティニの田舎で育ちました。そこでの生活は農耕が基本で、特にトウモロコシの栽培をよりどころとして生計を維持していました。灌漑システムは手に入らず、豊作のためには特定の季節に降る雨に頼るしかない状態でした。2012年には、私の国に最長記録となる乾季が訪れました。干ばつにより、農作物の生産量はみるみる悪化し、私たちがそれまで行ってきた伝統的な農法では気候変動が引き起こす変化に追いつけず、将来にわたって持続的に食料を生産する能力が損なわれてしまったのです。

　世界中の多くの人々が同じような経験をしています。気候変動が農産物の生産に影響を及ぼしたことで慢性的な飢餓や栄養失調を引き起こしています。その事実にとても心が痛み、「栄養価が高く、環境に優しく、手の届く価格の食料を、すべての人が手に取ることができる。」そんな世界を私は夢見るようになりました。その世界では、農家は栄養価の高い食料の生産量を増やしつつも、農業活動によるエコロジカル・フットプリント[5]を減らしています。そして農業部門でグリーン・ジョブ[6]を生み出し、長期的な経済成長で貧困を緩和していることでしょう。さらに、食品を生産する過程で必要なエネルギーを減らすことで、過剰な食品廃棄物を防ぐのに役立つでしょう。

　このような世界こそが、私がPhalala Youth Empowerment for Food Securityという団体とともにつくり出そうとしている世界です。この世界を実現させるためには、サステナブルな食料、農業、天然資源のために政策研究やアドボカシー[7]を行います。同時に、社会正義に則って、さまざまな立場の人々の意見を取り入れたサステナブルな食料生産システムの構築が必要です。

　私はまた、新しいタイプの若き食の実践者、特に女性を育成し、農業経済に参入していくために必要なツールや資源を提供しなければならないと考えています。地方の農家の多くは女性であるのにもかかわらず、資金調達や市場での立場などにおいて「女性であること」が不利になっているからです。

　言うまでもないことかもしれませんが、これらの活動は、私たちだけではできません。資金や専門知識、ノウハウを提供してくれる人たちとパートナーとなることで、目指す世界をつくることができるのです。地球上の誰もが人間としての尊厳を持ちながら、心も体も満たされる食料を手にす

ることができる世界を。この夢へ向かって邁進することが、私のライフワークとなっています。

バントゥー・マバソ

NAMIBIA

ナミビア

情熱が実りをもたらす

　高校生のとき、パソコンの使い方が分からずに苦労したことを覚えています。入学したばかりの私は、何か新しいことを学びたいと思い、選択科目でコンピューターの演習を選んだのですが、なかなか上達しなかったのです。単位を落とすことを考えるほど、窮地に立たされました。その状況が一変したのは、新しい先生との出会い。彼女の情熱が、私に火をつけました。「全力で打ちこめば、人生はかならず実りをもたらしてくれるのよ。」それが、先生の教えです。一気にテクノロジーへの愛が芽生え、私の旅が始まりました。

　社会人となった私は、ICTの革新が進むなか、デジタル・テクノロジーを活用して若者やコミュニティを支援するという活動に取り組んできました。さまざまな国際的なプログラムに参加し、コミュニケーションとネットワークの重要性を学びました。そこで、ビジョンに突き動かされ、変化を信じ、周囲の環境や地域社会、そして世界に変革を起こそうと前進している世界中の若者たちに出会いました。私は現在、ICTのインフラにアクセスできない18歳以上の人たちのために、学習センターでコンピューターの教師としてボランティア活動を行っています。自分のやろうとすることすべてに情熱を持って取り組もうと、私は彼らを励ましています。前を向いて努力し、決して自分を諦めてはいけないと。

　大事なことは、成長に投資すること、前へと進むこと、自分を信じることです。こうしていれば夢は少しずつ膨らみ、やがては大きな変化をもたらすでしょう。私たちの一歩一歩が誰かの人生に影響を与え、誰かが誰かの人生に影響を与えることだけを私は願っています。必要とされている変化を誰かが起こしてくれるのを待ち続けていることはできません。すべては私から始まり、すべてはあなたから始まります。必要なのは、私たちが第一歩を踏み出すことだけなのです。

マーリー・ムディニ・サミュエル

BOTSWANA
ボツワナ

受け入れること、感謝すること

　私の夢は、すべての女性が自分の体に自信を持って幸せになっている姿を、すべての女性が自分の肌で自由を感じているのを目の当たりにすることです。

　身体的なイメージは、この世界で論争の的の一つとなっています。なぜでしょうか？　若い世代の間ではSNSによって、世の中はどのような

体を「完璧」と考えているかということに大きな影響を受けてきました。多くの女性たちは社会によってつくり出された標準的な身体イメージのために、自分たちが劣っているかのように感じています。自分自身を受け入れることが難しいのです。

　身体イメージは鬱や不安、摂食障害などのメンタル・ヘルスの問題を起こすリスクを高めてきました。オックスフォード大学出版の研究によると、未成年および成人女性は男性よりも体重や外見に満足していないことが多いとのこと。これは世界の自殺件数の増加にも関係しているようです。

　ボツワナでは、ぽっちゃりした女性の方が好ましいという文化的な基準があります。この基準にどっぷりはまった同年代に囲まれていると、成人してスリムな女性でいることは困難が伴いました。つまり、私はたくさん食べて体重を増やす必要があると、常に感じていたのです。摂食障害になり、健康的に食べることが苦痛でした。このとき、母が私の大きな支えになってくれました。母は私に、十分な量だけ食べるように勧めてくれましたので、数年後に回復すると、自分をありのまま受け入れ、自信を持つことを学べていました。

　人はありのまま自分を愛するべきです。私は今、Blissful Flaws（幸せな欠点）と呼ばれる団体の設立に取り組み、成年および未成年女性の身体イメージの問題を小さくしようとしています。自分の体はそのままで完璧なので変える必要はないのだと、女性に認識してもらうことを目指します。さまざまな体形の女性たちにSNSを通して接触し、彼らに、ありのままでどれほど美しいかを知ってもらいたいと思っています。さらに、キャンペーンを行って認識を広め、異なった経歴を持つ女性たちにインタビューを行い、彼女たちの話を聞き、美容関係の会社と一緒に身体イメージに関するプロジェクトを行いたいです。

　私は二つの魔法の言葉を信じています。それは「受け入れること」と「感謝すること」です。私たち女性は自らの体を受け入れ、その美しさに感謝することを学ばなければなりません。自信と幸福は満足した生活を送る上で大事な要素です。すべては内面から、自己肯定から始まります。私は、ありのまま自分を愛することの大切さを伝え続けていきたいです。

ボカン・セラ

CONGO

コンゴ

民主主義のための闘い

　私は戦争の子どもです。1993年、当時まだ8歳だった私は捕らえられ、兄弟姉妹たちとともに殺されるのを待つばかりの状態に置かれました。コンゴ共和国で起こった内戦のときのことです。祖母の尽力により危ういところで救出されましたが、その日、誰もが私たちのような幸運に恵まれたわけではありません。しかも内戦はその4年後にも勃発しました。

私の旅は、内戦の原因を明らかにし、発生を防ぐために行動を起こすという断固とした決意の旅でした。その旅の一環として、2001年、私は故郷を離れてセネガルに行きました。そこでは若いセネガル人たちが、平和に投票しているのを見て、衝撃を受けました。アフリカでも、殺し合いをせずに選挙を実施できるということです。アフリカにおける民主主義とはどのようなものなのか、それを目の当たりにして私は理解し始めました。

　私はさらに、国際青年会議所（JCI）の活動を通して、地域貢献の世界にも目覚めました。また、Global Witness という国際的な NGO のもとで、調査報道のトレーニングも受けました。

　2014年に行った私たちの独自調査によれば、コンゴ共和国は53％という高い失業率に直面しており、国際ランキングの下位に留まったまま。いたるところに不安は広がり、司法はいまだに行政から独立を勝ち取っていません。こうした国家の失敗は、過去24年に及ぶ不条理で非効率的な政策の結果です。公共政策がきちんと管理されていないため、汚職をはびこらせる一方で、公務員を無力化してしまいます。しっかりした制度がない国に育つと、人々はやがて不正に慣れてしまい、人間の命の価値もだんだんと失われます。

　私の夢は、私の国、コンゴ共和国から始めて、世界から汚職を一掃すること。その夢に向けた第一歩として2014年、Sassoufit Collective を友人たちとともに立ち上げました。コンゴ共和国の政治権力を監視し、法の支配と民主主義の確立を目指して活動しています。

　さらに、私は2021年3月に行われる予定のコンゴ共和国の大統領選に立候補しました。かつて元国連事務総長のコフィー・アナン氏が「リーダーとなるのに、若すぎるということはない！」と語ったように、汚職との闘いに必要なのは経験ではなく、政治的な意志です。開かれた政府、国家による経済への介入を最小限に抑えることを目指して私は闘います。そして、何よりアフリカ大陸全土に民主主義を根づかせるべく私は闘います。

アンドレア・ゴンベット

CAMEROON

カメルーン

情熱あることを学ぶ世界

　2013年、私は高校を卒業しましたが、カメルーンの多くの学生と同じように、自分が何を勉強したいのか決めていませんでした。とりあえず、国内トップレベルのさまざまな大学の入試を受けましたが、それぞれが医学、工学、土木工学、法律というように全く異なる職の専門コースだったのです。私の考えはと言えば、どこに合格したとしても、その学校で

学べることを学べばいいというだけでした。あらゆる選択肢を試して、ただ最善を祈っていたのです。

　結果は惨憺たるものでした。入学はしてみたものの、すぐに自分には全く向いていないと気づき、中退してしまったのです。完全に途方に暮れた私には、進路についてのアドバイスがどうしても必要でした。そこで、図書館の教育カウンセラーを訪ねることに決めました。彼女の言葉は今でも胸に残っています。「人生は短いですよ。焦って間違った選択をしてはいけません。あなたの情熱に従いなさい」と。私は図書館で情報を集め、海外で学ぶ準備を進めました。彼女のサポートと私自身の努力のかいあって、ついに母国を離れて医学を学ぶための奨学金を手に入れたのです。自分にとって何がベストなのかに気づき、この奨学金を得られたのは、高校を卒業してから1年後のことでした。

　私はすべての高校生に、自分が本当に情熱を感じることを学んでほしいと思います。本当にやりたいことを見つける前に、私が経験したようなまわり道をする必要なんてありません。私は今、海外で学んでいますが毎年帰国して、卒業シーズンにたくさんの高校を訪ねています。生徒たちが活用できる教育サービスを教え、自分の希望する大学にスムーズに進学する手伝いをしているんです。長期的には、すべての高校に教育カウンセラーを置くことを提言し、高校生全員が卒業後、より成功した人生を実現できるようにしたいと考えています。

　私たちが国、大陸、そして世界の発展を促す唯一の方法は、あらゆる人が強制されることなく、一番情熱を感じることをしながら社会人になることです。こうして私たちはより良い方向へと前進することができます。これこそが私のつくりたい世界です。

アーネスト・チェ・ニバ

SAO TOME AND PRINCIPE
サントメ・プリンシペ

新しい祖国を自分たちの手でつくる

　赤道直下の素晴らしい島が生んだ、今は亡き詩人アルダ・エスピーリト・サントがかつて言っていたように、私の夢もまた「私たちの手で新たな祖国をつくる」ことです。アルダは、女性として初めてサントメ・プリンシペの国民議会の長となりました。彼女はまた国歌を作詞し、植民地支配からの解放闘争について多くの発言を残しています。彼女は間違いな

く、私の行動を見守り、導きの力となって、勇気を与えてくれました。

　これが始まりでした。闘いに本気で向き合い、時代に適応していくための始まり。私は機会に恵まれ、多くの若者たちの組織のリーダーを務めてきたのは幸運でした。現在の活動である One Young World ピース・アンバサダーもその一つです。

　リーダーになることは偶然の産物ではありません。努力し、犠牲を払い、機会を見つけて、夢を実現させるのです。私は諦めることなく向かい風に立ち向かう夢追い人です！　私の夢は、物事を起こす意志、奉仕の意志に基づいています。私たち若者は変容しつつある世界の主役だと信じています。私たちは希望の炎を絶やしてはなりません。私たちの巨大な意志が夢を実現させるでしょうから。

　サントメ・プリンシペで代表を務めるいくつかの人道支援組織を通して、私は国民の生活環境を改善することに貢献してきました。社会的な支援、公営住宅の建設、定期的な診察、国内外の何千人という若者に対する奨学金といった支援、市民が求める多様な医療に対応するための紹介病院の設立などです。

　現在の世界の問題は、私たちがお互いを理解すれば解決できるでしょう。そのために私たちは人々を教育する必要があり、自分たちと将来の世代が求めているものを知るのです。障害は取り除かなければなりませんし、恐れは克服する必要があると信じています。私たちは今もこれからもいつでも夢を実現できると絶対に信じる必要があります。自分自身を、自分の能力を信じなければなりません。

　さあ、今日から一歩を踏み出して歩き始めましょう。沈黙の時間を超え、夢を実現させるのです！

ウィルディレイ・バロッカ

CHAD

チャド

生きていて良かったと思える世界

　グローバルな経済成長。それは私たちの世界が豊かで素晴らしいものになることだと考えている人は少なくない。でも、本当にそれは理想の世界だろうか?

　これまで人類は、経済が成長を見せているその裏で、罪のない人々や子どもたちに対して過酷な状況を与えてきた。経済の発展を求めるが故に起こる衝突は、武力紛争につながり、果ては軍事戦争へと至る。

　私たちは、世界のごく一部の人々の権力争いに、その争いの理由も目的も知る由もないまま巻き込まれ続けている。その結果、世界には、社会的援助を一切受けられず、毎日の糧を得るために物乞いをせざるをえない孤児や、夜の寒さや危険に耐えながら歩道で寝ている子どもたちがあふれている。

　私は、特にアフリカ大陸から、そして世界全体からストリートチルドレンが完全にいなくなる未来を夢見ている。

　私の故国チャドもまた、とても貧しい国だ。先進国と比べると経済はまだまだ発展途上で、国としてどのように前進すべきかを模索している途中にある。成長している最中の国に極めて重要なこと。それは、今ある先進国が、「経済成長のために、人々の権利を蔑ろにし、地球資源を消費し、環境を汚染している」という事実を踏まえて、これから発展していく国々は「正しい方法で開発を行わなければならない」ということだと考えている。

　その正しい方法とは、貧困・健康・環境などを置き去りにせず持続可能な開発を成し遂げること。今、私は Espaces Verts du Sahel (サヘルの緑)という環境 NGO のトレーナーをしている。チャドの 50 以上の学校で、3,000 人以上の子どもたちと活動しており、生徒たちが教育活動を通して国の未来をつくっていけるようにしたい。

　正しい方法で発展がもたらされる未来では、多くの子どもたちが、お腹いっぱいになることができて、暖かなベッドで眠ることができているはずだ。

　これこそが私が夢見る持続可能な世界であり、生きていて良かったと思
える世界なのだ。

デイビット・ナイベイ

ANGOLA

アンゴラ

物語の力に希望を託す

　幼い頃、父は漫画という素晴らしい世界を教えてくれた。そのおかげで、信じることを学んだ。初めて夢中になったのは『アメイジング・スパイダーマン』。このスーパーヒーローの物語から、希望、多様な価値観、強靱さ、そして自分で立ち上がるすべを学んだ。大学でメディアについて学び、ヒーローと神話が私の書くものに徐々に影響するようになった。私にとって映画は安

心できる場所だ。映画やドキュメンタリー、書評や雑感、成功譚、物語、小説などを書くことを楽しんでいる。

　私は影響力のある作家になりたいと心から思っていて、ポップ・カルチャーの分析も続けたいと考えている。『フォレスト・ガンプ』（1994）が自閉症との向き合い方をどう変えたのか、『プリティ・ウーマン』（1990）が誰のなかにもいるシンデレラをどう感じさせたのか、『スピーク』（2004）が、性的虐待が日常的に起こりうるとどう明らかにしたのか。私の作品はフィクションの力を称える。そして、私も新たなヒーローを生み出すことにかかわり、次世代が上質なフィクションを体験し、ハッピーエンドへの願いを持てるようにしたい。

　私はアフリカ連合委員会で働くことで、アフリカの伝統のなかにあるフェミニズム運動を妨げるギャップに気づいた。児童婚やメンタル・ヘルス、ジェンダーに基づく暴力などに関するプロジェクトを知り、私はアフリカでの性的虐待について書こうと思い立った。いかにレイプがありふれていて、いかに語られず、いかに悪しき伝統が破壊されるべきかを。私は自分の仕事を輝かしいものにしたい。そして、女性器切除や、アフリカの指導者たちが権力に飲み込まれ、腐敗に陥ったことなどを掘り下げたい。

　さらに、オンライン上で抗議の声を上げるプラットフォーム Protexting をつくりたい。なぜなら現場での抗議が良い結果をもたらした試しがないから。私は南アフリカでリーダーシップを学ぶための研修を受けながら、アンゴラの政治改革に取り組む市民社会組織（CSO）が形成されるプロセスを調査して、法案が正当に可決されることに CSO がどう影響を及ぼすかを観察する仕事を任された。困ったことに、政府は CSO の関与を軽視し続けている。抗議は学びの多い経験だ。プラットフォームがあれば、人々は平和的に抗議し、政策に影響を与えるアイデアを提案できるだろう。

　私はアフリカ社会の深刻な現実にずっとさらされているからこそ、アフリカのメンタリティを変えるという希望を持ち、この現実に立ち向かうために物語を活用しようと考えている。書くことは人を動かす健全な方法であり、言葉があれば大胆になれるのだ。

ルンガ・イザタ

DEMOCRATIC REPUBLIC OF THE CONGO

コンゴ民主共和国

環境問題をチャンスに！

　アフリカのすべての国、特にコンゴ民主共和国はいくつかの環境問題を抱えていますが、それは可能性でもあります。私の夢は、コンゴ民主共和国で環境問題がいつの日かビジネスチャンスに変わるのを見ることです。私は、「無駄なものはなく、すべてが資源である」というコンゴ民主共和国、そして世界に住みたいと思っています。

環境問題のなかでも、コンゴの主要都市のほとんどすべてに共通しているのが廃棄物の増加です。コンゴ民主共和国東部のブカブ市の一部の人々は10年近く、金属廃棄物の取引をベースとしてビジネスを展開してきました。このビジネスは、あらゆる種類の未利用の金属廃棄物を投棄する代わりに取引することを可能にし、私に多くのインスピレーションを与えてくれました。多くの種類の廃棄物は、全部ではないにしても、ビジネスの原材料として活用できます。例えば、プラスチック廃棄物は製品の装飾や道路の舗装材、燃料、タール、建築資材などに使用可能です。有機廃棄物は、水耕栽培において無土壌栽培の養液や有機肥料、バイオガスを生産するための主要な資源として活用できます。

　2017年、地元の農家や家庭の有機廃棄物を基材とした食用キノコの栽培を始め、若者による会社 Hope in the Nature を立ち上げました。この活動は、廃棄物の増加を解決するものであり、収益性の高いビジネスでもあります。しかし、当初の反応はあまり好意的ではありませんでした。ほとんどの人は、それらが遺伝子組み換え作物であり、「ごみ」からは何も良いものは生まれないと考えていたのです。時が経つにつれ、人々は有機キノコであること、私たちの取り組みが都市や農村部の廃棄物に対する革新的でサステナブルな方法であり、栄養不良の問題を軽減する方法だと気づきました。そのため、2020年には、コンゴ民主共和国東部で開催された二つのビジネスコンテストで優れた若手起業家による会社として表彰されました。

　もしアフリカの若きグリーン起業家たちが私と同じ夢に向かって取り組み、彼らが政府や組織に支援されるようになれば、環境問題は挑むべき困難ではなく、チャンスと捉えることができるでしょう。私たちが抱える問題の解決策を模索するだけでなく、そこからどのようなビジネスチャンスが生まれるのかを理解しようとすべきです。環境問題は今日まで問題とされてきましたが、私たちがそのなかに隠れたチャンスをまだ発見できていないのだと省みないといけません。

レグランド・クリムワミ

EQUATORIAL GUINEA

赤道ギニア

海は怖くない

　赤道ギニアの人々は海を恐れている。海を危険な力だと見なしている。この国の首都はビオコという島に置かれているが、そこでも開放されているビーチは3カ所だけ、漁は他の沿岸地域ほど盛んに行われていない。ヨーロッパ人がこの地に到着した15世紀以来、先住民は内陸部に閉じ込められ、このことが人々の考え方に影響を及ぼし続けている。

でも、私は海が大好きだ。朝起きて、マラボからルバまで海辺をサイクリングし、ビーチでバレーボールをし、手頃な値段で魚を買いたい。私の夢は、40歳になるまでに私の国やアフリカ全体でブルー・エコノミーが活発になっているのを見ることだ。

世界銀行によると、ブルー・エコノミーとは、海洋生態系を健全に保持しつつ、経済成長や生活の向上、雇用創出のため海洋資源をサステナブルに使用することを指し、SDG14とつながるものだ。ナイロビで2年前に開催された持続可能なブルー・エコノミーに関する第1回世界会議で採択された目標や、アフリカ連合の「アジェンダ2063」とも合致している。

しかしながら、冒頭で述べたように私の国は、海や、海がもたらすさまざまな恵みへの関心に欠けている。経済においては海底油田やガス田のみが開発され、他の多様な方法、例えば漁業や観光、ウォーター・スポーツ、海上風力発電、海水淡水化、養殖、造船業や生物資源探査などによって、海が私たちの暮らしを豊かにする可能性があることを顧みようとしない。

一般市民ができることから始めよう！　まずは海をきれいに保つことがいかに大事か、地元の経済にどれほどたくさんの利益をもたらすことができるのかを、みんなに知ってもらう。そのために、私はAfrican Island Youth Organizationを設立した。私たちは若い世代の興味を惹きつけ、公的な組織や教育機関と協力して、海に対する姿勢を変えていきたい。国内の他の島々の若者と協力して取り組む必要がある。私たちの声を大きく、力強くして国際社会に響かせなければ。

ブルー・エコノミーの実現という夢に向かって、私たちはまだ歩き始めたばかり。それでもなお、私たちは赤道ギニアをアフリカのブルー・エコノミーの中心地へ変えることができるという信念をこれからもずっと抱き続ける。

ジョルディ・レオ

GABON

ガボン

世界市民への開花はすぐそこに

　アフリカと呼ばれる、この世界の一角で私は生まれました。素晴らしい
文化と社会の歴史を持つ大陸です。ごく幼い頃から、この大陸にあふれる
偉大な文明の数々に惹きつけられ、書物を通してさまざまな物語や言い
伝えの世界を旅してきました。ある文化で当たり前に行われている儀式
がどうして別の文化で禁止されているんだろうと私はいつも不思議に思

い、自分でも知らないうちに世界の多様性のなかに、足を踏み入れていたのです。

　1990年代のインターネットの到来により、あらゆるものが接続され、新しい世界への窓が開かれました。私にとって、このことは書物の世界から飛び出し、他者からより多くを学び、友情を結ぶことのきっかけとなりました。私はオンライン上で多くの人との対話を重ねると同時に、10カ国以上を旅しました。

　この探求はやがて、仲間とともにドキュメンタリーを制作するという想いに結実しました。題材は、ガボンの辺境に住む偉大な市民と彼らの文明。そして、いかに政府が市民のことを忘れ、基本的なインフラを提供していないかということ。為政者と闘う人々の危険な状況を撮影しました。私たちを歓迎し、カメラの前で自分を表現しようとする彼らの熱意は、心に深く刻みつけられています。

　すべての市民が自らの国のなかで居心地良く感じられるように、議論と意思決定に参加できるようにする必要がある。議論の場に市民が必要なこと、公正な社会はそんな市民で成り立っていることを、私は撮影を通じてはっきりと理解しました。そして、市民と市民社会のあるべき姿を広く世界に知らせ、すべての人々が意思決定にかかわれるような世界を築くことが私の夢になりました。

　今、人類は、進化を続けるICTという技術を手にしています。ICTを活用すれば、誰もが世界中を旅し、どこに住んでいても必要な情報やさまざまな支援を受けられるようになります。つまり、すべての人が世界市民として一つの大きな社会をつくることに参加しうるようになったのです。私たち一人ひとりが公正であることに努力を惜しまない市民になれれば、人類は思想や文化の違いを乗り越え、力を合わせることができるようになるでしょう。すべての人が知恵を与え合うという、多様性にあふれた文化の開花はもうすぐそこまで来ている。私はそう信じています。

ブセール・チビンダ

CENTRAL AFRICAN REPUBLIC
中央アフリカ共和国

この国で生き抜く、この国を変える

　中央アフリカ共和国は、62万3000km²の国土にわずか450万人が住む
ばかりだが資源の豊かな国で、"Zo Kwe zo"という哲学がある。「すべて
の人間は神聖である」という意味の、この寛容の文化は中央アフリカ共和
国独立の父であるバルテレミー・ボガンダにまでさかのぼることができる。
しかし、国民の権利が尊重されず統治者が説明責任を果たさないことで、

"Zo Kwe zo" の精神は時を経るごとに失われつつある。

独立以来、不安定な状態は60年以上続き、内戦が常態化している。反政府軍は地盤を固め人々の富を奪い、人を殺している。政治の貧しさ、共和制システムの脆弱さ、教育や医療そして若者たちの雇用機会の欠如によって、中央アフリカ共和国は世界最貧国の一つになってしまった。国民から見ても国際社会から見ても、主権国家としての地位は安定していない。

私はこの状況をゆりかごにいた頃から毎日過ごしてきた。父は60代の高齢者であり、私は30代の男性だ。このことは、自国の歴史を語り、国民の生活環境を改善するために貢献する正当性を与えてくれている。

私と同じ世代の何千人もの若者たちは、自分たちの国への帰属意識や愛国心を疑問視している。反乱に巻き込まれ、暴力的な過激思想に染まっている。貧しい人々はしばしばお金を得るために軍隊に入る。成功するのは一部で、ほとんどは死んでしまう。

それでも、私は中央アフリカ共和国に生まれたことを誇りに思う。ジャーナリストや活動家として恵まれない人々のいる地方をたくさん訪れるうち、人々が自分たちの経験を話すのを聞けるようになった。そうしてこの国にはすでに人々を幸せにするためのすべてがあると知った。私たちが誤った道を歩んでいるのは、リーダーシップが欠如しているからにすぎない。

中央アフリカ共和国で成功を収めることが、手の届かない夢であってはならない。今では人口の75％以上を若者が占めている。国民全員に、特に若者、若い女性に、職業訓練を通して平等な機会を提供することで、悪しき政治から脱却できる。しかし、これは人権の尊重なしには不可能だ。

私は、私の国の社会的分断に終止符を打つという夢に取りつかれている。悪の産業を止めなければならない。そうでなければ、どこにいても平和がなく、ともに生きることができない。人類はもはや意味を持たない存在になってしまう。私はこの国が変わることを強く、楽観的に信じ、私がリードして私が望む形にしたいと思っている。夢を実現するために、暴力に満ちたこの国で、私は生き抜く。

ロスモン・ゾコウエ

チュニジア
P.124

モロッコ
P.128

アルジェリア
P.126

カーボベルデ
P.100

モーリタニア
P.92

マリ
P.104

ニジェール
P.98

セネガル
P.122

ガンビア
P.90

ギニアビサウ
P.116

ギニア
P.112

ブルキナファソ
P.120

ベナン
P.94

ナイジェリ
P.108

コート
ジボワール
P.118

ガーナ
P.88

シエラレオネ
P.102

リベリア
P.106

トーゴ
P.110

WESTERN AFRICA
- 西アフリカ -

NORTHERN AFRICA
- 北アフリカ -

リビア
P.130

エジプト
P.134

スーダン
P.132

GHANA

ガーナ

お腹いっぱいで幸せに眠れる世界

　空腹のまま眠って、そのまま亡くなってしまう。そんな人が世界からいなくなることが私の夢です。

　2000年代のガーナでは飢饉(ききん)も戦争もなく経済が成長していました。しかし、飢餓がはびこり続け、人々の命を奪っていました。親が子を失い、子が親を失いました。ソガコペという町に住んでいた私にも、何日もご飯

が食べられなかったり、飢えや栄養失調で亡くなったり、生きていくために危険を冒し、苦しい生活から抜け出せない友達がいました。2015年、ガーナの飢餓人口は半減し、ミレニアム開発目標（MDGs）ターゲット 1.C＊8 を達成しました。しかし、いまだ人口の5％が慢性的な飢餓に陥っています。＊9 1人の若者でしかない私は無力で、政府だけが変化をもたらす力を持っていると思い込んでいました。

　そんな考え方を変えたのは、22歳のときに参加した Barcamp Ghana というプログラム。私と同じように感じていた参加者もいたのですが、プログラムの司会者からこう問われたのです。「課題解決を政府に任せきりにしてしまうなら、社会のなかでのあなたたちの役割は何ですか？」と。私たち若者が立ち上がらなければと思いました。

　そこで、私は友人とともに、Amaba Health and Humanitarian Aid (H&H) Volunteers Ghana という NPO を立ち上げようと決めました。路上生活をしている貧しい移民のお年寄りや子どもたちに食事を提供するためです。しかし、世界から飢餓をなくすという夢を実現するには、もっと何かしなければなりません。

　現在、私はグローバルな視点とスキルを身につけるべく、カナダの大学院で経済学を学んでいます。カナダは多様な文化を持つ国。ここでは国際的なネットワークをつくり、意見を交換することができます。私の専攻は国際貿易。自由貿易こそが世界の貧困層で生きる人々に手頃で栄養のある食べ物を与えられると考えています。私の長期的な目標は、幅広い経済知識を、ガーナやアフリカの国際貿易政策の要となる人たちに提供することです。

　飢餓で亡くなった友達は、可能性を最大限に発揮することができませんでした。彼らは、この国の「失われた可能性」です。もうこれ以上、私の友達のような悲劇を繰り返してはいけない。私の夢は世界の繁栄であり、人々が家族とともに栄養のある食事ができることです。その世界では、お腹を空かせたまま眠り、命を落とす人は誰もいません。

ナナ・クワク・アサモア

REPUBLIC OF THE GAMBIA

ガンビア

Girl's Pride

　私は、月経や、性・生殖の健康に関するすべてがタブーとされる地域で生まれ育ちました。この話題についてオープンに話す人は誰もいません。けれど、ひそかにこの話題について話をしたり、自分の子どもたちに教えている人たちもいます。中流階級や裕福な家庭の人たち、もしくは、教育を受けた母親たちです。

私の国ガンビアでは、生理用品の入手や、家庭、村の市場、学校、職場での月経衛生管理に必要な設備（きれいな水、トイレ、ごみ箱）の不足が大きな問題でしたが、この問題は今なお続いています。生理や性・生殖の健康は10代の若者に影響を及ぼす事柄ですが、私はその適切な知識を得られないまま思春期を過ごしました。生理のこと、自分のケアの仕方、生理痛の対処法について相談できる相手も、生理用ナプキンを買ってくれる人もいませんでした。私の家は大家族で、両親は一家を養い、子どもたちに質の高い教育を受けさせるのに四苦八苦していたからです。学校で休み時間に食べ物を買うために親からもらったお金を貯めて、毎月生理用ナプキンを買ったものでした。一番安いものしか買えなかったので数が足りず、品質も良くありませんでした。生理用ナプキンを買うためのお金の確保は大変でしたが、一番つらかったのは、生理用ナプキンを買うために村のお店に入ることだったのです。

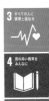

　この話は私に限ったことではありません。「生理の貧困」は、世界中の多くの恵まれない女性や少女たちに影響を及ぼしています。看護師である私は自分の知識やスキル、経験を生かして、Girl's Prideという社会企業を始めました。繰り返し使える生理用ナプキン、パンティライナー、下着などを提供しています。また、女性や少女たちに月経衛生管理を教えるほか、性と生殖に関する健康と権利（SRHR）を伝える講師のトレーニングや生理用ナプキンのつくり方講座も開催しています。さらに、学校で少女たちにこのテーマを教えるための本やゲームをつくっています。この事業を通じて、私は少女たちが生理中も学校で勉強を続けられるようにしたいのです。少女が教育を全うし、法律家や科学者など夢の仕事に就けたら、彼女は国の発展に貢献し、他の少女を力づけることができるでしょう。

　私はフェミニストとして、すべての若者たち、女性たち、そして男性たちも、どんな形の差別も受けることなく、平等に、性と生殖にかかわる医療サービスや製品を利用できる世界になることを夢見ているのです。

　　　　　　　　　　　　　　　　　　ファトウマタ・L・カッサマ

MAURITANIA

モーリタニア

世界で一番きれいな国へ

　私は子どもの頃からずっと、地域社会に良い影響を与えられる、力のある人になりたいと思ってきました。父が政治を担い、いつもまわりの人を助けているのを見て育ったからです。「教育は君を優れた人間にし、成功をもたらしてくれる」と父に言われたのを覚えています。そして、私はモロッコの大学で地球科学を学び、環境保護に夢中になっていきました。

大学卒業後は、気候変動と闘うモーリタニアの青年組織でボランティア活動を始めました。私の国はサヘル地域にあります。干ばつや海面上昇、都市化の進展、それに伴う生活環境の悪化といった脅威に強烈にさらされている地域です。なかでも生活環境の悪化は、環境についての知識不足や、ときには公衆衛生の最低限のルールを守らない住民の礼節のなさによって引き起こされています。

　地域社会に良い変化をもたらす若者の力を信じて、私は2017年に、FacebookやTwitterなどのソーシャルメディアを使い、#Selfiembalite というハッシュタグでキャンペーンを始めました。"mbalite" は国の言葉で「ごみ」を意味し、モーリタニアの不衛生な状況について人々の意識を高めることが目的でした。私は路上のごみの脇で自撮りをして、ネット上で画像を公開したのです。すると1週間も経たないうちに、キャンペーンが拡散していきました。みんなが国内に散らばるごみのそばで自撮りをし、ハッシュタグをつけてFacebookに投稿するようになったのです。この取り組みのおかげで、モーリタニア当局はごみを管理する企業との契約を見直し、新しい戦略をつくっています。また多くの若者が環境問題に関心を持つようになり、近所やビーチで清掃日を決めて、活動しています。

　このことは、私が地域や国際的な舞台で環境活動家、気候変動活動家としてキャリアを推進するきっかけとなりました。私の目標は、若者や女性のための全国的なリーダーシップ・プログラムを立ち上げ、彼ら彼女らが地域社会に良い影響を与えられるよう応援することです。私の国のすべての若者が質の高い教育を受け、能力を最大限に発揮できることを夢見ています。そしてモーリタニアが、アフリカや世界のなかで、最もクリーンで最も環境意識の高い国になることを夢見ています。

アミネトウ・バイラール

BENIN
ベナン

子どもたち一人ひとりに幸せな人生を

　子どもの頃に、夢や将来について兄姉と交わした会話を、私は今でも覚えています。姉は人命を救うため医学の道に進みたいと言い、兄は秩序と平和をもたらすため軍人になりたいと言いました。自分の順番になったとき、答えられませんでした。

　都会で生活していては気づきにくいのですが、強制結婚や児童婚、嬰児殺

し、子どもの人身売買など、ベナンの恵まれないコミュニティが直面する現実を知ったとき、私は行動を起こさなければならないということが分かったのです。私が学び取った知識と技術を、すべての人が手に入れられるようにしたいと思いました。ただそのときはまだ、より良い世界のために自分にどんな貢献ができるのか、私には分からなかったのです……。

やがて私は外務省で働き始めたのですが、そこではさまざまなNGOから活動報告書を受け取っていました。この報告書には、恵まれない環境にいる人々の生活に、NGOがどういう影響を与えているのかについて詳細に記録されていました。私はNGOの献身的な活動に魅了され、自分の知識や経験を生かそうと決意しました。外務省を辞めて、子どもの人権に取り組む国内のNGOとともにボランティアの旅を始めました。

最初に参加したNGOでは、ストリートチルドレンの人生設計を支援する活動に尽力しました。また、別のNGOでは国際的人身売買の被害者となった子ども、刑務所で自由を奪われた子ども、虐待を受けている子どものために活動してきました。そのなかで出会った子どもたち一人ひとりが、私という人間を変えていきました。どんな状況も同じではないけれど、そのうちの1人の子どもの話をしましょう。

やっと13歳になったぐらいの少年の話です。おばあさんと二人暮らしでしたが、残念ながらおばあさんは彼を学校に通わせ続けるほどのお金がなく、十分に養うこともできませんでした。近所の若者からナイジェリアでは雑用の仕事が簡単に見つかるという話を聞いた少年は、他の子どもたちとともに家を出ることにしました。しかし、ナイジェリアに着くと、有給の仕事なんてないことを知ったのです。彼らはさまざまな家族や商人のもとに、離ればなれに預けられて小間使いや行商人として働くことに。ナイジェリアでの2年間、空腹のまま寝なければならなかったり、毎日のように叩かれたり、お店や市場で商品を転売するため長時間働かされたりと、彼は日常的な虐待に苦しんでいたために雇用主から逃げ出しました。そして、路上で生活をすることになったのです。

ある日、路上で物乞いをしていた彼は、ナイジェリアの警察に逮捕されました。ベナンから来たと言い、警察から私たちのプロジェクトに紹介された

のです。そこで私は、警察と一緒に帰国を手配しました。ベナンとナイジェリアの国境で少年に会い、一緒に私たちの国に戻りました。まず苦労したのは家族を探すことでした。2年間で風景や道など多くが変わってしまい、彼は家までの道を思い出すことができなかったのです。この捜索は約2週間近く続きましたが、地域の手助けもあり、ようやく私たちは彼のおばあさんを見つけることができました。孫が見つかったと話したとき、おばあさんの笑顔と感謝の姿を見て、私たちは幸せな気持ちでいっぱいになりました。家に戻った彼に何をしたいか聞くと、「また勉強したい」とのこと。そこで私たちは彼が自分で学費を払うための計画をつくり、さらにおばあさんが小さなビジネスを立ち上げ、孫のニーズに応えられるように支援しました。

　この子と一緒に過ごした一つひとつの瞬間が、NGOが計り知れない仕事をしていること、そして誰もが貢献でき、貢献すべきであることを実感させてくれました。その後、私は他にも多くの子どもたちと出会いました。彼ら

　は移民であったり、結婚を余儀なくされたり、法律に違反して自由を奪われさえしています。こうした子どもたち一人ひとりのために、私は自分のベストを尽くしています。

　NGOの活動は、世界をより良いものに変えようと決意した、たくさんの若者がいるからこそ可能になります。独自の能力と強烈なエネルギーを持ち合わせた、アフリカを初めとする世界中の若者たちは、人類が新しい未来に向かって動き出すための力になると私は確信しています。変革と持続可能な開発をリードし、問題解決に貢献することが、私たち若者の責任なのです。

　私の最大の夢は、不平等のない未来に向かって世界が目覚めることです。そこではすべての子どもたちが幸せで、満たされていて、大人から虐待されることもなく、恐れずに夢をかなえることができるのです。私は若きボランティアであり、この新しい未来に貢献できることを誇りに思っています。

　P.S.　ちなみに現在、姉は助産師として、兄は警官として働いています。

エルビス・アジャフンバ

NIGER
ニジェール

私のアイデンティティ

　「女性はうつむいて黙っているべき」「自分の幸せより文化や名誉が大事。みんなの誇りになりなさい。」何度も言われたこういうお節介なアドバイスが、今でも心の奥底に残っています。私の祖国ニジェールでは、女の子であることは楽しくありませんでした。心配性の母と危険な街の間で、ほとんど家に閉じ込もって過ごすしかなかったのです。

小学校では、トゥアレグという少数民族であることと体重のせいでからかわれました。中学校では、学力の高い女の子だと侮辱されました。高校に入るまでには「白い牛」「肌の白いトゥアレグはレイプ犯、泥棒、汚い」などの辛辣（しんらつ）な言われ様に耳が慣れてしまいました。その憎しみがどこから来るのか分かりませんでしたが、歓迎されていないのは明らかでした。私自身も自分のアイデンティティを笑うようになったのです。

　高校生活後半の数年間で、私はついに故郷という檻（おり）から抜け出す機会を手にしました。United World Colleges に応募し、アメリカのニューメキシコで学べることが決まったのです。世界各地から集まった仲間と出会い、故郷では怖くて話せなかった自分のアイデンティティを発見しました。私の意見、感情、そして夢は重要だと言ってもらいました。視野はどんどん広がっていき、他の女性たちについて、他のアイデンティティについて、そして人生を形づくる美しいモザイクのかけらについて、さらに多くを学びました。

　故郷を離れたことで、以前よりも故郷とのつながりを感じるようになりました。私は今でも誇り高きトゥアレグ人、誇り高きニジェール人なのです。今度は私たちのことをもっと世界に伝えたいと思っています。ナイジェリアと混同されたり危険な国として描写されたりするのは、もううんざり。私の美しい国に数多くの問題があることは認めます。でも、私たちの計り知れない可能性を世界に示したいという私の夢は、祖国を悩ませる悪夢よりはるかに大きなものです。

　さらに、ニジェールの人々が世界に対して抱いている多くの誤解も分かっています。社会における女性の役割、多様性、グローバル化などへの誤解ですが、これらは教育とグローバル社会との交流を増やすことで、うまく払いのけられると思います。これこそ、私が祖国にもたらしたいと夢見ていることです。一番大きな夢は学校を開いて、そこで学業を教えるだけでなく、多様な視点をもたらすことです。夢がかなったらニジェールの女の子たちはもっと力を得て、そこから国全体の発展につながるたくさんの扉が開かれることでしょう。

　　　　　　　　　　　　　　　　　　　ガイチャ・アブーバカーラ・アヘ

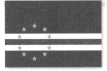

CABO VERDE

カーボベルデ

文化を取り戻す

　自分たちのアイデンティティやルーツを知ることが、国にとってどんなに大事かを理解し始めてから、故郷の村に文化を取り戻すことが僕の夢になりました。僕が生まれた国、カーボベルデはかつてポルトガル帝国の植民地でした。その影響は僕たちの文化に表れ、そのせいで複雑で、理解しづらくなっています。

小学生の頃から先生たちはよく、僕たちはヨーロッパ人なのかアフリカ人なのか、と質問したものでした。しかし驚いたことに、答えはどちらでもなかったのです。僕たちはヨーロッパ人と呼ばれることにも、アフリカ人と呼ばれることにも納得しなかったので、簡単には答えられませんでした。アフリカ大陸の西の沖合に位置し、アフリカ連合に属してはいても、僕たちはカーボベルデ人なのです。

「僕たちは何者なのか？」「僕たちはどこから来たのか？」という問いに納得のいく答えを見つけられなかったことで、文化を知りたい、理解したいという想いがますます強くなりました。分かっていたのは、僕たちの国は植民地化によって誕生し、ポルトガルとアフリカの文化や人種が混ざり合い、そして「クレオール」として知られる新しい人種を生んだということだけだったからです。

こうした不確かさに突き動かされて、僕は大学の翻訳・異文化研究プログラムで学び始めました。2017年には、チェコに留学してERASMUS＊10プログラムに参加しました。そこで世界中から集まった学生たちと過ごしたことで、僕は彼らの文化背景をより良く知ることができたのです。彼らの料理を食べたり、言葉を少し学んだり、一緒にパーティに行ったり、近隣の国を旅したり。このときに僕は理解し始めました。文化に国境はないのだと。僕たちは西洋の文化を自分たちの生活様式に取り入れる一方で、アフリカ大陸に根ざすルーツを否定していたために混乱していたのです。

僕は文化遺産の分野で調査を続けるため、2019年にはスペインのカナリア諸島に行き、文化遺産の利用と管理について修士課程で学び始めました。そこでついに分かったのです。あの問いへの答えは一人ひとりのなかにあるもので、どんな個人に対しても、文化を強要することはできないのだと。

僕は今、共著者たちと『Redescubrindo o Patrimonio Cultural de João Afonso』という処女作を書いています。僕の村、ジョアン・アフォンソの文化遺産に関する史料を集めた本で、この本を村の図書館や学校で読んでもらえるようにしようと目指しています。僕は、教育こそが子どもたちや若者を僕たちの文化に結びつける架け橋になると信じているのです。

エドミルソン・デルガド・モンテイロ・ジュニア

SIERRA LEONE

シエラレオネ

夜空に夢たちが瞬く

　大空に散らばる星々。心のなかにある夢のことを、そんなふうに想像するのが好きです。これからどこかに飛んでいって、現実になろうとしている星々。人は、流れ星に願い事をします。でもその願い事こそ、自分たちがこれから命を吹き込む夢そのものであることには気づいていないのです。

　私は幼少期の半分をシエラレオネで、残りの半分はイギリスとアメリカで過ごしました。子どもたちに広い世界を見せたいという父のおかげです。でも12歳のときに故郷に戻ってくると、違和感を覚えました。

　あまりにも多い路上生活者たち。身体に障がいがある人、飢えている人、そして栄養失調に陥っている子どもたち。そういう人たちが、大勢いました。幼い私にできたのは、彼らに同情すること、そして神様に向かって、「将来は必ず、恵まれない人を助け、多くの人の人生を変えられるような人間になる」という誓いを立てることだけでした。

　この誓いは、私の夢となりました。この地球上に生きるすべての人々の生活を向上させる。困っている人の涙を拭い取って助け起こし、彼らがより良い生活を送れる環境を整える。子どもたちは必要なものをすべて与えられ、苦労をしなくても食べ物が手に入り、路上で物乞いをする人の数は減り、誰もが進んで助けの手をさしのべ合う。そんな世界を実現させたい。そのためにチャリティーセンターを立ち上げ、誰もが受け入れられること、世界中の障がい者を支援していきたいと考えています。誰もが技術を学び、自分の才能を発見し、その才能を持続可能なライフスタイルに変える方法を見つけることができる組織を育てていきたいのです。

　生きることは尊く、より良い人生にしながらサステナブルに暮らすことほど尊いものはありません。誰もが空の皿を持って来て、満腹で帰れるようなディナーパーティのような人生になることを夢見ています。誰もがそんな人生を送れる世界とは、一人ひとりの夢が夜空の星のように輝く世界です。

ファトゥ・コンテ

MALI

マリ

正義なくして平和なし

　世界にたくさんのものをもたらしてきたアフリカ大陸の現状が、なぜこのようになっているのか、私は理解に苦しむ。最大の理由は汚職と不正だろう。私たちが闘えば、アフリカ大陸が台頭できると私は信じている。私の最大の夢は、アフリカ大陸が本来あるべき姿を取り戻すことだと言えよう。

　私の国、マリでは庶民が苦難と貧困のなかで暮らしている。現在マリで起きている反乱や紛争は、汚職による不正な権力がもたらしたことは疑いえない。一方で、支配体制や政治家は極端な貧困は国民の落ち度だと見なし、国民を置き去りにしている。最も失望した人々が過激化してしまう。この国のほとんどの人々は、自分たちのニーズと権利に寄り添った献身的な政府を求めている。私は、人々が希望を持って生きられるようにして、国家の失敗を防ぐことを夢見ている。

　夢を実現するために、まず何よりも必要なのは正義だ。正義がなければ平和はありえない。汚職は社会的な不平等と格差を生み出す元凶である。私たちはこれに立ち向かわなければならない。そのためには厳格な法律を確立し、国民が教育や財、サービスに平等にアクセスできる機会を生み出す。そしてこれを支えるのは、社会的なイノベーションだろう。私たちは、社会的ニーズをより効率的に満たすことができる新しい社会的実践を取り入れなければならない。これらの目標に向けて、私は、マリの発展に若者が最大限貢献できるようにするために、若いリーダーのためのプラットフォームである Youth For Change Mali を設立した。私たちは約1万4000人の若いボランティアを擁し、さまざまな分野でマリ人の生活に影響を与えている。

　私たちは激動の時代を生きていることに疑いの余地はない。マリのモットー "One people, One Goal, One Faith"（一つの国民、一つの目標、一つの信念）で見事に表現されたマリ人としての強い意志が、私たちの国でより良い生活状況を成し遂げるために必要な気力と体力を与えてくれている。

シェイク・ウマール・ドゥンビア

LIBERIA

リベリア

書くことで自由に！

　私のこの文章は、どれほどたくさんのアフリカの若者の想いを伝えることになるのでしょう。多くの若者たちが、自分の想いを書きながら眠れぬ夜を過ごしています。彼らの日記には実現したい夢が詰まっているのに、私たちは「両親の夢」という悲しい現実を生きています。その両親の夢もまた、彼らの両親が禁じたために実現できなかった夢です。

大学に通い、優秀な成績で卒業し、素晴らしい仕事に就いて負債をすべて精算する。そんなシステムは幻想にすぎません。リベリアで育った私は私と同じような若者たちが情熱を諦めるのを見てきました。自分たちの両親の夢を叶えるため、自分が幸せだと感じられることに取り組めなかったのです。私は大学での専攻は環境科学、現在は林学の修士課程にいますが、何に情熱を持っているのか両親から一度として尋ねられたことはありません。でも、私は自問するようになったのです。「私自身が実現したい夢は何だろう？」って。

　私は書くことが大好きです。書くことは自分自身の考えを表現できるので、自由だと感じることができます。今、私は人生という道の分岐点に立っています。一つは、父の夢を生きることにつながる進路。もう一つは、2017年に始めた環境問題についてのブログをやるという「趣味」を追求する進路（そう、父からすれば、ブログを書いても生活費を稼げないので「趣味」にすぎないのです）。

　気候変動、疾病のアウトブレイク、すさまじい地震は、現代の悪夢です。この悪夢の治療法は、大昔からある考え方では得られません。しかし、一人ひとりが持っている環境や自然災害にかかわる物語やアイデアを共有することで、こうした悲劇から救われる方法を生み出していけるはずです。

　私は自分の仕事と情熱を融合することで、Concerns for Nature（自然に関する重要なこと）というブログを生み出しました。自然に関するストーリーを、活発に交換できるようにつくった場所です。私はまた、Write Environment（環境について書く）という、高校生を対象とした、自分のコミュニティの環境問題の解決に貢献するためのプロジェクトを構想しています。私と同じように多くのアフリカの若者たちも、書くことを通して自由を手に入れられると考えています。世界中からストーリーテラーたちがConcerns for Natureに集まり、自然にまつわる物語を世界とシェアする、つまり書くことの力によって私たちの地球を救う！　それが私の夢です。

アンソネッテ・クアイー

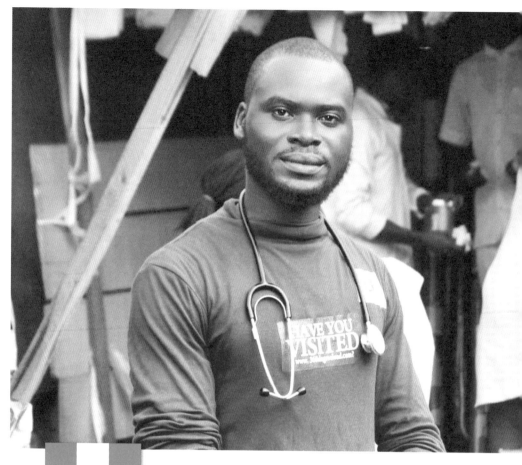

NIGERIA

ナイジェリア

360度のヘルスネットワーク

　私はアフリカの弱い立場にある人々に医療サービスを提供することに
情熱を注いでいます。

　私が育ったのは、ナイジェリアの環境破壊が最も進んだスラム街の一
つでした。この街は産油地域にあり、流れ出た原油で農地は汚染されてい
ました。雨季になると、濁流が大西洋から堤防を越えてあふれ出し、原

油流出の産物や廃棄物が混ざった水が、家のなかまで流れ込んできます。この水を飲んだり、触れたり、原油の成分を吸い込んだりすることは、呼吸器感染症、心臓や肺の病気、子どもの命にかかわる病気、精神疾患、下痢、目の痛み、肌のかゆみなどにつながります。

　幼い頃から兄や姉とともにスラムの問題を改善する活動に参加していた私は、自分たちが住む地域には十分な医療が提供されていないと感じ、みんなの健康を守りたいと強く思うようになりました。その想いは私を突き動かす力になりましたが、学業を続けるのは大変でした。スラム街にある小学校には、椅子や机がありません。みんな床に座って勉強しなければなりませんでした。中学校は、家族が何とか学費を工面してくれたおかげで、市外の私立校に進むことができました。大学でもまた経済的に苦労しましたが、家族の支援と奨学金のおかげで卒業し、ようやく正看護師になることができました。

　大学を卒業した翌年、360degree HEALTH NETwork を設立しました。十分な医療サービスを受けていない弱者のために、健康に関する意識向上キャンペーンや予防接種、健康診断、医薬品の配布などを行っています。設立から4年間で、8つの州、58のコミュニティをめぐり、およそ2万2000人にサービスを提供してきました。

　私には、2030年までにサハラ以南のアフリカのコミュニティのためにより健康的な未来を確保するという夢があります。そのため、国際機関や政府と連携しながら資金を調達し、医療従事者を対象とした教育研究機関を設立しようと計画中です。また、政治や文化の違いにかかわらず医療を提供できる環境を整備することで、できる限り多くの弱者を支援していきたいと考えています。私の夢が完全に達成されれば、1億人以上の生活をより良いものに変えることができるでしょう。

　　　　　　　　　　　　　　　　　オビーナ・ビクター・エゼ

TOGO

トーゴ

私の夢見るアフリカ大陸

　私がこの大陸に夢を持ち始めたのは、2016年にアフリカ連合の奨学金を獲得してカメルーンに留学したときでした。私は研修後に夢を追求することを決めました。私たちの大陸のために、晴れやかな教育と明るい未来を保証するために。

　私の夢見るアフリカでは、柔軟な為替レートを持つ自律的な金融政策を採り、どの通貨とも自由に取引ができます。重工業によって、主要輸出品である原材料資源を完成品にまで仕上げます。このためには、政治と経済成長の間には密接な関係があるので、強力な機関の確立が必要です。

　私の夢見るアフリカでは、すべての国々をつなぐ道路が整備され、アフリカ連合の加盟国間が自由貿易圏となり、大陸が高度に統合されています。統合は、もはやイデオロギーではなく現実となっているのです。

　私の夢見るアフリカからは飢餓、貧困、栄養失調が一掃され、貧困レベル以下で生活する人は1人もいません。社会的な責任のある研究やプログラムのおかげで、誰もが幸せを強く求めることができます。普遍的なヘルスケアを備え、人道的な価値観を中心とした国として、アフリカは世界の他の国々に希望を与えるでしょう。

　私が夢見るアフリカでは、すべての基礎教育の核となる文化的価値観を持つ汎アフリカ主義の理想を追求しています。子どもたちの指導者や監督者を養成することから始めると、低学年のうちから、こうしたことを教育のカリキュラムに組み込んでいけるでしょう。大学は先進国の大学と肩を並べるレベルとなるでしょう。

　私の夢見るアフリカは近い将来、完全な主権を確立し、独自の決定を下すことができるようになるでしょう。

　それはコンプレックスの数々から解放されたアフリカです。クオリティ・オブ・ライフ（生活の質）を人々に確保しながら、そのアイデンティティを維持することができるアフリカ。これこそ私の夢見るアフリカです。

コッシー・エデム・バイタ

GUINEA

ギニア

美しいギニアの復活を目指して

　私は「アフリカの真珠」と呼ばれる莫大な天然資源を持った国ギニアで生まれました。子どもの頃、野原に出かけ、真っ赤な美しい花を咲かせるホウオウボクの木で遊んだりしていました。この木のおかげで、私の国は「東大西洋の最高の目的地」と航海士に言われました。現代においては、ギニアは環境問題やジェンダー問題でアフリカのお手本となってきました。私の国では、女性の社会進出が早くから進み、世界初の女性の国連安全保障理事会議長ジャンヌ・マルタン・シセもギニア出身でした。環境面では、生物多様性保護対策の最前線に立って、豊富な天然資源を管理する政策を打ち出し、他のアフリカ諸国に影響を与えました。

　しかし、残念ながら、私が成長するにつれ、美しい風景は徐々に消えていきました。ここ数十年の間に、採掘活動によって森林が破壊され、都市では廃棄物の管理が行き届かなくなり、さらに女性の権利が損なわれるようになっていたのです。森林伐採は森林資源で生計を立てている女性に影響を与えます。河川が干上がると、女性はきれいな水を探すために何kmも歩かなければならず、他の土地への移住を余儀なくされることもあります。これは地域の紛争、さらに女性が鉱山での危険な仕事に就いたり、強姦や売春の被害者となることにつながっています。

　私は変化を起こそうと、気候正義や人権の分野に興味を持つようになりました。27歳のとき、二つの活動を立ち上げました。一つは、女性のリーダーシップや人権の推進を目的としたFemmeVision2030。もう一つは、SNSで自撮り写真を拡散してサステナブルな廃棄物管理の意識を高める#SelfieDéchetsです。これに加えて、調査、アドボカシーキャンペーン、ビーチや公共スペースでの衛生プログラム、学校やラジオ、テレビでの啓発セミナーといった活動も行っています。#SelfieDéchetsは世界中の多くの若者の団体にインスピレーションを与え、世界の主要メディアでも報道されたり、また各国の大学で事例研究の対象となっています。

　私は、開発政策への市民の関与を高めることが、コミュニティをサステナブルで強靭なものにし、資源管理の透明性を高め、法律、特に環境

保全に関連したものを正しく施行することにつながると信じています。
環境破壊と気候変動は、人権にかかわる問題です。より多くの若者がこ
うした問題との闘いに参加するようになってほしい。そして、私の国が再

び「アフリカの真珠」となることを夢見ています。

ファトウマタ・シェリフ

GUINEA BISSAU
ギニアビサウ

母国に足りないものを満たしたい

　アフリカにおけるデジタル・テクノロジーの到来は、アフリカの人々にとって真の資産となっている。これらのツールがあるからこそ、アフリカの若者たちはデジタル・コミュニケーションを通じて統率力を持って市民活動に参加できるようになり、世界が変革されつつある。

　しかし、2015年、私が学業を終えて帰国してみると、特に首都周辺部

の若者たちにとって、世界の他地域に比べて遅れていることに気づいた。私はコンピューター・エンジニアとして、DIGITAL LITERACY というプロジェクトを立ち上げ、ディジャールという地域に住む若者たちにコンピューターの基礎的なトレーニングを提供することにした。この地域は首都ビサウの近郊にあり、人口の６割を若者が占める。コンピューターに触れたこともなかった若者たちがインターネットにアクセスし、世界のコミュニティと交流し、教育コンテンツを利用し、人生を切り拓いていけるようになるのだ。若者たちにこのプロジェクトを紹介したところ、すぐに強い関心を持ってくれた。初めてコンピューターの電源を入れた日、これまで触れる機会のなかったこのツールを前にして、若者たちの顔は晴れやかに輝いていた。

私の国ではデジタル改革が遅れている。原因の一つが電化の遅れで、政府はこれにずっと苦労している。草の根レベルでデジタル・インクルージョンを促進させる一方で、まずエネルギー問題を解決しなければならない。そして、テジタル・デバイドやエネルギー問題と同様に、生活に必要な水の利用についての問題を抱えていることも分かった。

同じく 2015 年に帰国してすぐ、私は国中を旅するプロジェクトに参加した。旅の間に、クンティマというビサウから遠く離れた地方の町を訪れた。国連のプロジェクトによって、いくつかの井戸が設置されていたが衛生設備はとても劣悪で、人々は汚れた水を飲んでいた。比較的水の利用に関して開発の進んでいるセネガルに住んでいたので、私はこの現実を見て、誰もが安全な飲み水の利用を保証する必要性を痛感した。私は、きれいな水が得られない遠隔地に水飲み場を寄付するために人々を動員するという計画を立てた。現在、UNICEF は、多くの場所に水飲み場をつくっている。また、きれいな水の利用を保証する大きなダムプロジェクトを設立することを、政府が約束しなくてはならないと考えている。

テクノロジーの知識や安全な飲み水といった生活に必要なものを、あらゆる人々が利用できるようになれば、私たちはより健康で、より生き生きと人生の喜びに満ちた世界を手にできる。それが、私の夢見る世界なのだ。

マルモ・ドス・レイス

CÔTE D'IVOIRE

コートジボワール

Helenam──私はあなたのためにいる

　夢について聞かれると、マーク・トウェインのこの言葉がすぐに思い浮かびます。「人生で最も重要な二つの日は、生まれた日と、理由を見つけた日である。」私のファースト・ネームである Evanam Helenam は母国語（エウェ語）で、「彼女は私のためにやって来た。彼女は私のためにそこにいる」です。人道支援活動家になるという私の夢は、生まれたときから決まっていたんだ

と思います。

　7歳のとき、戦争の犠牲になった子どもたちのために基金を募ることを心に描きました。おそらく、母が産婦人科医として人助けしているのをいつも見ていたからか（母はコミュニティの課題を積極的に引き受け、行動する人でした）、UNICEF の青いロゴにインスピレーションを受けていたからかもしれません。どちらにせよ、私は人形や空想の友達と、難民の子どもたちのために難民キャンプで薬やミルクを買うお金を集めるというごっこ遊びをしていました。すでに人道支援の道に進むことを決めていたようです。

　24歳で私は勉学のためにアメリカに引っ越しました。そこで地域医療を学ぶ傍ら、人道支援の仕事に徹しました。翌年、悲しいことにコートジボワールの大統領選が内戦にまで発展しました。家族のそばにいる選択をしなかった自分を責め、電話が鳴るたびに、それが母の死を伝えるものだったら……とばかり考えていました。学業は思うように進まず、当時は気分がかなり落ち込んでしまいました。

　そんななか、私の夢はついに実現したのです。27歳のときに赤十字のインターンで、麻疹（ましん）と風疹（ふうしん）の予防接種をある村全体で行うための資金集めを手伝いました。31歳のときには国連の Global Health Fellowship に参加し、ひどい現実を目の当たりにしました。毎日 314 人の子どもたちが麻疹に関連する合併症で死亡していました。ワクチンの質が悪いために毎時 13 人が死亡しているというのです。これを知って衝撃を受けましたが、国連基金とともに資金調達の活動ができ、キャリアに自信が持てるようになりました。翌年に母国に戻ってから、私は市民団体 Listen to me too civ に参加するようになりました。この団体は私の属するコミュニティ内の、特に若者たちの健康、教育、そしてジェンダーに基づく暴力の防止に打ち込んでいます。

　2030 年までに私は Helenam Knowledge Center を開設し、若者が人道主義部門で働くことを目指す支援をしたり、性暴力被害者のための移動式の避難所を提供したいと考えています。私は生涯をかけて、人が夢を実現する手助けをしようと自分に誓っています。

エヴァ・ヘレナ・アリエル・アメグボ

BURKINA FASO

ブルキナファソ

平和、健康、幸福が続く世界を

　私が夢見るのは、どのコミュニティも平和で健康に暮らせる世界です。誰もが、特に弱い立場の人たちが不平等を感じない世界です。そこには、戦争や紛争はありません。コミュニティはいつも仲良く暮らし、いつでも質の高い医療を受けられます。私の夢の世界には、世間が言う「貧困」という状態のために社会から取り残される人はいません。誰もが自分と家族

の幸せのために必要なものを持っています。

　私が育った国、ブルキナファソでは、医療を受けやすくなるよう努力を続けています。大学卒業後、私は医師として地方の病院で働き始めましたが、そこでは基本的な医療機器が足りませんでした。超音波検査を受けるために、患者は 100 km も離れた別の都市へ行かねばならず、そのための費用も払わねばなりませんでした。レントゲンやＣＴスキャンなども同様です。また、経済的に困窮しているため、処方された薬が買えない患者もいました。

　こうした経験によって、私は気づきました。病気の予防に取り組むことが、国にとって最善の選択になるだろうと。そこで公衆衛生の分野に力を注ごうと決めたのです。

　さらに私は人生の旅のなかで、戦争や紛争が人々の心の平穏と幸福への大きな脅威になることを見てきました。実際、平和が損なわれた国や地域では、混沌と恐怖だけが人々の間に広がっていました。また、世界中のさまざまな分野の若き専門家たちと交流した経験から、これは一部に限られた状況ではないと分かりました。世界各地に不平等があり、誰もが心の平穏と幸福を失う危機にさらされているのだと。そして、私は夢見るようになったのです。これらの問題がすべて存在しない世界を。その先に、平和、健康、幸福が世界中の人たちに永遠に続く世界を。

　この夢は実現可能だと強く信じています。そのために若きリーダーたちが、世界、国、地域社会に悪影響を及ぼすかもしれない決定を左右しなくてはなりません。若きリーダーたちには、平和、健康、幸福の言葉を、自分の地域社会やどこに行っても広めていく責任があると思います。世界中の若きリーダーのみなさん、私と一緒に世界をより良い場所にしていきましょう。

サベレ・トラオーレ

SENEGAL

セネガル

ゼロから始まる可能性

　セネガルでは、人口の大部分が農村部で暮らしています。農村部では、行政や学校の基盤が整っていないため、教育があまり重要視されていません。伝統的に、特に女の子は早い時期に結婚させられ、教育を受けることは依然として難しいままです。これに加えて、出生届に関する問題があります。それは、人口の23％[11]が身分を証明できるものを持たずに暮ら

しているということです。

　このデータによって、子どもたちの教育のために、いかに速やかに行動を起こさなければならないかがはっきりと分かります。とりわけ女の子をサポートして、彼女たちの教育とジェンダー間の平等を促進させなければなりません。そのためには、まず彼女たちが社会に「所属」する必要があります。

　そこで、私はJExisteという市民団体を立ち上げ、生まれたら誰もが法的な身分証明（出生証明書や国籍）を持てるようにしています。身分証明書を持ち、学校に通うことが子どもにとって大事なのだと親に理解してもらえるように、人々の意識向上に取り組んでいます。また、出生登録に関する手続きについて無料で情報提供を行っています。

　私はセネガルの南部にあるクッサナルという、人口2万5000人の村で生まれました。そこでは、インフラ整備の遅れ、貧困、45度の高温、不安定な教育状況などにより、あらゆる物事が失敗するように仕向けられています。私はかつて毎日6kmの距離を歩いて学校に行きましたが、そんな困難な状況をモチベーションに変えて、絶対に仕事で成功しようと誓いました。

　もし私が成功できているとすれば、それは自らを信じること以前に、幸運にも出生証明書があり、学校に通い、成功への道を選択し、そして最後まで夢を追いかけることができたからです。私は自力で出世した1人の女性です。今日、私が団体を立ち上げ、取り組んでいることはひとえに、どんな境遇からスタートしたとしても、何でも実現できることを示しています。

　そういうわけで、私は今、私のような女の子がみんな自分で人生の選択を行い、成功する機会を得られるように取り組んでいるのです。私たちにできないことはないし、「何もない」ということは私たちには可能性があるということです。それでこそ、私たちは女性なのです。

ナフィ・ガイ

TUNISIA
チュニジア

誰にでも公平なチャンスを

　僕は北アフリカのチュニジアという国で生まれ育ったが、ここではアメリカやヨーロッパ、アジアに生まれた人々が手にするようなチャンスなど望むべくもない。とてつもなく時代遅れな教育システムのせいもあって、チュニジア国内にいたいと考える人は少なく、頭脳が国外流出するのが当たり前になっている。

僕自身、コンピューターサイエンスとロボット工学の分野に飛び込んだときには、大きな困難にぶつかった。政府から十分な資金や支援を得られなかったのだ。助けの手をさしのべようとしてくれるNGOや企業もいた。しかし、官僚主義と無関心に阻まれて、最終的には諦めて海外にチャンスを求めなければならなかった。僕たちの技術はとても優れていて、海外の国々がそれを求めていたから、僕たちは大きな収益を上げることができた。この状況が続く限り、みんなインターンシップや仕事を海外に求め、ほとんどの人は二度と戻ってこないだろう。才能豊かな人がたくさんいる国にとってこれは非常に悲しいことだ。

　僕は、誰もが同じようにチャンスを得られる世界を夢見ている。チャンスが簡単に手に入る人がいるのに、同じチャンスを得るために莫大な金額を支払ったり、地球を横断する旅をしたり、親しい友人や家族と離ればなれになったりしなければならない人もいる。そんな状況をなくしたい。

　そこで僕は、変化を起こすための旅に出た。過去5年間、常に自分自身や仲間を上回るパフォーマンスを発揮し、学んだことや地域社会との接点を積極的に広くシェアした。たくさんの企業家たちと親しくなって地元の人材を推薦したり、学ぶことを楽しくする教育者になって知識を共有するようになった。二つのNPOを共同設立し、チュニジアでデータサイエンスを促進するため、人材育成や雇用の創出に取り組んだり、国際的なプロジェクトにも貢献したりしている。さらに、Facebook DevC Tunis Communityを率いてメンバーたちに絶えずトレーニングを提供し、成功のチャンスとつなげてきた。今は、YouTubeチャンネルをつくって、チュニジアの同胞たちの指導者となり、キャリアを積んでいけるよう手助けするために、多くの時間を費やしている。つまり、できる限り短期間でレベルをアップし、最高のものと出会い、手に入れたものをシェアしてきたというわけだ。

　将来、世界でもトップクラスの企業に注目され、信頼され、向こうから私たちのような人材を求めてアプローチしてくるような存在になることが目標だ。いずれにせよ国内に私の国のためにハイテク分野での雇用を生み出したい。そのために必要なことは何でもするつもりだ。

エリエス・マナイ

ALGERIA

アルジェリア

決して沈黙しない

　小さくて保守的な社会で生まれ育ったことを思えば、私は内気で従順でか弱そうな女性になるべきだったんでしょう。でも、まわりの女性たちの弱さを見て、私はさらに強くなり、彼女たちが耐え抜いている不平等や苦しい生活にもっと激しく立ち向かおうという気になったのです。女性たちの意識を高め、立ちはだかる障害を乗り越える手助けをしなければと、ずっと感じて

きました。パキスタン出身の活動家で女性教育を擁護するマララ・ユスフザイさんはかつて、「私たち（人類）の半分が抑えつけられていては、成功することはできない」と言いました。だから私は女性たちを導き、前進させようと心に決めたのです。

　閉ざされたドアを見ると、その向こうでアルジェリアの女性たちがどんな生活を送っているんだろうと想像します。教科書を見れば、女性の居場所は台所なのだと10歳の頭に教え込んでいるように感じます。まわりを見渡せば、若い女の子たちが学校を中退し、父親ほどの年齢の男性と結婚しています。女性が殺され、リンチされているのに、誰もが正当化し、殺人の罪を軽くするために千差万別の言い訳を見つけます。私は被害者たちに同情するだけではなく、行動を起こさなければいけないと思ったんです。

　2016年から、女性の権利を求める非公式の女性財団 Féministes Algériens en Mouvement (FAM) で活動してきました。さまざまな女性たちが集まって声を上げ、女性たちには互いに変化や成長をもたらし、支え合い、より良い世界をつくる力があることを主張しています。女性の尊厳を守る法律を求めて叫び、長期的な変化を求めて運動を組織し、抗議を続けています。この道のりは容易ではなく、証拠や目撃者が必要なときもあれば、それ以上を求められることもありました。けれど、女性たちのために働き、もっと助けたいと私をやる気にさせてくれるのは、彼女たちが強くなり自立し、直面する問題を乗り越える姿を見ることなのです。

　私は、女性たちが決して沈黙しないよう願っています。憎しみやいらだちに満ち、社会のメインストリームに女性が加わることを拒む人たちの前でもです。私は夢見ています。法律が女性や少女の権利を守り、弊害をもたらす風潮が批判され変えられる世界を。ひとたび前向きな変化が女性たちの身に起きれば、それはやがて彼女たちの娘や将来の世代にも広がっていくことでしょう。

イブサム・ビックルホメン

MOROCCO

モロッコ

英語の響きに恋をして

　かつて私はモロッコの公立学校に通っていました。そこでは全科目がアラビア語かフランス語で教えられていました。けれど、私が幼い頃から学びたかった言語は、英語だったのです。すべての始まりは映画の『101匹わんちゃん』でした。テレビで見た初めての英語の映画で、そのとき11歳でした。英語の響きに恋してしまったのです。一つひとつの言葉の意味は全く分からなかったけれど、録音し、繰り返し聞いて、聞こえた文を暗記しました。少しずつ文章をつくれるようになると、鏡の前で自分と想像上の英会話を楽しみました。ネイティブスピーカーのようになめらかに話したいと夢見ていたんです。

　15歳のときに、人生を変えるような出来事が起こりました。地元のアメリカンスクールがコンテストの開催を発表したのです。受賞者には奨学金が全額与えられるものでした。コンテスト当日、私はひどくおびえていました。競争相手たちは高い英語力を持っていると気づいたからです。でも、面接で校長先生に自分の情熱とどうやって英語を学んだかを話しました。次の週の月曜日、午後1時24分。私が1位に選ばれたと学校からお祝いの電話がかかってきたのです！

　この学校に入学してからは、新しい科目を学びました。ディベート大会に参加したり、科学実験をしたり、NASAの宇宙キャンプ大会に参加したりもしました。それに、今ではボランティアで英語を教えています。授業料を支払えない地元の人々のためにです。子どもたちや大人たち、高齢の方々が来てくれて、自分自身を高める姿を見られるのが本当にうれしいです。

　私は、誰もが質の高い教育を受けられる国を目指しています。質の高い教育を受けた子どもたちは計画を立てて目標を実現できますが、そうではない子どもたちは夢を見ても、何年もかけて夢が蒸発してしまいます。自分の経験から、教育がいかに人生を大きく変えるかを知りました。だから、私がここで伝えたいのは「情熱に従って」ということです。情熱は、幸せと成功のために人生が与えてくれる道しるべなんです。

　　　　　　　　　　　　　　　　　　　　　　　マナー・レザール

LIBYA

リビア

「再興する世代」を育てる

　2011 年にリビアで革命が起こったとき、私はイギリスにいた。政権がすんなりと権力を引き渡そうとしないことを知り、事態を信じられない思いで見ていた。それでも、医療や救急車など、必要なものを送ることで、人々への支援を続けた。オンラインでつながり、リビアの事件を世界に提示することで、できる限り自分を役立てようとした。

　リビアでは革命以来、困難が続いている。腐敗した役人たち、独裁者たち、そして罪人たちが部族の指導者の複雑な勢力図に介入し、分断を引き起こしたからだ。私の抱える苦しみは途方もない。祖国が弱体化し、その統治が破壊されていくのを目の当たりにしたのだから。2017 年に私はリビアに戻り、同胞たちの長い困難の結果、ばらばらになった社会を再建する手助けすることにした。良い行いをすること、その善意をできるだけ早く広めることを自分に誓った。

　私は今、リビア全土の学校の子どもたちにオンラインで個別教育を提供するプログラムに取り組んでいる。子どもたちに機会を与えて、リビアの大人たち——良いことも悪いことも経験し、学んだことをコミュニティに還元したい大人たちから学ぶのだ。

　このプログラムは、リビアの伝統の基本原則と信念を子どもたちに継承することを主眼としている。例えば、平和、協力、尊重。これにより、良い行いをし、お互いに助け合い、最も大事なこと——リビアをもう一度立ち上がらせたいと考える世代のためになることだろう。最終的にはこのプロジェクトとアイデアを世界に広めたいと考えている。

　私の夢は、繁栄、平和、調和に向かって、国を高めていくのに役立つ気質を持ったリビアの若者たちを鼓舞して、国を豊かにすることだ。教育省と国際組織の協力によって、これが可能になると信じている。チューターの面接や、この夢についての説明はいつでも受けつけているので、ぜひ連絡してほしい。

アルハレス・エルシバニ

SUDAN
スーダン

女の子、それはチャンスと可能性！

　スーダンは世界で最も貧しく、最も発展の遅れた途上国の一つです。人口の約3分の1が1日1ドル以下で生活し[※12]、読み書きできず苦しむ子が少なくありません。特に限界地域や紛争地域の女の子の非識字率は深刻です。こういった地域から首都に移り住んだ家族の多くは、取るに足らない仕事を始めます。かろうじて生活するので精一杯。もし教育費を捻出でき

ても、親は女の子ではなく男の子を優先的に学校に行かせます。女の子が経済的地位のために教育を受ける権利を否定されるような状況を、わたしはたくさん見てきました。

　でも、人間は経験と周囲の環境によって得られる能力が変わってきます。だから、女の子たちに適切な機会、教育、サポートが与えられれば、彼女たちは自分の持つ真の可能性を発見し、非識字と貧困に打ち勝つことができるはず。わたしは女子教育の権利を申し立てるためにソーシャルワーカーになりました。

　わたし自身、環境の変化によって新しいチャンスや社会的なネットワークに恵まれた女の子の1人です。スーダンの教育格差の問題に取り組むさまざまなNGO、Women Deliver や World Literacy Foundation といったグローバルな組織でボランティアを行いました。同じような経験をしてきた人々に出会ったことで、問題に対して声を上げること、社会的なプロジェクトを立ち上げること、リーダーになるための知識などなど、本当にいろいろなことを学びました。自分自身の経験をもとに、いかに環境の変化が自己イメージやスキルをポジティブに変えてくれるのかを、女の子たちに伝えています。現在はStrategy 4 You という、自分が立ち上げた組織でスーダンの紛争地域出身の人々に対して教育と能力開発プログラムを提供することで、女性のエンパワーメントに取り組んでいます。また、若者が情報を得てSDGsの実践に参加できるように支援するため、SDGsについての認識を広めることも目的としています。

　教育は単により良い収入や健康につながります。インクルーシブで受容的なコミュニティやより平和で民主的な国家をつくるためにも必要です。女の子が教育を追求し、可能性を伸ばして、幸福を享受できるところこそが最高の環境です。そんなふうにスーダンがより良い国になることが、わたしの夢です。そして、これを読んでいるすべての女の子へ。あなたたちは大切な、力強い存在であり、あなた自身の夢を追求し達成するために世界中のあらゆるチャンスに値するということを信じてください。それは揺るぎない真実なんです！

アルワ・エルヌール

EGYPT
エジプト

母なるアフリカを偉大な大陸に！

　「私がアフリカ人なのは、アフリカで生まれたからではなく、アフリカが私のなかで生まれたからだ。」ガーナの初代大統領クワメ・エンクルマの言葉です。まさかこれが、私の真の姿を表す言葉になるとは想像もしていませんでした。私のまわりにいる人たちも同じです。だって、私の夢は薬剤師になることでしたから。

でも、物事はそうは運ばなかったのです。私は困惑し、次に何をしたら
いいのか分からなくなってしまいました。スペイン語と文学の分野で学
士号を取りましたが私の夢とは程遠く、自分が本当に望むものは何なの
かを理解するために、先へ進まなくてはいけませんでした。

　私はある日、カイロ大学で「模擬アフリカ連合」という課外活動に参
加しました。さまざまな国の仲間たちに出会い、人生のターニングポイ
ントとなり、世界にはもっと他に知らなくてはいけない場所があると感じ
ました。私はエジプト人であり、エジプトは北アフリカに位置しています。
アフリカこそが私の属する世界なのだと気づきました。

　それ以来、私はアフリカを知り、アフリカに奉仕することに全力を捧げ
ました。私の夢をかなえる最善の方法は、外交団で働くことだと思いまし
た。二度応募し、5年以上勉強し、あとちょっとのところまではいったの
ですが、うまくいきませんでした。

　そのときの私の気持ち、きっとあなたも想像できるでしょう。しかし、
挫折と涙を乗り越えて、何が何でも諦めないと決めました。私はアフリ
カにおける紛争・危機管理の分野で大学院相当の資格を取得しました。努
力の末、オンライン・スクールで、アフリカの若きリーダーたちを支援す
るトレーナーになることができました。今ではアフリカの54カ国に友達
がいると堂々と言えます。

　2019年、ガンビアにて、先見的なリーダーに贈られる Young African
Leaders Award で、私はエジプト人初の受賞者となりました。これは、
私の情熱がそれだけ価値のあるものなのだと実感した瞬間でした。そし
て今、アフリカ連合青年ボランティア隊として配属されるのを待っています。

　自分の情熱に従うことをやめず、アフリカのすべての人々に奉仕するた
めに全力を尽くしながら、私はより多くのことをし続けるつもりです。
私の物語は、偉大な大陸、母なるアフリカをつくるという夢が実現する
まで続きます。

ヘバ・アセム

ABOUT
THE DREAMER

− アフリカの代表者たちへ5つの質問 −

① 出身地はどこ？② 年齢は？（夢の文章の執筆時）③ 話せる言語は？④ 好きな食べ物は？
⑤ あなたの国を一言で表すと？

ANAËL BODWELL
アナエル・ボドウェル

①マヘ
②28歳
③セーシェル・クレオール語、英語、
　フランス語
④チキンビリヤニ
⑤Paradise（楽園）

SEYCHELLES　　　···· P.16

ANDRIARIMANJAKA
DINA NOMENA
アンドリアリマンジャカ・ディナ・ノメナ

①アンタナリボ　②30歳
③マダガスカル語、フランス語、英語
④エビを添えたラピト、ココヤシの実
⑤Beautiful contrast（好対照）

MADAGASCAR　　　···· P.18

STEPHEN OGWENO
ステファン・オグウェノ

①ナイロビ
②24歳
③英語、スワヒリ語
④お米、チキン
⑤Lion（ライオン）

KENYA　　　···· P.20

CARMEN LIBOMBO
カルメン・リボンボ

①マプト
②21歳
③ポルトガル語、英語、スペイン語
④エビを添えたマパタ
⑤Vibrant（活気ある）

MOZAMBIQUE　　　···· P.22

JOHN KUMWENDA
ジョン・クムウェンダ

①リロングウェ　②23歳
③チェワ語、トゥンブカ語、トンガ語、
　英語
④ジャガイモ、ゆでた魚を添えた
　ンシマ
⑤Warm heart of Africa
　（アフリカの温かい心）

MALAWI　　　···· P.24

BRIGHTON KAOMA
ブライトン・カオマ

①ルサカ
②27歳
③英語、ベンバ語、ニャンジャ語
④カボチャの葉を混ぜたピーナッツ
　ソースをかけたンシマ、エビ
⑤Peaceful（平和な）

ZAMBIA　　　···· P.26

BENEVOLENCE
MBANO
ベネボレンス・ムバノ

①ハラレ　②25歳
③ショナ語、英語、フランス語
④トマトを添えたケールのフライ
⑤Resilient（強靭な）

ZIMBABWE　　　···· P.28

TOIMIMOU IBRAHIM
トイミモウ・イブラヒム

①コインバニ
②33歳
③コモロ語、フランス語、英語
④マダバ
⑤Welcoming（歓迎する）

COMOROS　　　···· P.30

EPHREM BEKELE WOLDEYESUS
エフレム・ベケレ・ウルデイス

①アジスアベバ
②32歳
③アムハラ語、英語
④ドロワット
⑤The Land of Origins（起源の地）

ETHIOPIA　　　···· P.32

HEAVEN BERHE
ヘブン・ベルヘ

①アルバータ州（カナダ）
②23歳
③ティグリニャ語、英語
④シロ
⑤Complacent（無関心な）

ERITREA　　　···· P.34

ΛDNAN ABDO MOHAMED
アドナン・オブド・モハメド

①トゲアー
②26歳
③英語、ソマリ語
④ビリヤニ、ラザニア、卵焼き
⑤Paradise（楽園）

SOMALIA　　　···· P.36

JOSEPH DUSABE
ジョセフ・ドゥサベ

①東部州
②32歳
③英語、フランス語、ルワンダ語
④サツマイモ
⑤Hospitality（おもてなし）

RWANDA　　　···· P.38

GLORIA J. WANGELEJA
グロリア・J・ワンヘレヤ

①ダル・エス・サラーム　②24歳
③スワヒリ語、英語
④ムトリ
⑤Welcoming（歓迎する）

UNITED REPUBLIC OF　···· P.42
TANZANIA

TAP PAI GATDET TUT
タップ・パイ・ガッデ・タット

①ベンティウ
②26歳
③ヌエル語、アラビア語、英語
④アフリカ料理
⑤Suffering（苦しみ）

SOUTH SUDAN　　　···· P.44

ZAHARAH NABIRYE
ザハラ・ナビリ

①ジンジャ
②23歳
③英語、ブガンダのバントゥー語
④お米、バナナ、豆、魚
⑤Pearl of Africa（アフリカの真珠）

UGANDA　　　···· P.46

ELEYEH I. DAHER
エリエ・イ・ダヤ

①ジブチ
②27歳
③英語、フランス語、ソマリ語
④モクバザ
⑤Solidarity（連帯）

DJIBOUTI　　　···· P.48

DAVINA MURDEN
ダヴィーナ・マーデン

①ヴァコア
②26歳
③フランス語、英語、
　モーリシャス・クレオール語
④チャーハン
⑤Heaven（天国）

MAURITIUS　　　···· P.50

PARFAIT MUGISHA
パフェ・ムギシャ

①ブジュンブラ
②28歳
③フランス語、英語、ルンディ語
④野菜、シリアル
⑤Drum（太鼓）

BURUNDI　　　···· P.52

MAPASEKA MPHAHAMA
マパセカ・ムファハマ

①マセル ②29歳
③ソト語、英語
④ソト人の伝統料理、肉、パイ、
　スペアリブ
⑤Mountainous（山がち）

LESOTHO
···· P.54

NTUTHUKO MCHUNU
エヌトゥトゥコ・マキューヌ

①ダーバン ②26歳
③ズールー語、コサ語、ソト語、英語、
　中国語
④ジョロフライス、チキン
⑤Cultured（洗練された）

SOUTH AFRICA
···· P.56

BANTU MABASO
バントゥー・マバソ

①ムバカ
②26歳
③スワジ語、英語、フランス語
④エンチラーダ
⑤Nature（自然）

ESWATINI
···· P.58

MARLY MUUDENI SAMUEL
マーリー・ムディニ・サミュエル

①ホマス ②27歳
③英語、スペイン語、オバンボ語
　アフリカーンス語
④ハング・ポリッジ、エンベ
⑤Aesthetic（美的な）

NAMIBIA
···· P.62

BOKANG SERA
ボカン・セラ

①クハボディ
②17歳
③英語、ツワナ語
④コーンとダークチョコレート
⑤Peaceful（平和な）

BOTSWANA
···· P.64

ANDRÉA NGOMBET
アンドレア・ゴンベット

①ブラザビル
②35歳
③フランス語、英語、リンガラ語
④ソレル、魚のフライ、キャッサバの
　フフ
⑤Young（若々しい）

CONGO
···· P.66

ERNEST CHE NIBA
アーネスト・チェ・ニバ

①中央州
②24歳
③英語、フランス語、フランス手話
④フフとエル
⑤Diversity（多様性）

CAMEROON
···· P.68

WILDILEY BARROCA
ウィルディレイ・バロッカ

①サントメ
②29歳
③ポルトガル語
④タラのクリーム焼き
⑤Paradise（楽園）

SAO TOME AND PRINCIPE
···· P.70

DAVID NAIBEI
デイビット・ナイベイ

①ンジャメナ ②24歳
③フランス語、英語、
　アラビア語チャド方言
④お米
⑤Diversity（多様性）

CHAD
···· P.72

LUNGA IZATA
ルンガ・イザタ

①ルアンダ
②28歳
③ポルトガル語、英語
④シーフードパスタ
⑤Memorable（忘れられない）

ANGOLA
···· P.76

LEGRAND CIRIMWAMI
レグランド・クリムワミ

①南キヴ州 ②34歳
③フランス語、英語、スワヒリ語、
　リンガラ語
④ミルク、キノコ
⑤Hope（希望）

DR CONGO

JORDI REO
ジョルディ・レオ

①ビオコノルテ ②28歳
③スペイン語、ブビ語、フランス語、
　ポルトガル語、英語、イタリア語
④プランテンのフライ、鶏の手羽先
⑤The Best Kept secret（穴場）

EQUATORIAL GUINEA

BOURSIER TCHIBINDA
ブセール・チビンダ

①ポールジャンティ
②35歳
③フランス語、英語
④魚の塩漬け
⑤Peaceful（平和な）

GABON

ROSMON ZOKOUE
ロスモン・ゾコウエ

①バンギ ②31歳
③フランス語、サンゴ語
④ヤバンダ・ティ・ココ
⑤Zo kwo zo
　（すべてのものに価値のある国）

CENTRAL AFRICAN REPUBLIC

NANA KWAKU ASAMOAH
ナナ・クワク・アサモア

①テマ ②25歳
③英語、トウィ語、ファンティ語、
　エウェ語
④ジョロフライス
⑤Hospitality（おもてなし）

GHANA

FATOUMATTA L. KASSAMA
ファトウマタ・L・カッサマ

①セレクンダ
②30歳
③英語、ウォロフ語、マンディンカ語
④果物、野菜
⑤Smiling Coast（笑顔の海岸）

GAMBIA

AMINETOU BILAL
アミネトウ・バイラール

①ヌアクショット ②29歳
③フランス語、英語、アラビア語、
　ウォロフ語、ハッサニア語、フラニ語
④メショウィ、タジン、クスクス
⑤Diversity（多様性）

MAURITANIA

ELVIS ADJAHOUNGBA
エルビス・アジャフンバ

①コトヌー
②28歳
③フランス語、英語
④フフ、ジョロフライス
⑤Diversity（多様性）

BENIN

GHAICHA ABOUBACAR AHE
ガイチャ・アブーバカーラ・アへ

①アガデス ②20歳
③フランス語、英語、トゥアレグ語、
　ハウサ語、ザルマのソンガイ語
④Gourassa、モロヘイヤ、クスクス
⑤Resilience（回復力）

NIGER

EDMILSON DELGADO MONTEIRO JUNIOR
エドミルソン・デルガド・モンテイロ・ジュニア

①サント・アンタン島 ②24歳
③カーボベルデ・クレオール語、英語
　ポルトガル語、スペイン語など
④カシューパ ⑤Morabeza
　（訪問者への愛と敬意を持った接し方）

CABO VERDE

FATU CONTEH
ファトゥ・コンテ

①フリータウン
②17歳
③英語
④お米
⑤Home（我が家）

SIERRA LEONE
···· P.102

CHEICK OUMAR DOUMBIA
シェイク・ウマール・ドゥンビア

①バマコ
②25歳
③フランス語、英語、バンバラ語
④チャーハン
⑤Change（変化する）

MALI
···· P.104

ANTHONETTE QUAYEE
アンソネッテ・クアイー

①モンセラード郡　②23歳
③英語
④パームバター、ビターボールの
　トルボージー
⑤Liberty（自由）

LIBERIA
···· P.106

OBINNA VICTOR EZE
オビーナ・ビクター・エゼ

①ポートハーコート
②28歳
③英語、イボ語
④豆とフライドライス
⑤Giant of Africa（アフリカの巨人）

NIGERIA
···· P.108

KOSSI EDEM BAITA
コッシー・エデム・バイタ

①ロメ
②30歳
③フランス語、英語
④お米
⑤Peace（平和）

TOGO
···· P.110

FATOUMATA CHÉRIF
ファトゥマタ・シェリフ

①コナクリ
②31歳
③フランス語、英語
④ポテトリーフソース
⑤Hospitality（おもてなし）

GUINEA
···· P.112

MALMO DOS REIS
マルモ・ドス・レイス

①ビサウ
②33歳
③ポルトガル語、英語、フランス語
④Caldo Tchebem
⑤Welcoming（歓迎する）

GUINEA BISSAU
···· P.116

EVA HELENA ARIELLE AMEGBOH
エヴァ・ヘレナ・アリエル・アメグボ

①アビジャン　②34歳
③エウェ語、ミナ語、フォン語、英語など
④プランテンのフライ、チキングリル
⑤Open（隠しだてのない）

CÔTE D'IVOIRE
···· P.118

SABERE TRAORE
サベレ・トラオーレ

①ワガドゥグー　②32歳
③フランス語、英語、ジュラ語
　ブゥム語
④魚と野菜のグリルを添えたアチェケ
⑤Integrity（誠実）

BURKINA FASO
···· P.120

NAFI GUEYE
ナフィ・ガイ

①ダカール　②29歳
③フランス語、英語
④セネガルの郷土料理
⑤Teranga
　（おもてなしや分かち合い、連帯）

SENEGAL
···· P.122

ELYES MANAI
エリエス・マナイ

①ラ・マルサ　②24歳
③英語、フランス語、アラビア語、
　ドイツ語
④ラブラビ、Mlewi、Borzgen
⑤Unpredictable（予測できない）

TUNISIA
···· P.124

IBTISSAM BOUCHELAGHEM
イブサム・ビックルホメン

①ゲルマ
②26歳
③英語、アラビア語、フランス語
④魚
⑤Peace（平和）

ALGERIA
···· P.126

MANAR LEZAAR
マナー・レザール

①フェズ
②17歳
③アラビア語、英語、フランス語
④ブリワット、バスティラ、ピザ
⑤Colorful（カラフル）

MOROCCO
···· P.128

ALHARETH ELSHIBANI
アルハレス・エルシバニ

①ミスラタ
②26歳
③アラビア語、英語
④バジン、リシュダ
⑤Change（変化）

LIBYA
···· P.130

ARWA ELNOUR
アルワ・エルヌール

①オムドゥルマン
②23歳
③アラビア語、英語
④ピザと辛いもの
⑤The Nile river（ナイル川）

SUDAN
···· P.132

HEBA ASSEM
ヘバ・アセム

①ギザ　②30歳
③アラビア語、英語、スペイン語
④ピザ
⑤The Cradle of Civilization
　（文明のゆりかご）

EGYPT
···· P.134

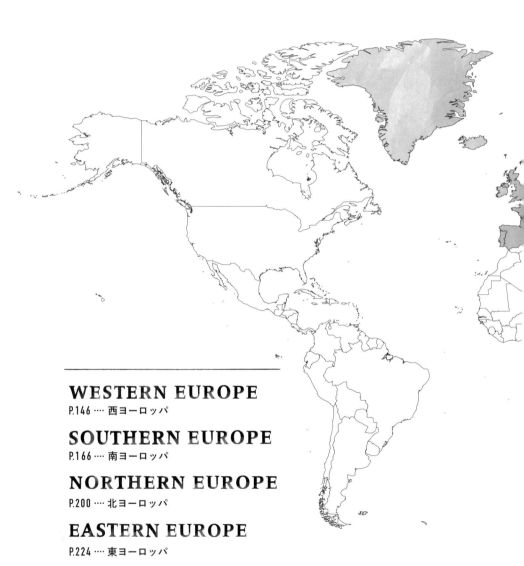

WESTERN EUROPE

SOUTHERN EUROPE

NORTHERN EUROPE

EASTERN EUROPE

EUROPE

－ヨーロッパ －

WESTERN EUROPE
− 西ヨーロッパ −

SOUTHERN EUROPE
− 南ヨーロッパ −

アンドラ
P.158

スペイン
P.192

ポルトガル
P.186

オランダ
P.156

ドイツ
P.160

ベルギー
P.154

ルクセンブルク
P.150

リヒテンシュタイン
P.162

オーストリア
P.164

...ランス
P.152

スイス
P.146

スロベニア
P.182

クロアチア
P.194

イタリア
P.166

ボスニア・
ヘルツェゴビナ
P.180

セルビア
P.174

モナコ
P.148

サンマリノ
P.184

モンテネグロ
P.176

コソボ
P.170

北マケドニア
P.188

バチカン市国
P.178

ギリシャ
P.196

アルバニア
P.190

マルタ
P.168

SWITZERLAND

スイス

未来の薬をすべての人に

　医学研究の分野で働こうと決めたのは、まだ子どものときでした。その頃、不治の病でいかに多くの人が若くして亡くなっているかを知ったのです。この状況にゾッとしました。けれど誰もが、何でもないことのように振る舞っていました。「どうしようもないことだ」「人生はそういうもの」、最悪なのは「全世界は救えないから、現実を受け入れた方がいい。」これらは医学研

究を学んでいた12年間に聞き慣れてしまった言葉です。私はどうにかして、彼らの言うことを気にしないようにしました。諦めて目標のない人生を送るより、より良い世界のために働きたかったのです。

そしてある日、たどり着きました！　私の研究チームが、患者の免疫システムを使って不治のがんを治療する新しい方法を見つけたのです。2019年に公表されたこの情報は世間を騒がせましたが、免疫学者である私たちが気づいたことを、本当の意味で理解する人はいませんでした。免疫システムをがんに適用できるなら、どんな病気にも使えるのです。この発見のおかげで、私の頭はさまざまなチャンスでいっぱいになり、さらに続けていきたいと思いました。

スイスでは、どんなレベルであれ、市民が政治や社会生活に参加することが不可欠だと考えられています。私は24歳で地方議会議員に当選して以来、健康問題に取り組んできました。みんなが願うように、私も薬の価格がもっと安くなるよう心から願っていますが、選挙のおかげで、それに具体的に取り組む機会を得られたのです。さらに赤十字社にも加わりました。

しかし、新型コロナウイルスが私たちの生活に困難をもたらしました。免疫学の医師として、パンデミックに関する医療や政治の決定に直接かかわりましたが、ここで私は、国々が恐怖に震えているときに、国際組織がいかに無力であるかを痛感したのです。政府が空港でマスクや物資を独り占めしたり、契約書を書き換えたり、サプライチェーンを分断したりするのを目の当たりにしました。がっかりした一方で、もっとうまくやれると私は知っています。私は、未来の薬を発明し、誰もがどこでもその薬を確実に得られるよう闘う科学者世代の一員です。今も各地で子どもたちを死に至らしめている病が、もうじきなくなる世界を夢見ています。世界規模の予防接種プログラムや、必須医薬品が安く手に入ること、そして、より強力な医療インフラが整えば、多くの人々の生活を変えられると確信しています。

各国が武器よりも健康にお金をかける未来を、私は進んで信じます。争うのではなく、ともに取り組むことを。傷を生み出すのではなく、傷を癒すことを。私に共感してくれますか？

クエンティン・ハース

MONACO

モナコ

海の世界に魅せられて

　モナコは面積約2km²の、とても小さな国です。国土に農地はなく、緑地もほとんどありません。人々はただ自然を楽しむために定期的に国境を越え、農産物をフランスに頼っています。しかし、モナコには海があります。人々は獲れたての魚を食べたり、泳いだり、ダイビングをしたりして、海との触れ合いを楽しんでいます。

　私の夢は、私が感じたこの海の魅力を未来に残していくことです。そのためには、気候変動と海の環境破壊の問題について誰もが真剣に考えるようにならなければなりません。

　私は11歳のとき、スキューバダイビングを体験し、それ以来ずっと海の世界に夢中になっています。23歳のときには、海洋生物学の修士号を取得するために昼夜を問わず勉強しており、サンゴ礁の研究者になりたいと思っていました。残念ながらそれはかないませんでしたが、海への情熱が衰えたわけではありませんでした。

　今、私は Monegasque Association for the Protection of Nature に所属して、政府機関と協力し、地元企業や子どもたちへの教育を熱心に行っています。モナコの子どもたちのほとんどは海に潜った経験がなく、地元の海の生き物のことをあまり知りません。私たちは小学校を定期的に訪れ、神秘的な海の世界について話し、海が現在置かれている状況を説明します。子どもたちは私たちの話を熱心に聞き、海の環境を守るという責任を果たそうと熱意にあふれています。実際、ビーチへ行くと、彼らはためらうことなく歩行者にごみを捨てないよう声をかけ、さらにごみ箱や「ここから海が始まる」と刻まれた碑まで設置したのです！

　私たちは、現在のひとときに集中しすぎています。子や孫、さらにその先の世代が暮らす世界を想像する必要があります。気候変動と海の破壊といった問題について、誰もが真剣に考えるようになってほしい。そして、私は子どもたちと一緒に、自然のなかに隠れている小さな生き物たちを発見できる、そんな未来を夢見ています。

カミーユ・デヴィッシ

LUXEMBOURG

ルクセンブルク

誰もが世界の一員

　私が当選するとは、彼らは思ってもみなかったのでしょう。21歳で初めて選挙運動をしたとき、人々は私が抱く期待を抑えようとし続けました。「最下位になっても、戸惑うことはないよ」と、私の背中を軽く叩きながら上から目線で言ってきたものでした。あるいは、「そんな大きなプレッシャーに本当に耐えられる？」と言って、暗に諦めた方が良いと促してき

たのです。今ではルクセンブルクの最年少政治家の1人になりましたが、この経験を通じて私は国の発展のために若者がリーダーになることの重要性を確信しました。

でもここで話したいのは、そもそもなぜ私のような若い女性が政治にかかわっているのかという話なのです。私は政治への関心から道を選んだわけではありません。政治家になる前から、私は活動家でした。そして、自分が経験してきた差別について話をすればするほど、ますます多くの女性たちが自分も同じような経験をしたと打ち明けてくれたのです。私たちは男性でないために過小評価され、白人でないために差別を受けています。私たちの人生経験は信用されず、耳を傾けてさえもらえないのです。

性別や肌の色、階級に関係なく、すべての人に自分の能力を発揮するチャンスが与えられる世界を、私は夢見ています。そして、あらゆる夢には始まりが必要ですから、私は古くからの教え「今でなければいつ？ 私たちでなければ誰がやる？」に応えました。2020年の国際女性デーに We Belong Europe を共同設立したのです。この組織は、個人の経験を広めることから変化は始まるという考えに基づいています。私たちは有色人種の人々が安心して集まれる場所をつくり、経験を共有し、アイデンティティを探求し、自分の人生の物語を発展させています。

We Belong ではさらに、白人が大多数を占める場から有色人種の人々を追いやる、暗黙の偏見にも異議を唱えています。例えば「どこの出身ですか？ いえ、本当はどこの出身かと聞いているのです」といった質問は、有色人種の人々に大きな負担を与えます。グローバル化した世界で、なぜいまだに国籍を特定の肌の色と結びつけて考えるのか、理解できません。誰かのアイデンティティに疑問を抱くことは、その人がその場所の一員だと感じている意識に異議を唱えることで、その人の自由や人生の決断に悪影響を及ぼします。

私たちの世代のうちに、進歩は可能だと証明したいと思っています。そして誰もが、自分が本来持っている能力と同じくらい限りないチャンスを持っていると気づいてもらいたいのです。

ヤナ・デグロット

FRANCE

フランス

無垢が守られる世界

　私は南フランスとパリの間で、中流階級の家庭に育った。私の幼少期は「プルーストのマドレーヌ」[※1]だ。私にとって、子ども時代は間違いなく人生で最も重要な部分。大切な思い出を決定づけるものだ。つまり、決して忘れることのない思い出、疑いの瞬間に慰めを得られるような思い出を。

私は5歳のときのことを決して忘れない。オリーブの木の間をはだし
で駆け回り、隣にジャーマンシェパードのサムがいたあの頃を。私は少女
でも女性でもなかった。子どもだった。母は1人で私を育ててくれ、そし
て私はすぐに理解した。家族とは、不可欠なママやパパといった存在で成
り立つのではなく、自分が望むメンバーで構成されるのだと。こうして私
の人生の最初の経験が、今の私という女性を決めた。

　私は現在パリ第二大学の法科の学生で、パリ犯罪学研究所で刑法を学
ぶことにした。なぜって？　すべての人に成功するチャンスが平等にある
わけではなく、子ども時代の夢や無垢を持ち続けるチャンスも平等では
ないのだと、成長する過程で気づいたから。無垢は否定的なものから私た
ちを守ってくれる。その素朴さや、不思議に目をみはる感性が、私たちの
なかの子どもを生き生きとさせてくれる。ストレスに苛まれた不安な大人
になる前、私たちはみなオリーブの木の間を駆け回る自由な子どもの精
神を持っていたのだ。私たちの夢や野心をかきたてる精神、私たちが守り、
思い出さねばならない精神を。

　犯罪学研究所で学んだことがあるとすれば、それは、危険にさらされ
る子どもたちを守り、少年犯罪者の効果的な社会復帰を組織する法律が足
りないということだ。未来は若者のなかにある。若者を守ることは私たち
の明日のために最も重要だ。私は若者のための弁護士になりたい。これ
は私の子ども時代からの夢だ。若者を擁護し、幼年期の暴力から保護さ
れない者たちを守る弁護士になりたい。若者が抱える葛藤について教え、
予防策を懸命に推し進める弁護士に。私はこの政治的で教育的な闘いに
自分のキャリアを捧げることにした。運と特権が私にはあることを自覚し
ているから。

　私たちの努力と闘志が形づくる明るい未来を信じている。夢に向かって
生きる者は、行く手を阻むどんな逆境にも耐えられる。私は夢に向かっ
て前進し、夢のために闘うことができた。だから、幼少期や想像力、内な
る力を守ることを通じて、明日の世代にも同じ未来とチャンスをもたらす
手助けがしたい。

マルゴー・チカオウィ

BELGIUM

ベルギー

その先へ目を向けて

　小学生の頃、レゴやプレイモービルで遊ぶのが好きだった。そのキャラクターたちのように、世界には多様な文化があり、人々は幸せに暮らしている。そう思っていた。食料や水がなくて苦しんでいる人たちがいるなんて想像だにしなかった。

　僕は世界で最も豊かな国の一つで育った。消費つまり「買い物」が日常

的に行われ、文化の一部となっている。僕たちは先進国としての過去を忘れてしまったようだ。中学校で自国の歴史を学んだ。僕たちが裕福になったのは、過去に行われたさまざまな出来事や選択によるものだったと知った。こうした選択のいくつかが、危険で不健全な条件で働くことを強制した奴隷制につながっていた。森林を伐採し、自然環境を破壊したこともあった。過去の出来事と現在のニュースは大差ないのではないかと疑問を持ち始めた。

2013年、ダッカで複数の縫製工場が入った建物が崩落した。ここでつくられた服は海外で販売されていた。僕たちは工場の劣悪な状況に気づかずに、服を買っている。世界で最も弱い立場にある多くの人々が、現代的な世界で今も同じような状況で働いている。僕は、自分の日々の行動や選択が無意識のうちに他国の出来事につながっていると気づくようになった。

僕の行動や選択が、最も脆弱な人々の健康や教育に影響を及ぼしている。廃棄物を増やし、汚染を悪化させている。水など資源の過剰消費を引き起こしている。僕は自分が買ったものがサステナブルでエコロジーなものかどうか、疑問に思って商品のサプライチェーンを調べ始めた。知識を持って、最終製品だけではなく、その先にあるものにも目を向けるようにしたんだ。今、家族や友人、同僚にもこれをシェアし、お互いによりサステナブルな選択があるかどうかアドバイスをし合っている。

世界中の不正や貧困と闘いたいと思うならば、消費習慣を変えなければならないことに、みんな気づき始めている。脆弱なコミュニティに公平さとエンパワーメントをもたらしながら命を救う、僕はそんな建築家になると決めた。建築学生としての第一の関心は、サステナブルな原材料を選ぶこと。原材料がどこから、どのように、誰によって生産されているかなど、慎重な調査が重要だ。環境と建築の伝統を維持するために、地元の、かつリサイクルや再利用が可能な材料を選ばなくてはならない。

より少ない資源でより多く、より良いものをつくり、サステナブルな生き方を促進していきたい。すべての家族が尊厳を持って安全な環境で家を建てること。それが僕の夢だ。

ルイス・ドゥアルテ・ランゲロック

NETHERLANDS

オランダ

ゲノミクスをすべての人に

　私の名前はスザンヌ・バース。ゲノミクス（ゲノムと遺伝子の研究）を専門としている生物医学者で、哲学者であり、将来の医療を見据えるリーダーです。患者さん一人ひとりが必要な治療を受けられるように後押しをすることが私の使命です。幼い頃、情熱的な医師である父の話にいつも耳を傾けていました。父は病気の子どもを持つ親や、治療法を探す長い旅について話してくれました。現在行われている治療や研究について知らないために何百万人もの人々が亡くなっていることを知ったとき、私は強く心を揺さぶられました。

　生きられるか否かは、どこで生まれたか、どんな病院で、どんな医師に診てもらえるかなど、地理的条件に左右されています。例えば、アンとソフィーという7歳の少女がいました。一人はスペイン、もう一人はオランダに住んでいましたが、同じ遺伝子変異があり、珍しいがんと診断されました。半年後にソフィーは亡くなり、アンは学校に復帰しました。何が2人を分けたのでしょうか？　アンを診た医師の一人は、ニューヨークで遺伝子治療に取り組んでいる同僚を知っていたのです。そのグローバルなつながりがアンの命を救いました。

　どの患者さんにどんな治療がベストなのかを見つけ出し、患者さんを救うことができる知識をマッチングする。遺伝子が持つ情報の力に関心を持った私は、生物医学者になりました。四つ以上の大陸で暮らしながらハーバード大学を初め、世界トップレベルの機関で働き、アフリカやアジアなど15カ国以上を旅してきました。世界中のどこでも、医療へのアクセスの問題があることを目の当たりにし、現在の医療体制が根本的に壊れていると実感しました。患者さんが必要な治療を受けるための世界規模のシステムがないのです。この問題を解決するために、地球上の誰もが手頃な価格でプレシジョン・メディスン（精密医療）を受けられるように、私はテクノロジー企業 SocialGenomics MOONSHOT を立ち上げました。私たちは AI を使って同様の患者さんの症例を集め、各自の遺伝子プロファイルをもとにした最善の治療法を見つけられるように取り組んでいます。グローバルなパートナーシップを構築し、命を救う情報を世界中から見つけ出せるようにすることで、私は変革を起こしたいのです。

　世界規模のデータ連携が可能になれば地理的障害を乗り越え、もっとたくさんの命を救うことができる！　世界のために、これを実現することが私の夢です。

スザンヌ・バース

ANDORRA

アンドラ

命を守る存在

　僕はピレネー山脈の真ん中で生まれた。星空に手が届きそうだった。だから、宇宙飛行士になって銀河系を旅することを夢見ていた。それに、際限なくアイスクリームを食べるのも夢だった。

　僕たちは成長するにつれ、内なる小さな声に耳を傾けながら、自分自身から多くのことを発見して学ぶ。僕が発見したのは、誰かに親切にしたり

笑顔にするのはとても気持ちが良いということだった！　こうしたことに専念するうち、僕にはポジティブで意味のある影響がもたらされたから、もっと進んで取り組むようになった。地に足がついた若者として、僕は夢を描き続ける方法を見つけられたんだ。

　ヨーロッパの他の国と同じように、アンドラでは自分たちがいかに幸運なのか気づいていない人が多い。若者たちは学校でも就職でも激しい競争にさらされているけれど、世界の他の場所で起こっていることに比べれば大したことではないと思える。若者が成功する機会にも安全にも自由にも恵まれていない場所がある。今、僕たちがいるところにたどり着くまでにどんなことをくぐり抜けてきたのか。僕に言わせれば、それを理解するために、もっと歴史的・文化的な観点が必要だ。その上、どんなに情報を持っていたとしても、簡単に自分の殻に閉じ込もり、世界から目を背けてしまう。そんなシステムのなかで僕たちは暮らしている。おそらく激しい消費主義や個人主義への傾倒がこうした状況に大きく影響しているのだけれど、あまりにも深く定着しているので、修正できないと思われるのだろう。夢追い人でいること、価値のある目的に身を捧げることは大きな勇気が必要だ。僕たちの注意を奪うものが多すぎるから。

　変化を起こすには、国際機関では思っているより時間がかかるかもしれない。だけど、「速く進みたければ、1人で行きなさい。遠くまで進みたければ、みんなで行きなさい」という格言がある。僕たちにはSDGsのような共通の目標に向かって一緒に取り組んでいく力と基本的な目的があると信じている。現在、僕は、SDGsの推進を支援するヨーロッパの主要国際機関で働き、専門家としての成長を目的とした学びの機会の提供に取り組んでいる。最高レベルで変化を起こし続けられるように職員のスキルアップをすることが目標で、人道支援と持続可能な開発という観点から、より効果的で共感で成り立つ仕組みをつくるのが僕の夢だ。望むと望まざるとにかかわらず僕たちは地球上の命や地球の運命を守る存在なんだ。みんながもっと良い現在を手に入れ、もっと安心できる未来を手に入れるために、ともに取り組んでいこう。

アドリア・タピ・ゴンザレス

17 パートナーシップで目標を達成しよう

GERMANY

ドイツ

ポジティブ心理学とウェルビーイング

　「どうしたら人生が満ち足り、豊かになるだろう？」 誰もが一度は問い
かけたことがあるでしょう。私は何度も自分にこの問いを投げかけた末、
心理学、特にポジティブ心理学を研究しようと決めました。科学的な観点
から人間をきちんと理解したいと思ったのです。人生に満足感を与えてく
れる物事を見いだすことは、安らぎを与えるだけでなく、社会で調和しな
がら生きるための助けにもなります。社会はさまざまな個性、意見、願望

に満ちあふれているので、ともに暮らすことが難しいときもあるものです。多様な人々と調和して生きるには、まず自分自身から始めなくては。自分自身が安らげないとき、人や自然、動物など、自分のまわりに敬意を持って接することなどできるでしょうか？

　自分自身に優しくなることで、他の人に対してもっと寛大になれるのです。そうしたら、多くの問題を未然に防ぐことができるでしょう。これがポジティブ心理学のポイントの一つ。この分野はマーティン・セリグマンとそのチームによって1998年に正式に始められた、成功し充実した人生を送るための科学です。

　家族と一緒にダンスしたり、友達と一晩中話したり、素晴らしいメンバーとハンドボールをすること。これらは、私を幸せにしてくれる瞬間です。しかし、人生は幸せな瞬間の積み重ねではありません。浮き沈みがあり、まるでジェットコースターのように思えるかもしれません。困難な時期を乗り切るには、人生への充実感が助けになります。それは、自らが選んだ人生の意味を持っていること、より「大きな」何かに貢献していることと関係があります。

　例えば私は、植樹をしたり、恵まれない人のために食べ物を集めたり、社会的に苦しい状況で生活する子どもたちのためにキャンプを主催したり、さまざまなプロジェクトを実施して団体に参加しています。また、同じ趣味の人たちと集まるゲーム・ナイトを自主的に始めました。ゲームの仲間たちはさまざまな障がいがありますが、彼らが私を信頼し心を開いてくれることに感謝しています。彼らの前向きな姿勢や、ときに示してくれる異なる視点のおかげで、私はさらに成長することができました。

　良い行いをするコミュニティの一員であることは、悲しみや怒り、失望に襲われたときでさえ、私の心を満たしてくれます。自分で選んだ人生の意味に従い、他の人たちと一緒により大きな何かに貢献していると、私が自覚している限り、人生というジェットコースターを心から楽しむことができます。

　私の夢は、世界をより良い場所にすること、世界全体のウェルビーイングに貢献することです。この夢のために、もっと多くのみなさんにポジティブ心理学を知ってもらいたい。あなたも考えてみてください。「あなたに人生の意味を与えるものは何ですか？」

ヨセリン・シャルク

LIECHTENSTEIN

リヒテンシュタイン

素晴らしい世界への入り口

　「学校での最初の1日は、一生忘れられない経験になるよ。」これは、2002年8月の穏やかな朝、まさに初めて学校に行く道すがら、両親が僕に言った言葉です。幼い僕はこの言葉を、目を輝かせて受け止めました。「学校」とは新しい友達と出会い、読み書きや算数を学び、世界をより良く理解できるようになることを意味します。つまり学校は、この素晴らし

い世界で生きる準備をさせてくれるのです。

　この世界はすごくたくさんの文化や伝統からできていると気づいたのは、2002年のサッカーワールドカップを見ているときでした。そのとき僕は、リビングで家族と一緒にテレビの前にいたのです。なんてたくさんの国、感動、うれしそうな人々！　それから4週間後に、その日がやってきました！　学校に通う最初の日が。さまざまな国から集まった友達と一緒に、ついに、まわりの世界を理解し始めたのです。

　また、世界には学校に通えない人がいるということも分かってきました。年月が経つにつれ、僕の知識への渇望は高まり、夢も膨らんでいきました。僕の夢は、この地球上のすべての子どもたちが学校に通い、質の高い教育を受けるチャンスを手にすることです。

　教育は花壇に植える種のようなもので、SDGsはその種を時間をかけて世話して、ようやく育つ花です。教育は成功への鍵、自分自身の幸せと周囲の人々の幸せへの鍵です。教育は、あらゆる年代や国々の人々が前向きな相乗効果を生み出すための源です。教育を通じて、多くのポジティブなことを一緒に達成できます。

　ブラチスラバで開催されたOSCE Youth Forum 2019では、60カ国以上から集まった活動的な人々とこのテーマについて議論し、多様な考え方を分かち合いました。僕は世界をさらに良く理解できるようになりました。僕たちはみな、幼い頃から教育の恩恵を受けてきたからこそ、こうして集まれたのです。教育は新しい友情を生み、人の心を解放し、学び続けたい気持ちを引き出してくれるという信念が一層強まりました。

　風の強い10月の朝、ブラチスラバで、僕は学校の最初の日と同じ興奮を感じていました。でも、僕は知っています。若きリーダーたちが世界中から集まり、質の高い教育という重要な課題について議論を始めたこと、それは僕の夢を実現する道のりの出発点に立ったにすぎないということを。

フェリックス・オスベルト

AUSTRIA

オーストリア

Dreams Are Real !

　やあ、僕の名前はファビアン・ブロッホバーガー、21歳。2020年から
プロのマジシャンになって、自分の本当の情熱に従って生きてる。

　それまで僕はいろんな仕事をしてみたけど、自分を満足させるものはな
かったし、自分の人生の目的が何なのか、よく分からなかった。でも、
僕は人々に楽しんでもらったり、笑顔になってもらって、夢を見せたい

と気づいたとき、子どもの頃からの夢だったプロのマジシャンになると決めたんだ。アーティスト、ミュージシャン、エンターテイナーなど、僕たちはみんな誰かに感動を与えるためにここにいる。人々に影響を与えることができる。だからこそ世界が抱える問題を指摘すべきで、それが僕たちの使命でもある。才能という贈り物を与えられたんだから、良いことに使いたい。変化を起こしたいんだ。

　僕は大学までは行かなかったけど、オーストリアの教育制度は素晴らしくて、本当に感謝してる。僕の国では教育は無償で、僕が選んだミュージシャンやアーティストを養成する学校を初め、いろんな分野から学校を選べる。でも、これは当たり前のことじゃないし、ありがたいことだと思う。

　ここオーストリアでは食べ物がないとか、教育が劣悪だという問題はないけど、他の国ではそうでないことを僕たちは知っている。僕たちはこれらの問題と闘わなければならないし、目をそらすわけにはいかない。僕は旅をするのが大好きだけど、旅先の道端で目に涙を浮かべている子どもたちを見かける。そのたびに、いつか彼らが飢えや劣悪な教育環境といった不安から解放される日が来ることを夢見ずにはいられない。

　僕の仕事は、不可能なことから魔法を創造し、観客たちに一瞬でも子どものような気持ちにもう一度なってもらうことだと定義している。僕は「魔法を信じない人には、魔法を見つけることはできない」といつも言っているんだけど、率直に言って、多くの人はあまりにも簡単に諦めているんじゃないかな。マジックショーは、そんなことできるわけないってことの連続だ。でも、どうにかして、あなたの目の前でそれをやってみせることができるんだよ。もちろん一生懸命練習しなければならないし、失敗も多い。でも、とにかく立ち上がって何度も何度も何度もトライする。そうすれば必ずできるようになる。努力と情熱と真の愛があればね。そして、マジックが可能なら、もちろん僕たちの人生の、世界のあらゆる面でも可能なはずだ。魔法は存在する。それは自分自身を信じることだ。信じることができるなら、何でも実現する。夢は現実になるんだ！

ファビアン・ブロッホバーガー

ITALY
イタリア

現代の「エデンの園」

　私はギリシャ神話と埃まみれの哲学書の娘です。ギリシャ神話からは人間が自然と調和し、互いに尊重し合いながら生きていることが分かります。哲学者たちは火、水、空気といった自然の元素を世界の根源と見なしていました。そこはまるで美しい魔法の世界。幼い頃の私は本を読みながら、そんな世界にどっぷりと浸かっていました。

でも悲しいことに、現代に生きる私たちは「エデンの園」から追放されてしまったかのようです。現代の世界はすべてのものが速く、競争的で、利益を追求している、過剰な消費主義社会。貪欲なシステムは、資源の限られた地球に害を及ぼしています。こんなふうに言うと世間知らずだと思われるかもしれないけれど、私は現代の「エデンの園」、すなわち利益ではなくサステナビリティを最優先に考えた社会の創造に貢献したいと夢見ています。

　夢に向けて動き始めたきっかけは、2019年、ハーバード大学アジア国際関係プロジェクトの会議に登壇したノーベル平和賞受賞者ラエ・クォン・チュン氏のスピーチでした。成長と持続可能性は必ずしも両立しないわけではないと、いかに人々に理解してもらうことを目指してきたかを彼は説明してくれました。選ばれた政治家や科学者だけでは地球を救えないかもしれない。環境に優しい選択肢を選ぶことを約束する、何十億もの一般の人々が必要なのです。

　この言葉に勇気をもらった私は、国際的な学生ボランティア団体であるAIESEC※2に参加して、サステナビリティについて学びました。私は特に再生可能エネルギーの熱狂的な支持者として、イタリアのエネルギー政策に関する提言書づくりに取り組みました。貧しい家庭におけるエネルギー効率を向上させ、長期的にはお金を節約できることに焦点を当てています。残念ながら、貧困のなかで育った人たちは、今よりも環境に優しい方法でエネルギーを消費しようと思うことがあまりありません。なぜそうした方が良いのか知らないからです。そのため、提言書では「エネルギーの貧困」の意識を高めるために、新しい規範の策定やコンサルティングの実施を主な目的としました。

　私たちの取り組みは、人と自然が共生するサステナブルな未来を築くための若者世代のコミットの一つですが、私たちだけでは達成できません。読者のみなさんが日々の生活のなかで実践することで、人類は何よりも地球に優しくなれるのです。地球の市民として国籍や宗教、年齢にかかわらず、私たちの惑星の繁栄に貢献しなければなりません。何千年もの間、私たちの文明を養い仕えてくれた、この惑星を守ることができるのは、地球に住む私たちなのです。

アリス・エルバス

MALTA

マルタ

人生で一番平和な夕食

　マルタのなかでもゴゾ島は保守的だ。そんな島で初めて、私は自身がゲイだと公然とカミングアウトした者である。17歳のときだった。カトリックの国で若くしてカミングアウトすることは社会的にも、宗教的にも苦痛が伴う。最もつらかったのは、母に告げたときだ。「気は確かなの？ そんなことよそで言っちゃだめよ」「私たちが何とかするわ」などなど、反

応はさまざまなものだった。

　私には参考にできる人がいなくて、自分で自分を支えねばならず、セクシュアリティをアイデンティティとする活動家になるにはどうしたらいいのかを考えなければならなかった。そんななか、2014年、マルタでは同性婚が認められるようになった。それを祝うマルタ本島の人々の模様を寝室のテレビで見かけたが、ゴゾには祝う人などいない。私のまわりには喜びを分かち合える人はおらず、私は自分が何者であるかさえ祝うことができなかった。こんな状況を変えたいという想いから、翌年にLGBTIの啓発団体LGBTI＋Gozoを結成した。私の努力が評価され、2017年にはQueens Young Leaders Awardを受賞した。この賞は私のものであると同時に、ゴゾのすべてのLGBTIのためのものでもある。疎外され、自分たちの懸念を声に出す場所を持たないすべての人たち、声が届かないと感じている私たちのための賞だ。

　自分の考えが過去の世代のものを反映しているにすぎないと気づいたのは、この賞を受賞し、初めて異なる文化や考え方に触れたときだった。イスラム教徒やカトリック教徒、無神論者、そして魂の答えを見つけようと悪戦苦闘する私、といったさまざまな信仰を持つメンバーで夕食をともにした。それは、私の人生でこれほど平和を感じたことはないというほど幸せなひとときとなった。友人たちと心から正直に話をして、経験を共有し、教え学び合い、互いをサポートすることを喜んだ。そう、すべてが喜びだった！

　この日以来、私は決して諦めないことにした。もし誰かが私のセクシュアリティを受け入れてくれなかったら、一緒に座って、その人が何を信じているのかオープンに話し合いたい。異なる国籍のさまざまなアーティストの絵が同じギャラリーで公開されるように、異なる信念を持った個人一人ひとりが生きていくことができる、お互いを支え合い、見返りを期待せずに助け合うことができる世界が私の夢だ。

エマン・ボルグ

KOSOVO

コソボ

多様性は虹のように美しい

　アルバニア人とセルビア人。コソボでは二つのコミュニティは今も分断されたままです。コソボ紛争は終結したものの、紛争の過去と民族間の隔たりに基づくパラレルな教育制度に阻まれ、この国に住むアルバニア人とセルビア人の若者はコミュニケーションを取ることさえ少ないです。さらに、ロマ人、エジプト人、アシュカリ人といった少数派コミュニティ

に対する差別も根づいています。これらのコミュニティの若者の生活状況は悪く、低い就職率にさらされています。彼らは早くに学校を退学し、街に繰り出してごみを集めたり、物乞いしたりすることを余儀なくされているのです。そんななか、私たちは疎遠になっているそれぞれのコミュニティをまとめ、コソボを真の多民族国家として成長させることを夢見て、Kosovo Youth Festival というプロジェクトを始めました。

　20年ほど前に戦い、分断された二つの民族で生まれ育った私たちは、ゆっくりと信頼関係を築いていきました。初めて出会ったのは2015年、大学に入学したばかりの頃。最初の会話は授業のことでした。共通の話題をきっかけに、さらに個人的なことを話すようになり、自分たちの過去も含めたデリケートな会話も徐々に気楽にできるようになっていきました。

　ディエルザ（写真右）は、1999年の紛争でアルバニア人が大きな被害を受けたドレニツァ地方の出身。一方、アンジェラ（写真左）は、セルビア人が多く住む町グラカニツァの出身です。私たちは紛争時にアルバニア人家族が経験したこと、同時期にセルビア人家族が経験したことをお互いに共有することができたのです。言うまでもなく、こうした話は大学の授業よりも学びに満ちたものでした。

　コソボでは民族間のコミュニケーションが不足しているため、人々は一方の話しか聞くことができず、悲劇の全体像を知ることがなかなかできませんでした。しかし、自分のコミュニティだけで語られてきた証言だけではいけないと、私たちは気づいたのです。民族を越えて若者を団結させるための新しい方法が必要です。アルバニア人、セルビア人、ロマ人、エジプト人、アシュカリ人、トルコ人、ボスニア人を一つにする最良の方法は何でしょうか？　そう、おいしい民族料理、お酒、音楽にダンスです！これらを楽しむイベントを開催しようというアイデアが生まれました。

　Kosovo Youth Festival はコソボが持つ文化的多様性を表現する場であり、参加者がコソボのすべてのコミュニティの共通点と違いを学び合う場です。民族の壁を越えたたくさんの新しい友情を育む実りある土壌となっています。これまで2018年と2019年の2年にわたって開催されており、とても活気に満ちたポジティブな空間をつくり続けています。もちろん、

　年に一度のフェスティバルとして開催することを目標としています。

　　バルカン半島だけでなく世界中で、文化が社会を分断する手段として使われています。しかし、私たちは、文化の多様性はポジティブで美しくカラフルだと知っています。コソボのすべてのコミュニティ、そして世界中の若者たちがともに手を取り合うために、多民族社会のポジティブな側

面に目を向けなければなりません。私たち若者は、お手本となることが
できます。私たちはこの世代の未来であり、平和構築者であり、私たちの
多様性と違いが私たちをより強くしてくれるのです。

アンジェラ・ミルコヴィッチ / ディエルザ・ゲチ

SERBIA

セルビア

何を信じて働くのか?

　私は、NATO の爆撃や恐ろしい戦争を経験した国で育ちました。こうした状況のなかで育った世代は、雇用を増やし、海外投資を行い、小国のGDP を増やす責任があると教えられました。しかし、いつの間にか、開発の基本的な価値である教育への投資を忘れてしまったのです。

　世界をより良い方向に変えていくような仕事に就くことが、幼い頃からの夢でした。いよいよとなったとき、私が取り組んだのは法学の学位を取ること。卒業後は地元で有数の法律事務所に入りました。正義のために闘う気まんまんでした。ところが 2 年近く働いて気づいたのです。私はただ企業のビジネスを最適化するのを手伝っているだけだったことに……。

　私は事務所を辞めました（仲間たちからは奇異の目で見られましたが）。私が本当にやりたい仕事は何なのだろう。高校時代に描いていた夢の一つがよみがえってきました。「セルビアの教育制度を改善したい」という夢です。当時、私の国は、優秀な人材が海外へ流出したり、研究現場で不正が行われたり、さまざまな深刻な問題を抱えていたのです。

　かつての夢に立ち返った私はノバク・ジョコビッチ財団に入りました。この国の大半の幼稚園は 90 年代以降修繕されることなく、おもちゃや本、教材はすべて現代的な教育には時代遅れのものばかりで、とてもひどい状態です。財団では、これまでに 45 の幼稚園を建設・改築し、約 3 万人の子どもたちに助けの手をさしのべてきたのです。この財団の一員であることに、私は誇りを感じています。心の声を信じて良かった。

　一流の法律事務所での仕事をなげうった自分を褒めてやりたいと感じています。財団の仲間と働く毎日には、この国が一歩ずつ前進するための手助けをしている手応えがあります。子どもたちの夢を信じることで、私は自分の夢を実現させているのです。

ミリカ・スカロ

MONTENEGRO

モンテネグロ

教室を飛び出そう！

　子どもの頃から自分のまわりにある解決できそうな問題に悩まされてきた。古くて危ない校庭から社会にはびこる不正といった大きな問題まで。幸い、私は問題を傍観するだけではなかった。自分のまわりにあるものを改善したくて、清掃活動、募金、食品の回収など、どんな小さなことでも機会があれば飛びついた。何年にもわたり、海外で若者が教育を無償で

受けられる機会をつくったり、困っている人のために大量の食料を集めたり、数百時間に及ぶ講演活動に取り組んできたが、そのすべてをボランティアで行った。「自分に関係ないことなのになぜやるのか？」「あなたのためになるの？」これまで数えきれないほど聞かれた。何か良いことをするのに、私の活動から生まれる笑顔や感謝の気持ちは十分すぎる理由になると思うが、小さなポジティブな変化を率先して起こすことがなぜ大切なのか、いつも説明してきた。

　時が経つにつれて努力が認められ、多数の賞を受賞し、若者の失業率が30%を超えるモンテネグロで、大学を卒業したばかりの私がいくつものグローバル企業から高給のオファーを得た。私が持っている主要なスキルが得られたのは勉強していたからではなく、新しいプロジェクトを立ち上げたり、多くの人とコミュニケーションを取ったり、少額の寄付金の管理をしたり、学校の外での活動に何時間も費やしたからだと気づいた。

　そこで、みんなが実践的なスキルを身につけ、エンパワーしたいという強い気持ちが生まれ、私は Movement for Cooperation and Development of Youth を立ち上げた。ここで、周囲の人々のためにポジティブな社会的インパクトを生み出したいと考える若者に、知識や財源、サポートを提供している。また、若者が将来より良い人間になるために日常で必要なこと、より良い仕事に就くために職業人生で必要なことを学べるのだ。すでに300人以上がさまざまな講座や支援を受け、その多くが仕事を見つけて平均以上の給料を得ている。

　教育の質を向上させる方法は「教室の外での学び」だと、自分の経験から実感した。社会的なインパクトを生み出すことは、共感力、コミュニケーション力、専門的なスキルの開発を促し、問題を解決したり、他者や自分自身の人生を改善するチャンスにつながる。私の夢は、こうしたノンフォーマル教育※3を自由かつ平等にすべての若者が受けられるようにすること。これが実現すれば、私たち若者の手によって世界をより良く、より早く変えることができるだろう！

ステファン・ライセビッチ

177

VATICAN

バチカン市国

あらゆる困難を乗り越える最初の世代

　私は幸運にもローマの裕福な家庭に生まれた。両親、特に母は "prima il dovere poi il piacere"（義務を先に、楽しみは後回し）という格言をいつも繰り返していたのをよく覚えている。父は、私が6歳の頃から本をよく与えてくれるようになった。大きくなるにつれ、教育は自己実現の最良の方法の一つと考えるようになり、それはずっと私の頭から離れることはなかった。

　17歳のとき、こんなことがあった。私はローマのサッカー・クラブチームであるラツィオ・ユースに所属していたのだが、平日の午前中に練習が入ることがあった。学校を休むのは嫌だったが、練習には参加したい。チームメイトにどうしているのか聞くと、そんなことは大した問題じゃないと

言う。彼らは親を経済的に助けるために、すでに学校を辞めていたのだ。このことがきっかけで、貧困から逃れるために学校を辞める子どもが大勢いることを知った。やがて私は、多くの人が戦争や貧困、社会的不公平のために十分な教育を受けられず、私のように恵まれているわけではないことにも気づいた。すべての人が適切な教育を享受するには、世界は平和で平等な場所でなくてはならない。その実現が私の夢となった。

2017年には世界中の学生とともに雑誌「Eutopya」（現在はポッドキャストに移行）を立ち上げた。さらに2019年からジャンフランコ・ラバーシ枢機卿が議長を務める、バチカン内の機関の一つ、文化評議会青年フォーラムにも参加している。

バチカンはカトリック教会の中心であり、ローマの市民は深い敬意を払っている。私はバチカンの国民ではないがカトリック教徒であり、ローマ教皇の説教を聞きに、サン・ピエトロ広場に何度も足を運んだ。また、文化評議会はカトリック教徒だけでなく、さまざまな信仰や文化、経歴を持った人々との対話を推進している。これは、バチカンの素晴らしく革新的な要素だと思う。

私が参加する青年フォーラムは政治的信条、宗教的信仰、社会的実績に関係なく、若者たちが議論できる場である。政治や倫理、宗教といった人生で非常に重要な問題について、広く若者の関心を喚起する方法を探っている。最近では新型コロナウイルスが若者の生活に及ぼす影響についてメンバーみんなで話したが、歴史学や政治学、芸術などそれぞれのバックボーンに基づいた視点を持ち寄って刺激的な議論ができた。私たち若い世代が力を合わせれば、すべての困難を乗り越えることができると感じた瞬間だった。

最大の変化とは具体的な形を伴って現れるわけではないだろう。例えば、このパンデミックが終われば、私たちは今までとは違った方法で人生や世界にアプローチし、次第に新しい働き方や学び方を受け入れるようになる。変化は、世代を継いで実現されていくだろう。そして、私たちはあらゆる困難を乗り越え、公正で誠実な世界という夢を実現する最初の世代になる。私はそう信じている。

トマッソ・ブト

BOSNIA AND HERZEGOVINA
ボスニア・ヘルツェゴビナ

分断なんてクールじゃない

　幼い頃、難民のシェルターを転々とした。その後、小学校と高校では、戦後の産物である、一つ屋根の下にありながら二つに分かれた、つまり基本的に民族で分断された「私たち」と「彼ら」が交わることのない学校で過ごした。町のなかにある「私たち」の町と「彼ら」の町、学校のなかにある「私たち」の学校と「彼ら」の学校……。私のアイデンティティや生活習慣は、こうし

た新しい現実の上に成り立っていると感じた。だが、こんな現実、心の奥底では決して受け入れられなかった。分断なんてクールじゃない。今、私は中央ボスニアの地域社会に横たわる境界線を消そうとしている。

　15歳のとき、「本当の自分」を夢見るようになった。世界を自分のものにして、自分自身を世界のものにしたかった。だから、旅を始めた。おかしなことに、たいていどこに行ってもボスニア人は私だけ。ボスニア人はもっと世界に出るべきだと思った。その後の人生はまるで子どもの頃に私を連れ戻してしまったようだった。最初に就いた仕事は、もう気づいたかもしれないが、私が生まれ育った、分断された地域にある学校での仕事だ。内戦後生まれの若者たちに囲まれて働いているが、彼らは今も根深い分断と孤立のなかにいる。若者たちの姿に自分自身を重ね、あの頃と何も変わってないと感じた。

　私はまたしてもその現実を受け入れることを拒絶し、新しくポジティブな変化を起こすことにした。支援者や小規模なプロジェクト、政府機関、地域社会のために尽力する若者主導の団体に、有名無名、国内外を問わずメールや手紙を書くことから始めた。私たちの目的は、農村部の若者を国際化し、彼らと研修や国際プロジェクトへのアクセスを提供してくれる組織を結びつけること。私たちの願いは、そうすることで俺たちが孤立から抜け出し、若者たちに異文化間で協力する素晴らしさを知ってもらうことだ。

　この活動は実を結び始めた。人々は中央ボスニアの若者に関心を寄せてくれるようになり、私たちは欧州を股にかけたパートナーシップを生み出した。若者たちは10年前の私と同じように自分たちの地元の外で世界がどう機能しているのか知り始めている。さっき話した学校だが、なんとわずか5年で異文化理解と国際協力の模範校になってしまった！

　私たちはどうにかして、ほんの少しだけであっても考え方を変えることができた。旅をしたり、人に出会ったり、ネットワークをつくったりすることが、孤立した小さな村から来た若者たちの新しい普通の考え方になったのだ。この話の教訓はそうだな……「大きな夢を見て、ポジティブなことに集中して、一生懸命行動する。これを繰り返そう」ということだろう。

アレン・グダロ

SLOVENIA

スロベニア

望みさえすれば

　貧しい地方に生まれ育った若い女性として、さまざまな困難にぶつかってきました。アーチェリーが大好きだったのですが、練習していると「それって男のスポーツじゃないの？」などと言われました。さらに経済的な問題も重なり、いくらトレーニングを続けたくても、私はこのスポーツから離れなければなりませんでした。胸が張り裂ける思いをした経験は

初めてでした。ジェンダーに基づく偏見と不平等という社会のシステムが、私の夢と希望を粉々にしてしまったのです。

世界は理不尽だと言いながら何もしない多くの人のなかの1人にはなりたくない。そう考えるようになり、将来は社会で活躍する人になりたいと思いました。でも、政治への興味を口にすれば、「それって男の仕事でしょ？」と言い聞かされました。またしてもジェンダーの不平等。さらに、私にとって決定的な瞬間となったのは、性暴力を防止するためのプロジェクトに積極的に参加し始めたときでした。容赦のない統計や話を耳にして、世界は平等ではなく、それを変えるためにはやはり自分も行動を起こさなければと気づきました。こうして、私は、ジェンダーの平等の実現を夢見るフェミニストになったのです。

しかし、私の夢はジェンダーの平等に留まるものではありません。ジェンダーや人種などにかかわらず、生まれながらに平等であるが私たちの真実であるような世界を、私は夢見ています。これを成し遂げるために、あらゆる社会問題と向きあって平等を追い求め、すべての人々が集える場所を提供したい。そこで、自分たちの経験や社会の現実を学び、伝え、議論し、探求していきたい。これは、私たちを抑圧するようにつくられたシステムに抵抗することでもあります。

この世界は、色とりどりの要素が集まったかけがえのないモザイク画のような美しさを持っています。しかし残念なことに、ここがみんながシェアしている家であることを忘れがちです。希望は、私たちのコミュニティや、未来をより良いものにしたいという若い人たちの願いのなかにあります。

変化を起こす力は、私たちの経験を共有し、違いをつなぐことで生まれます。そのため、小さな変化と行動でまわりの人を変えたい。必要とされるときに話をしたり、困っているときに助けの手をさしのべたり、つらくて泣きそうなときには肩を貸してあげたり。こうしたことすべて、つまり人生を前向きに捉えることが、最終的に大きな夢の実現へと導いてくれる。そう確信しています。望みさえすれば、たった1人でも世界は変えられるのです。

ステラ・V・グラヘック

SAN MARINO

サンマリノ

小さな国の地球市民

　サンマリノは、世界のミニ国家のなかでもとりわけ小さく、イタリア半島にある総面積約60km²の小さな「包領」です。サンマリノの歴史が始まったのは301年のこと。聖マリーノという名の石工がティターノ山で小さな共同体をつくり、これが世界最古の共和国となったのです。私たち国民には、ラテン語に由来する二つのモットーがあります。「自由」を意味する"Libertas"と「誰にも依存しない」を表す"Nemini teneri"です。

　1861年、エイブラハム・リンカーンはサンマリノから名誉市民の称号を受けましたが、「貴国は小国ながら歴史上最も名誉ある国の一つです」と書簡にしたためました。私たちが中立を守ってきたことは財産であり、自由であることを永遠に称賛していくべきです。私たちが最大の過ちを犯すとするなら、何の苦労もなく自由を手に入れたと思い込み、自由を当たり前のものと考えることです。皮肉なことに、私たちは自国の独立を守ってきた強さには全く考えが及ばないのです。

　もう一つ皮肉なことと言えば、コロナウイルスをきっかけにサンマリノの存在が知られるようになったことがあります。人口比ではサンマリノは最も被害を受けた国の一つとなりました。他国に決して依存してこなかった私たちは、イタリア、中国、日本、ポーランド、イギリスなどと手を取り合い、さらにその他多くの国も私たちに手を差し伸べてくれました。サンマリノが将来どうあるべきか、まるでコロナウィルスが教えてくれているように感じました。

　私は今、モスクワの大学院で国際関係学を学んでいます。サンマリノ人としての誇りを持ち、多国間外交を推し進めていきたいのです。そのために外交官になりたい。多国間外交に必要なのは優しさと努力、そしてオープンな姿勢です。

　私の夢は他の国々とつながり、共通の問題に立ち向かうことです。サンマリノ人であり世界市民である私は、すべての国が友達である世界、そしてサンマリノがそのための架け橋の一つになることを夢見ているのです。

　　　　　　　　　　　　　　　　　　　　セバスチャン・ブシニャーニ

PORTUGAL

ポルトガル

芸術家の使命

　私は夢追い人です。芸術がもっと尊重され、その真価が認められる世界を夢見ています。私の国では、芸術家たちは彼らが値するほどには大切にされていません。芸術はただの格好良い趣味だと思われがちです。しかし、芸術は人々の人生に重要な役割を果たすことができ、一人ひとりの感情を揺さぶることができると信じています。

21歳のとき、パレスチナへ旅をしました。パレスチナを訪れる前、知っていたのはメディアからの情報だけ。私は自分の目で現実を見なければならなかったのです。パレスチナ人の人権の欠如は信じられないほどです。パレスチナ人は危険だという考えに洗脳された人たちは、話す機会さえ彼らに与えません。ここから私は、声なき人々、つまりパレスチナの人々の声を、私の絵画を通して代弁し始めました。パレスチナの人たちから、私のような芸術家がこの世に存在することに感謝している、と言われたこともあります。私の芸術を通して、彼らに希望を与えています。何と言っても、私たちはみな、人間です。肌の色、民族性、宗教は関係ありません。この旅は私を人として、芸術家として変えてくれました。こうやって人は最大限に学べます。立ち上がって、行動を起こせるのです！

　この体験から、夢がもう一つ生まれました。互いを尊重し合える世界に生きるという夢です。互いの違い、特に文化の違いを受け入れる世界です。実現させるためには、自分自身にこう問いかけることがとても重要です。「他者のために何ができるだろう？」と。

　私には住む家があり、着る服があり、食べる物があります。周囲の世界が文字通り崩壊している人々がいるなかで、私と同じような条件で暮らしている人たちが何もかもに文句を言うのは納得できません。ポルトガルにはこのことをよく表した表現があります。「お腹いっぱい食べて、文句を言うな！」

　ローマ教皇、故ヨハネ・パウロ2世は、かつて芸術家に宛てた手紙でこう書いています。「芸術家は、自分の『天賦の才』を自覚すればするほど、いっそう自分自身と創造物全体を、静観し感謝のまなざしで見るようになります。そして神に賛美の歌を捧げるようになります。これこそが、芸術家が自らを、天職を、使命を完全に理解できる唯一の方法です」

　芸術は人生を変えることができます。そのチャンスをください！　絵画を通して私は人の心を動かし、誰も話したがらないことを擁護したい。政治演説や果たされない約束はもうたくさん。私たち芸術家に、与えられた才能で大切なことをやらせてください。私たちには使命があるのです！

リタ・アンドラーデ

NORTH MACEDONIA

北マケドニア

法の力で自由に

　2001年、マケドニア紛争が起こりました。私はまだ3歳でしたが、街が火に包まれた恐ろしい光景を覚えています。それから11年間、政権を握る政党を批判しようとする人はいませんでした。人々は厳しく罰せられることを恐れていたからです。その結果、犯罪と汚職がはびこり、力を持つ政治家たちは国民のお金で私腹を肥やしました。

しかし、一番若い世代の私たちが、教育改革を求めて抗議活動を始めたことがありました。高校生や大学生、やがては国民の半数が参加し、2016年に政府を転覆させるまでに至ったのです。人々は自分たちの持つ反感を政府の建物にカラフルなペンキを投げつけることで表したので、「カラフル・レボリューション」と呼ばれました。

　政権交代後、腐敗した政権のメンバー全員が法の裁きを受けるものと誰もが考えていました。ところが、裁判にかけられたのはほんの一部の人間だけ。元大統領は実刑判決を受けた後、ハンガリーのブダペストへ保護を求めて、逃げてしまいました。国民は、特に裁判官たちに強い怒りを抱いています。自分たちの責務を果たさず、恐喝や脅迫に屈して、最大の政治的犯罪者を釈放したからです。

　私は今、スコピエにいて、法学部で学んでいます。そして、いつの日かこの国を法と正義の世界的なモデルにする裁判官の1人となることを夢見ています。誰もがルールを遵守し、破った者は罰せられる。そんな当たり前のことが実現すれば、この小さな国においても多民族が協調して暮らせるようになっているでしょう。それは私の究極の夢でもあります。

　腐敗した裁判官で汚された正義の顔をきれいにし、法廷への信頼を回復し、犯罪者を脅かす存在になる。ゴールまでの道のりは、長く厳しいものです。しかし私はいつでも、「自分だけでなく、この国と国民のために、その道を進む価値があるのだ」と言います。私は、図らずもオーストラリアの市民権も持っていますが、もし私がこの国を去ってしまったら、一体誰が、誰のためにこの状況を変えるというのでしょう？　ここが私の国であり、私はこの国を去るつもりはありません。私は、法律の勉強に全力を注ぎます。いつか裁判官のガウンを着られるかもしれません。世界中のすべての若者たちと、これからやって来る新しい世代の人たちには強い意志を持ち、法の力を信じることを勧めたい。なぜなら、私たち北マケドニアの若者たちは紙とペンだけで革命を起こし、政権を倒したからです。

　最後に、キケロの言葉を引用します。

　「法の奴隷となることで、我々は自由になることができる」

アンドレイ・グラボフスキー

ALBANIA
アルバニア

未来世代の「故郷」をつくる

　私はアクティビストであり、ユース・トレーナー、ユース・リーダーです。人権や平和についての教育、そして異文化間の対話を通じて不寛容やヘイトスピーチ、いじめや差別の一掃に力を注いできました。

　私がこの活動に専念できるまでに、多くの困難がありました。例えば、アクティビストとはどういうものかが理解されなかったり、活動費や生活費を

稼ぐための副業を続ける必要もありました。活動家として世間から認められるまでに、結局4年もかかったのです。それでも自分は幸運な人間だと思っています。世界を不寛容や差別のない、より良い場所にしたい、いわば『スタートレック』の「惑星連邦」が現実となった世界をつくるという夢と仕事が一致しているのですから。

これを実現するにはまだ長い時間がかかりそうですし、「それは夢だし、ユートピアだ」とシニカルに言う人もいるでしょう。でも私に言わせれば、私たちが分かち合うことができる未来です。ただしそのためには、人類全体が考え方を変えなければなりません。

私はバルカン半島の出身です。この地は根深い民族間の対立によって引き裂かれた「ヨーロッパの火薬庫」だと、あなたの歴史の教科書では描かれているかもしれません。実際いまだに同じ街で生活をしながら、一度も民族間の溝を乗り越えたことのない若者たちがいます。それでも私たちの活動を通して、お互いに抱いているイメージがプロパガンダによってつくり出され、いかに偏見に満ちているかを理解し、少しずつ心を開き合うようになっていく若者たちの姿をたくさん目にしてきました。それは、若者が現在と未来の世界をより良いものにするために、力を合わせて過去の亡霊と闘い、コミュニティを分断する壁を打ち砕こうとする、この上なく力強く真摯な姿でした。

私たちの活動を広げていくには、社会が一人ひとりの声を尊重する、誰もが参加できる場所にならなければなりません。多様な視点が集まれば、素晴らしい結果が生まれてくるでしょう。幸いなことに、例えばインターネットのようなテクノロジーを正しく活用すれば、世界中の若者たちを結びつけ、それぞれの人生の物語を共有し、力を合わせていくための大きな助けになるはずです。

人類は必ず変わることができる。私は自らの活動を通じて、すでに体験しています。宗教が人々を分断するのではなく結びつけ、異なる意見や生き方が批判されるのではなく尊重される世界。多様性が誇りとなる場所。誰もが安心して暮らせる、未来の世代が誇りを持って「故郷」と呼べる場所を目指してともに歩んでいきましょう。

ルイス・ベクテシ

SPAIN

スペイン

変化は内側から始まる

　私が夢見るのは、すべての人が安心して、ベストバージョンの自分で人生を切り拓く世界。私が夢見るのは、私たちにとって最も大切なこと、私たちの心がこの上なく親しみを感じることをやり続けられる世界。私が夢見るのは、自分自身にも他人にも親切で寛大であることが、自分のできる一番の贈り物になる世界。私が夢見るのは、平和で、お互い調和しながら生活できる世界。

　変化は内側から始まります。だから、私はまず内なるものを見つめ、自分自身を知り、世界のなかで自分の居場所はどこなのか、自分がみんなと共有したいと思うものは何なのかを理解しながら、夢に向かって歩いています。

　私はダンスに情熱を傾けています。子どもの頃から大好きだったダンス。それは、私の人生の伴侶であり、ガイドとなってきました。どんな言葉を使っても、どんなふうに説明しても、私の言いたいことをうまく表現できないけれど、ダンスがあれば自分自身を一番正直に表現できるし、ダンスが私を生き生きとさせてくれるのです。

　ダンスに備わっている、変化を生み出す力に魅了された私は、みんなを自分探しの旅に誘うダンスパフォーマンスを生み出しています。さらにワークショップでは、人々が動きを通して自分の体とつながり、自己を表現できるように、クリエイティブ・ムーブメントを教えています。

　狂乱が世界中で生じています。それがどんなに厳しいものであっても、私たちはみな、光が照らす道を選ぶことができます。私は生涯にわたって学ぶことをやめません。ダンスだけでなくヨガや瞑想、さらに自分と他者のつながりを深めるさまざまな創造的実践を探究し、新しいことを学びながら自分自身を再創造し続けていきます。

マリナ・メレーロ

CROATIA

クロアチア

まだ時間があると信じている

　地球は奇跡そのもの。地中海、アルプス山脈、プリトヴィッツェ湖群国立公園、どれも唯一無二です。さて、ここで想像してみてください。地球がもし存在しなかったら？　もっと悪いことに、地球がこれからもう存在できないとしたら？

　私は自然が大好き。恐ろしいサメからセコイアの巨木に至るまで全部好きです。自然は私を何とも言えない喜びとエネルギーで満たしてくれますが、その瞬間にいるのが好きなので、ほとんど写真は撮りません。でも残念ながら、この習慣を変えざるをえないかもしれません。気候変動が進んで、昨日そこにあったものが明日にはないかもしれないから。未来の私の子どもたちに美しい光景を見せることができるのでしょうか？　それとも物語を語ることしかできないのでしょうか？

　人口は増え続けています。私たちは前進しなければなりません。でも、よりサステナブルでより環境に優しいやり方で前に進むことができます。熱烈なサイクリストである私は、みんなが自転車で移動したらどんなに良いだろうといつも想像しています。また、新しい服はなるべく買わず、買うときには地元のメーカーのものを買い、小さな会社をサポートする。私は日々そのように心がけています。地球という惑星を破壊することなく、誰もが幸せを見つけられる世界を実現するのが私の夢だからです。クロアチアでは状況は良くなりつつも、残念ながらこのような考え方はまだあまり浸透していません。幼い頃からこうしたことを学べるように教育システムのなかに組み込むべきで、私自身も貢献したいと考えています。

　私は楽観主義者です。まだ時間はあると信じています。世界のいたるところに良い兆候があります。環境に優しい新素材や再生可能なクリーンエネルギー源。日々どんどん新しい技術が実用化されています。さらに、新型コロナウイルスの拡大を抑えるために世界中の人々が活動を停止させたあの時期に、自然に良い影響がありました。その事実を見れば、まだできることはたくさんあることは明らか。どんなにささいなことに感じられても、いつも環境への優しさを心に持つことから始め、身近な人々に働きかけ、積極的に声を上げる。そうすれば必ず変化は起こるのです！

イボナ・オレシュニク

GREECE
ギリシャ

教えることは、学び続けること

　教育の実践者として私は、誰しも平等に教育を受ける権利があると思っていました。でも、ギリシャでは障がいのある子どもたちがこの権利を十分に共有できていません。政府が点字を視覚障がい者のための公式な書法として認めていなかったり、聾学校の数も少なく、身体障がい者が通う特別支援学校では英語を教えてもらえないことが多いです。一般的な学

校に通う生徒が多い反面、大半の教師はシラバスをどのようにしてインクルーシブにするか十分な訓練を受けていないのでミスマッチが起こり、孤立感から中退する生徒が跡を絶ちません。私はそんな生徒を何人も見てきて、見過ごすことができないと思いました。

　障がいは教育の妨げではなく、個人が持つ「特別な能力」の一つにすぎません。だから、世界中の子どもたちと同じように教育を受ける権利があるはずです。障がいのある子もない子も、教育を受ける機会に平等にアクセスできるようにすることが私の夢になりました。

　多くの教師が生徒の個性を尊重するより、いかに知識を伝達するかに焦点を当てています。そんな現状に対して、私の取り組みはユニークかもしれません。特別な能力を持つ子どもや大人に教えるためにギリシャ手話と点字を学び、インクルーシブなワークショップを開いて、特に英語を教えることに力を入れています。英語は世界を探求する鍵になるからです。授業にはテクノロジーをどんどん取り入れてビデオプレゼンテーションやスライドを使って自分のコンテンツを作成したり、みんなで協力して共通の論文やプレゼンテーションをつくったりします。教材は生徒のニーズに合わせて手話、点字、テキストを使い分け、復習できるようなビデオやPreziを使ったインタラクティブなプレゼンテーションをつくっています。

　世界の情勢は障がい者に優しいとは決して言えません。しかし、小さな努力で子どもたちの現実を優しくすることができるはずです。私は教師として、生徒の学力を上げるためだけではなく、生徒の視野を広げるために存在しています。教師は常に最新の情報を入手し、より良い未来のためにビジョンを生徒とシェアしなければなりません。つまり、教えることは「学ぶことをやめない」ことです。教育をすべての子どもたちへ——私はこの夢のために学ぶことをやめません！

パノリアス・パパイオアーノウ

NORTHERN EUROPE
− 北ヨーロッパ −

EASTERN EUROPE
− 東ヨーロッパ −

アイスランド
P.210

ノルウェー
P.204

デンマーク
P.208

アイルランド
P.200

イギリス
P.216

スウェーデン
P.212

フィンランド
P.214

エストニア
P.206

ラトビア
P.218

リトアニア
P.222

ベラルーシ
P.224

ポーランド
P.228

ロシア連邦
P.244

ェコ
238

スロバキア
P.226

ハンガリー
P.242

ルーマニア
P.230

ウクライナ
P.232

モルドバ
P.236

ブルガリア
P.240

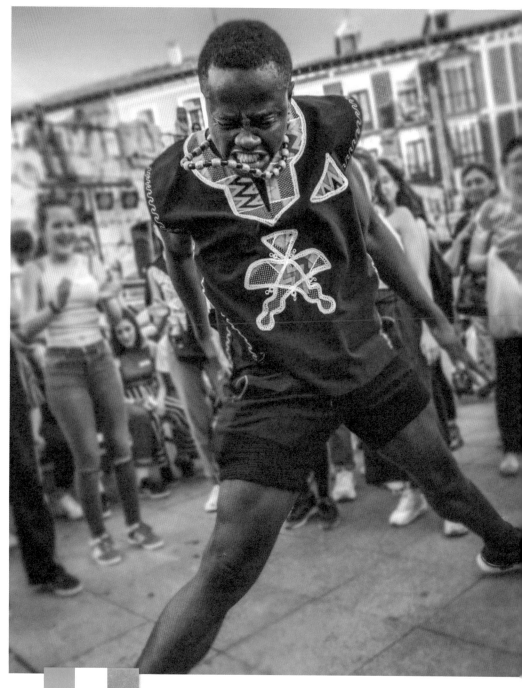

IRELAND

アイルランド

インクルーシブで受容的な世界

この時代　僕たちを悩ます大きな問題の一つ　それは移住
時に僕たちは　その背景に潜むものを忘れて　混乱と分裂を招く
ねえ　移民とはサバイバーであり　父のいない捨て子みたいなんだよ
充電のないスマホが充電器を探すみたいにそわそわ　うろうろ
家族が恋しくて　つながりたくて　呼び寄せるんだ

子どもの頃は　全然理解できなかった
世界ってこうなの？　人生ってそうなの？
どうもそうらしい　だって5歳のとき　両親は出て行ったんだ
新しい巣を求めて飛び回る鳥のようにね
なかなかの住まいを見つけてくれたのに
ママ　パパ　何で僕を置いてったの？
僕には　それが一番怖いことって知ってたのにさ
ママとパパの声と足音
もう一度聞きたくて毎日泣いてた　門の向こうを見つめてた
僕はわがままだったよ　ママ　パパ　僕のためにそうしてくれたのにね

でも　僕には夢があった　マーティン・ルーサーのように
僕には夢があった　いつか自分を変えてくれる国へ行きたい
そして2007年　ママとパパは僕を飛行機に乗せてくれた
一度も行ったことのない国へ

僕を変えてくれるはずだった世界　混乱して何も考えられなかった
人種差別が充満していて　息ができなかった

でも僕を良い方向にも変えてくれた
少年から大人になった僕を　今の僕を見てほしい

　若者のリーダー、クリエイティブ・ディレクター、ファシリテーター、アーティスト・ディレクターとして8年以上の実務経験を積み、国際的な若者の移住や活動にも携わってきた。
　それ以前の話だが、私の両親はガーナからアイルランドに渡った。家族に

　とってより良い場所だと信じていたからだ。そして、私も後から両親について
いくことになった。若いアフリカ系ヨーロッパ人として、ヨーロッパに足を
踏み入れた瞬間から多くの差別に直面した。人種差別だった。そんな言葉を
聞いたのは初めてだった。それが何を意味するのか、よく分からなかった。
アフリカでは人種差別にあうことはないからだ。

　同時にそこから、人間愛と、困難なときでも幸せなときでも無条件に人間
を愛する力について多くを学んだ。私が今の自分になるためのモチベーショ
ンを与え、インスピレーションを与え、助言を与え、力を与えてくれた人た
ちがいて、この世界のすべての人が私を嫌っているわけではないと気づくこと
ができたんだ。そして、肌の色や文化を理由に憎しみを送ってくる人たちに
よって、僕はより強い社会を構築するために地域、国、国際レベルでのインク
ルーシブで多様性のあるコミュニティを導くきっかけを見つけた。さらに、
私の存在が人生に影響を与えたと話してくれる人々の言葉もある。何があっ
ても憎しみには愛で対抗しなければ、こうした成果は得られなかっただろう。

　こうした知恵は、私の夢が本当に実現できるという希望を与えてくれている。もし社会からの分離と孤立を消し去る方法を若者に教えられれば、それは達成されるだろう。「若者はこの世界の未来である」とよく言われるように、彼らは未来であり、この夢を現実にする唯一の存在だ。これは私の希望でもある。

　インクルーシブで受容的な世界を夢見て、若者のエンパワーメント、コミュニティ開発、人権教育、社会的包摂、マイノリティのコミュニティにおける統合と多様性の促進、ヘイトスピーチや差別との闘いを、ヨーロッパ、アフリカ、その他の国々でオンライン、オフラインを問わず実践することに情熱を注いでいる。

　そして、この情熱のすべてが私に刺激を与え、夢の実現に向かって進ませている。そして、私のインスピレーションの源は、"Big 6"。すなわち、イエス・キリスト、マーティン・ルーサー・キング Jr.、ボブ・マーリー、マイケル・ジャクソン、ネルソン・マンデラ、そして私の両親だ。彼らはみんな人類への大きな情熱と愛を示し、憎しみではなく愛を手に不正に立ち向かっているんだ。

ケルビン・アクパルー

NORWAY

ノルウェー

二度と決して

　私は1999年、アイン・シフニという町で生まれた。両親は、ヤジディ教徒として苦難の生活を強いられていた。戦争中の田舎町は、彼らの可能性を閉ざしたのだ。いろいろな意味で、戦争では最も強い者が生き残るも同然だ。イラクでは、ヤジディ教徒は宗教的マイノリティ。つまり私の家族は、最弱者だったのである。その弱い力をかき集めて、彼らはどうにか国を脱出した。

家族とともにノルウェーに移住したとき、私は３歳だった。クルディスタン（クルド人居住地域）の山腹やバードレ（イラク北西部の町）に並ぶコンクリート造りの古い家々、そして親戚たちの声などのぼんやりとした記憶がある。その記憶は、まるで長い間忘れていた夢のように、私のなかに残っている。ノルウェーで育った私は、ひとかどの人間になれるだけでなく、自分がなりたい人間になれる社会を夢見る余裕を手に入れた。もし故郷を離れていなかったとしたら、実現できなかったであろう夢だ。

　何年も経ったのち、2014年秋という運命の時がやってきた。イスラム国（IS）が、シンジャルとその付近の村々を包囲したのだ。私は15歳だった。ノルウェーの我が家の空気は重かった。両親は、必死になって親戚たちに電話をかけていた。だが、聞こえてくるのは「おかけになった電話番号へは、現在おつなぎできません」だけ。私はニュースを見て怖くなった。何百人もの男女が殺されていた。自分たちがゼロから建てた家を捨て、逃れざるをえなくなった家族たち。何千人もの女性や少女たちが、自分たちの家から拉致されていた。私は激しい無力感に襲われた。

　だがまさにこの出来事が、私の目を開き、世界に存在する不正義を直視させた。そのときに私は誓った。私は、社会を良くするためにこれからの月日を捧げる。ゆっくりでも確実に始めよう、と。

　私は学校で生徒会長となり、地元の町ドランメンのユース・カウンシルのメンバーに選出された。2015年には、国連青少年委員会のノルウェー代表に選ばれた。さらに、ノルウェーの Young Ambassador プログラムに選ばれ、後にそのリーダーとなった。それから数年の間、私は、政治家やメディア、国際会議に、同胞に対してなされている不正義に関して訴えかけてきた。

　思い返せば、私の社会活動の原点は、「二度と繰り返させない」という誓いにある。

　二度と、信仰する宗教によって人が差別されてはならないという誓い。

　二度と、罪のない人が殺されたり、奴隷として売られたりしてはならないという誓い。

　二度と、自分のコミュニティのなかで、若者が無力感に襲われてはならないという誓い。

ナリマン・サレム・ハメ

ESTONIA

エストニア

心を込めて耳を傾ける

　子どもの頃の私はいつも幸せでした。人を笑顔にすること以上に私を輝
かせるものはありませんでした。4人きょうだいで3世帯が一つ屋根の下
で暮らしていたから、退屈とは無縁の毎日。暇なときは外で過ごしていま
した。木々や花に囲まれ、「カモミールは口のなかの火傷に効く」「新鮮な
茶葉は血を止める」といった自然の治癒力の素晴らしさに魅了されました。

学校では大変でした。そこで私が目撃したのは万物と自我の衝突、誰も私に警告してくれなかった暗黙のルールと適応しなければならないたくさんの枠組み。不健全な競争と永遠の比較がありました。「成功する」（いまだにこの言葉の意味は分かりません）ためには、自分自身を完全に上書きする必要がありました。だから、自分らしさを否定し、みなが進む方向を追うようになりました。先生や両親、仲間が喜ぶことをしようと自分に言い聞かせたのです。でもこのときの私は、幼い頃のようには笑っていませんでした。明るい性格で知られていた少女が、輝きを失い始めたのです。

　私は薬学を勉強しました。歯肉炎を抑えるカモミールに含まれているものは何なのか、知りたいと思ったからです。病気に打ち勝つために必要なものはすべて手に入れた、そんな自信を持って薬剤師としてのキャリアをスタートさせました。しかしすぐに、もう一つの大事な教訓を学びます。どれだけ多くの医学的な情報を患者さんに伝えたとしても、たいていの場合、それは必要とされてないということです。本当に必要とされているのは、話を聞いてくれる人、心と頭、魂を働かせ耳を傾けてくれる人です。

　私が働いていた薬局には、大勢の患者さんが相談にやってきました。なかには、何も買わずに、すっきりした気持ちで満足して帰っていく人もいました。ある年配の女性は、「毎週薬局に来ることは、処方箋のない治療のようなもの。それこそ私が望んでいるものなの」と話してくれました。薬にできることは限られていますが、心を開けばより良い世界をつくることができます。誰かの胸の重荷が振り払われるのを見ると、私のなかに輝きがまた灯り始めるのです。

　私の使命は、誰もが想い想いに人生の目標を追求できるように、みんなを幸せで健康な状態へと導くことです。自然のなかで美しく生きる木々や花のように一人ひとりが自分らしく輝けて、自分なりの方法で世界に貢献できる。私たちが貢献できることはたくさんある。自分の人生の目標が他の人よりも価値がないなどと考える人は 1 人もいない。そんな世界を、私は夢見ています。

カドリ・シルカス

DENMARK

デンマーク

情熱と能力が未来を決める世界

　僕はデンマークで生まれ育ったことを非常に幸運に思っています。この国では、貧富の差が比較的小さく、教育や医療が完全に無料で受けられ、共感や平等といった価値観が重要視されています。

　けれど、自分がいかに幸運かに気づいたのは、ロンドンで勉強し始めた2016年のことでした。キャンパスを見渡すと、たしかに頭の良い人たち

が大勢いましたが、ごくわずかの例外を除いて、みんな経済的に恵まれた人たちに共通する特徴を持っていたのです。イギリスの学生も留学生もです。一般的に優秀な大学で学ぶようなチャンスは幸運な少数の人たちに限られていると気づき、現実の不公平さに愕然としました。才能ある人材が無駄になっている。これは何とかしなければと決めました。

　学習能力は誰にでも平等に与えられていると信じていますが、質の高い教育を受けるチャンスは平等ではない。そこで僕は素晴らしい学友に仲間入りし、Project Access International を共同設立しました。これは世界のトップ大学に入学するチャンスの平等を目指す、慈善的なスタートアップです。中核を成すのは、仲間同士の強力なメンターシップ・プログラムで、入学志望の学生を、憧れの大学の憧れの学科ですでに学んでいるメンターと引き合わせます。これまでに 3,500 人以上の恵まれない環境出身の優秀な学生を支援してきました。僕らは、若者たちを壮大な夢に向かって突き動かすことができるロールモデルこそが最も必要だと信じているんです。

　影響力を築いたことで評価を受けました。世界経済フォーラムの Global Shapers とビル＆メリンダ・ゲイツ財団のゴールキーパーに選ばれたのです。それからずっと、心に決めています。このチャンスを善のための力として生かそうと。僕は信じ、そして夢見ています。バックグラウンドを問わず、情熱と潜在能力によって若者が未来を決められる世界を実際につくり出せると。でも、それには行動が必要です。

　幸いなことに、世界は一丸となって、より良い未来への進歩のために尽力してきました。SDGs は強力なリソースとして、僕らが夢をかなえる道のりを導いてくれるでしょう。しかし確かなのは、行動が必要で、目標だけでは十分ではないということ。みなさんは自分で組織をつくる必要はありませんが、ボランティアならできそうですね？　後輩の学生を助けてあげられますよね？　今こそ僕らの時代です。これを読んでいるみなさんが刺激を得て、僕の仲間になって、ともに情熱と能力で未来を選べる世界を築いてくれることを夢見ています。

エミル・ベンダー・ラーセン

ICELAND

アイスランド

女性の問題は、みんなの問題

　私の国、アイスランドは、世界経済フォーラムが発表するジェンダー・ギャップ指数で、11年連続の1位を獲得してきました。トップとは言え、男女格差をなくし国民全員のためになる制度を築くには、まだまだ長い道のりがあります。

　多くの人は、男女平等を女性の問題として捉えます。しかし、女性のエ

ンパワーメントは、経済的にもビジネス的にも唯一最大のチャンスとなり うるもので、もはや女性だけの問題ではありません。経済成長やビジネス の成功、社会の繁栄は確実にすべての人に恩恵をもたらすからです。女 性が交渉の場に加わると、会話が変わり、意思決定の質が向上し、最終 収益が上がり、かかわる人すべてに利益がもたらされます。リーダー層 の人がみんな同じことを言ったり、したりするのでは、真に革新的にはな れないでしょう。制度を変えるには多様なリーダーシップが必要です。 もっと女性リーダーが必要なのです。

　私には生まれつき平等の権利を追い求める傾向があり、男女平等のた めに働きたいという燃えるような情熱があります。20歳のとき、首都レ イキャビクで開かれたWE2015という男女格差についての国際討論会に 参加し、素晴らしい女性たちの意見を聞きました。このときに私の世界 観が変わり、私ができることに意味があるのだと気づいたのです。

　人は自分のエゴを超えた目的に奉仕する手段を見つけたとき、あふれる ほどの幸福や成功に恵まれます。私にとってはYoung Professional Women in Iceland（UAK）での活動がそれに当たります。男女平等は女性だけ が議論すべきことではありません。私は自ら進んでUAKにおいて、国連 女性機関がつくった「HeForShe Barbershop Toolbox」をベースにした ワークショップを開催しました。Barbershopは、男性や少年が男女平等 の一端を担っていけるように促進するイベントのこと。私たちのイベント は、若いリーダーに特化した世界初のBarbershopとなりました。男性た ちは男女平等を女性だけの問題と考えがちで、男性が男女平等について 発言するよう働きかけるのは難しくもありましたが、このイベントを通 して、私はやる気をもらい、未来は明るいと思えるようになりました。

　私は、女性や少女たちが十分な支援や機会を手にして、最大限に力を 発揮できる世界を夢見ています。男性と女性が対等な立場になるまで活 動を続けます。教育や討論、励ましを通じて平等を推進していきます。

アンドレア・グンナスドティール

SWEDEN
スウェーデン

「特権」を持つ私にできること

　世界のすべての国々のなかでスウェーデンという、安全で環境への意識が高い国に生まれ育った事実は、それ自体が「特権」。この国でスタートを切るという「特権」を持つ私は、世界中の環境問題にインパクトを与えることができると信じているのです。

　スウェーデンの人々は、サステナブルな環境を維持するための行動を「起こさない」リスクをしっかり意識しています。状況が変わらないままだと、地球に何が起こるかを理解しているのです。このために重要な役割を果たしているのが学校。というのも、スウェーデンの教育制度では環境にかなりの重点を置いているからなんです。

　環境と人の両方に価値を生み出す持続可能なイノベーションに力を尽くしたいと、私は思っています。持続可能なイノベーションは、気候と私たちの生活状況をより良いものにできるはずです。チャルマース工科大学の大学院生時代には、このことを私の哲学とする一方で、2人の研究者や他の学生数人と協力して、繊維産業をより循環的にする支援を行いました。衣料品を廃棄するのでなく、布の色を何度も変えて、新しいものに生まれ変わらせるのです。そうなれば、私たちは大量消費を見直し、資源保護について話し合うことができるようになります。

　こうしたテクノロジーを活用して人々に変化をもたらし、環境を改善して、私たちの会社を成功させたい。これが私の第一の夢ですが、同様に、女性たちもリーダーという役割を担えるんだと信じられるように、たくさんの女性を元気にすることも大事だと思っています。私はそのお手本になりたいんです。私はオープン・マインドで好奇心があって、これまで多くのチャンスをつかんできました。失敗を恐れません。私は、サステナブルで、より良い世界をつくるために、情熱を持ってこれからも挑戦し続けていきたいです！

ヨハンナ・ニッセン・カールソン

FINLAND
フィンランド

多様性から多様なアイデアが生まれる

　電気は、きれいな水、衛生設備、教育、医療を確保するための鍵となるものです。しかし、現在、世界では10億人以上が電気を利用できていないと言われています。7年前、革新的なテクノロジーによるソリューションがあればこうした現状を変えられることに気づき、私は「テクノロジー」と「起業」という新しい世界に飛び込みました。

　私の新しいキャリアを後押ししてくれたマリオ・アギレラは、誰もがエネルギーにアクセスできる世界をつくりたいというビジョンを持っていました。私は彼のビジョンに最初から強く共感していましたが、もしかしたらこの仕事に必要な能力がないかもしれないと感じていました。私は国際関係の仕事をしていて、働いていたのはテクノロジー企業ではなく大使館だったからです。しかし、最も大事なことはやればできるという気持ちであると、マリオが教えてくれました。私に必要だったのは自分自身を信じることだったのです。私はマリオが始める新しいビジネスに参加することにしました。私たちの会社、Tespack では、電力網が整備されていない地域のために、太陽光とIoT、パワーエレクトロニクスを組み合わせたエネルギーソリューションの開発に取り組んでいます。ソーラーパネルを備えた発電できるバッグがあれば、ノートパソコンやプロジェクターなど電子機器に電力を供給でき、教科書や教材が不足する途上国の農村部でも教育にアクセスできるようになります。

　私はテクノロジーについてたくさんのことを学ばなくてはいけませんでしたが、テクノロジーのキャリアがなかったことは、私たちの技術を分かりやすく説明することに役立ちました。私はエンジニアとは言えないかもしれません。しかし、この経験のおかげで多様性を理解することができました。

　私たちの会社では、学位や実務経験より個性や潜在能力を重視しています。多様性があればあるほど、多様なアイデアが生まれます。違いは私たちをユニークにするもので、グローバルな課題に対して革新的なソリューションを考え出すことを可能にしてくれます。大切なのは、新しいことを学ぶ意欲と、失敗を恐れない心を持つことです。情熱と実行力があれば、もっと先へ進むことができる。そんな世界を実現するのが私の夢です。

カリッタ・セッパ

UNITED KINGDOM OF GREAT BRITAIN AND NORTHERN IRELAND
イギリス

見ているよ！

　僕がイギリスに住むようになったのは12歳のときだ。それまではずっとアジアで暮らしてきた。生まれたのはベトナムのサイゴン。生まれてから10日後、新生児黄疸を発症した僕は、現地の病院ですぐに適切な治療を受けることができなかった。体の運動を担う脳の一部を損傷し、僕は車いすで生活することになった。

人は見た目に惑わされるとみんなが言うけど、それは本当だと僕は思う。僕のことを見た人は、僕の体がおかしいから頭もそうなんだろうと考えるんだ。だけど、僕はこれまでずっと普通学校に通ってきたし、まわりでどんなことが起こっているかだって分かっている。それに、障がいのある人だって、自分の考えをみんなに伝えることができるんだよ。

　そのことを実感した瞬間があった。僕はダブリンで開かれた One Young World サミットで、社会企業家のキャロライン・ケイシー氏のプレゼンテーションを見て、すごく感動したんだ。視覚障がいがある彼女は、自らの経験を語った後、会場を真っ暗にして 5 人のゲストスピーカーを紹介した。彼らの姿は見えず、声が聞こえるだけ。「普通の人」のように聞こえたけれど、会場が明るくなったとき、彼らの身体には障がいがあることが分かった。彼らはみんな、困難を乗り越え、人生を自分で切り拓いていた。隠れようとなんてしない。みんなの前で堂々と話していた。僕も車いすを使う人のために声を上げようと決意した。

　それから僕は毎年 One Young World サミットに参加し、自分の話をするようになった。バンコクのサミットでは、車いすを使う子どもたちは、同年代の他の子どもたちと違うわけではなく、共通点がたくさんあることを説明しようとした。僕たちがいないふりをして目をそらすのではなく、僕たちを見てほしい。「こんにちは！　見ているよ」と声をかけてほしい。そう訴えた。スピーチの後、何十人も僕のところにやって来た。姪やおばさん、近所に住む子ども、友達のおじいちゃんに、どのように話したらいいのか、初めて分かったと言ってくれた。これほど多くの人たちが車いすを使っている人を知っているのか！　僕は驚いた。そして、もっと何かしたいと思った。現在、ベトナムを皮切りに、新生児黄疸の合併症を撲滅するプロジェクトに取り組んでいる。

　僕の究極の夢は、障がいを持っていても、みんなと変わらずに接してもらえる、みんなが同じ機会を持ち、困っているときは手を差しのべてもらえる社会をつくることだ。できることとできないことがあるからといって、決めつけないでほしい。僕の外見が変なふうに見えたとしても、内側には僕自身がいるのだから。

オスカー・アンダーソン

LATVIA

ラトビア

遊び心に満ちた学びを

　子どもの頃、おとぎ話や冒険物語、ミステリーを読むのが大好きでした。いまだに5歳の頃、両親の寝室で座って、私にとって目新しく不思議な記号を結びつけて、初めて出会う言葉や文を読もうとしていたことを覚えています。それ以来、読書は探険と発見という新しい世界への扉を開いてくれました。

　同じように、とても大切な1行を書いたのを覚えています。それはずっと後になってから、20代のことでしたが、次のようなものでした。「print("Hello stranger!")」これが、私が初めて書いたPythonのプログラミング言語でした。ディスプレイに2、3語の言葉が現れ、私を心から魅了したのでした。強大な力を手に入れたような気分。というのも、コンピューターというこの世で一番賢い機械に、突然命令を下すことができたのです

から！　さらに勉強して、初めて出会う不思議な記号を学び、現代の創造的な遊び心に満ちた世界を発見したのでした。

　21世紀は、誰もが魔法のコードを発見する機会を持ち、デジタル世界のデザイナーになれば良いと思います。子どもたちはテクノロジーを身につけて自己表現でき、デジタル・アーティストになり、インタラクティブなパフォーマンスをつくり出し、日々の問題を解決し、最終的には自分だけのデジタル空間をつくることができるのです。それなのにラトビアの若い世代は、テクノロジーをつくる側ではなく、受け手の側にまわりつつありました。ゲームをしたり、YouTube を見たり、SNS でお互いにやりとりするためだけにテクノロジーを使っていました。若者たちが、巨大 IT 企業が構築するルールに規定されたデジタル世界で育ってしまうのは残念なことです。私は内心、生徒たちがクリエイティブなテクノロジー事業をつくり、デジタルな新しい手法で自己表現する方法を確実に学べるよう支援するべきだと思いました。私が何とかしなければ。というのも、私は生涯をかけて学んでいて、教育熱心なのですから！

　そういうわけで、2014 年に私は Learn IT という、ラトビア初の小学生を対象としたプログラミング・スクールの共同創立者になりました。生徒たちはここでアニメーションやゲーム、スマートフォンアプリ、ウェブサイトなど彼らにとって有意義で、楽しいものをつくっています。子どもたち15 人の小さなクラブから始まり、1,000 人以上の生徒、100 人ほどの教師をトレーニングしてきました。このスクールは子ども一人ひとりにとって楽しくて思い出に残る物語をつくり続けています。

　例えば、テクノロジーのクリエイティブな使用とはこのようなものです。3D モデリングに興味のある子がお金を貯めて、3D プリンターを買い、いろいろな小さな 3D フィギュアを設計し、プリントし始めました。彼の母親は心理学者で、そのフィギュアを気に入り、同僚に見せました。同僚たちもフィギュアを気に入り、その子にフィギュアを注文し始めました。心理学者たちは、クライアントが自分の気持ちに気づき、向き合えるようにセッションでそのフィギュアを使っているのでした。

　別の例もあります。今度はプログラミングの話です。ある日、女の子がとても眠そうにして授業にやってきました。前の晩、お父さんのいびきがあまりにもうるさかったせいで、よく眠れなかったのです。彼女はこの問題をプログラミングによって解決することにしました。単純な材料で、いびきセ

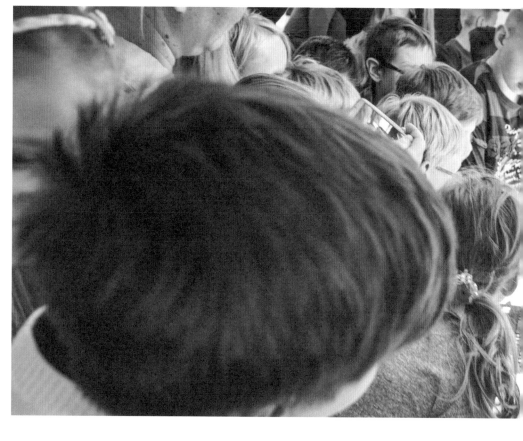

ンサーをつくったのです（こんな発明は世界初かもしれませんね）。それは
家のなかの大きな音（いびき）を感知します。音量があるレベルに達すると、
とても大きな警報が鳴り、いびきをかいている人を起こします。彼女は今、
猫と同じくらい大好きな快眠を取り戻しています。

　好奇心旺盛な生徒たちと、オープン・マインドな教師たちがいれば、す
べての子どもが現代のテクノロジーに基づいた教育にアクセスできる世界
をつくることができると信じています。そこでは、子どもたちが自ら問題を
解決するでしょう。不満を言う代わりに彼らは行動し、テクノロジーを駆
使して自分たちのまわりの世界を改善していくのです。すべてのイノベー
ションやアイデアに子どもたちが加わることができると想像してみてくださ
い！　私はそのような世界をつくる一助になりたいと思います。

　世界規模で見れば、ラトビアはパズルの小さな1ピースにすぎません。
進化する世界経済に対応できる適切なスキルと知識を与えられなければ、

　たくさんの生徒たちが取り残されるリスクがあります。子どもや若者を教育し、デジタルな未来への心構えをさせ、リーダーに養成しなければなりません。そのために私は、オンライン・ツールを教育者向けに開発し、世界中の指導者たちがプログラミングを教室に取り入れ、学習者が新しいテクノロジーの技術を習得し、創造性、協調性、コミュニケーション力、そして批判的思考の力をつけられる手助けを行っています。ラトビアの教育省と協力し、学校でコンピューターとプログラミングをどう教えたら良いか、教師たちをトレーニングしてきました。私たちは大きな夢を実現し、社会の広い範囲に影響を与えることができるでしょう。

　大人、親、教育者として、読み書きの楽しさを発見する冒険に子どもたちを送り出すことが私たちの最大の仕事です。そして、現代においては、プログラミングは新しい読み書きの形です。私は、子どもたちが自分たちの創造性を使って自己表現し、できる限り楽しんで生きてほしいと思います。

エリナ・インゲランデ

LITHUANIA

リトアニア

国境を越えたパートナーシップの世界

　「持続可能な開発のための2030アジェンダ」の中核テーマの一つは、知識を共創し、グローバルな連帯を活性化することです。私はこれまでのボランティアの経験から、活動家やNGOがより多くの知識を交換したり、強固な協力関係を構築しようと力を合わせることで付加価値が生まれることを目の当たりにしました。そして、行政の意思決定者がビジョンを持った若者を支援すべきであるということに気づきました。現在、若者にかかわる政策や意思決定において、若者の関与は限られています（ときには、若者はただの「シンボル」にされている場合も）。しかし、政策を効果的なものにし、若者の真のニーズに対応するには、若者が協議の場や意思決定のプロセスに意味のある形で参加することが重要なのです。

　私は国際的なネットワークを持つさまざまな活動に取り組み続けており、仲間とともに始めたErasmus Global Partnerships (EGP) という新しい事業では、若い活動家や企業家をオフラインとオンラインで結んでいます。このプラットフォームを使って、知識を交換したり、プロジェクトや政策を一緒につくったり、地球市民としての意識の構築に取り組むことができます。この取り組みが、国境や固定観念を越えたパートナーシップを構築し続けていくことを期待しています。また、他の活動家のビジョンや取り組みをサポートし、国際開発、国際協力、平和構築の専門家が集まり公共の利益のために活動する団体をつくることも重要だと考えています。

　私は、数あるソーシャルムーブメントが強く結びつき、パートナーシップを結び、支え合う世界を夢見ています。世界には、平和、ふさわしい起業家精神、環境へのアクション、マインドフルネスへの情熱を共有するリーダーを必要としています。お互いに支え合い、新しい世代の背中を押してあげることは、私たちの責任なのです。

ネリンガ・ツメナイテ

BELARUS

ベラルーシ

夢を追求できる空間

　私の母国ベラルーシの学校教育はとっても古くさいものでした。うまくやっていくには、多くの科目で良い点数を取らなければなりません。大学によっては少しましなところもありましたが、私を初めとした多くの学生にとって、夢を追求しながら、地に足が着いた生活をしなければならないという、現実的な葛藤への準備ができる場所ではありませんでした。

社会人になって数年後、バリ島に行き、「グリーンスクール」を訪れました。ここは、普通の学校とはまったく異なり、サステナビリティと多様性という原則に基づいた教育を子どもたちに提供しています。竹でつくられた校舎にまず目を見張り、それから先住民族の文化や環境学といった科目が組み込まれた面白そうなカリキュラム、起業家精神を養う教育方針、学校が島へもたらすプラスの影響など、すべてに感動し通しでした。さまざまな学年の子どもたちを見ましたが、みんな幸せそうで、保護者と一緒に学校の活動をして自由時間を過ごしていました。保護者や教育者にも、社会起業のチャンスがたくさん提供されており、複雑な世の中で成功するために必要なスキルやマインドセットを身につけられるという、それはもう夢をかなえるインクルーシブな空間でした！

　この瞬間が、私のターニングポイントになりました。インフォーマルな教育ツールを使って、学校に通っている人、ずっと前に卒業した人、どちらにも開放された生涯学習に特化したプロジェクトをつくることを決めたんです。バリから帰ってYouth to Youth Initiativeという青少年の育成を目的とした団体を立ち上げました。さらに将来の社会起業家に距離や言語の壁を越えてお互いに学び合う場を提供するためのオンライン・プラットフォームもつくりました。ここで、私は仲間と一緒に、若者や既卒者がゆくゆくは自分のビジネスを始められるようにプロジェクトの指導に取り組んでいます。自分のスキルを磨き、社会的に有益なアイデアを生み出し、それを実行するための方法を学べるように配慮しています。この試みは、誰もが学べる生涯教育の場になれると信じています。つまり、「オンライン上のグリーンスクール」を育てたいのです。

　近い将来、AIとニューラルネットワークが導入されれば、学習プロセスはもっと柔軟なものになります。アイデアを試し、それに従って行動し、新しいスキルを身につけるのは簡単になるでしょう。私は教育を多様化させたいです。選択肢を増やし、ユニバーサルな教育の機会を提供し、世界を誰もが未来を良くするために学べる場所にする。それが私の夢です。

サイダ・イブラヒマバ

SLOVAKIA

スロバキア

私たちが繁栄する健康的な地球

　私はずっと夢追い人でした。冒険をしたり、世界を旅したり、いろいろな言語を話したり、世界中で友達をつくったりすることを想像して、幼い頃から自由に想像を膨らませてきました。12歳のときには、世界中の子どもたちと文通を始めました。ギリシャ、モーリシャス、日本、もっと遠くまで。この趣味のおかげで英語を学び、素敵な人にたくさん出会いまし

た。好奇心に駆られ、地図に指を走らせながら世界中を旅し、いろいろな物語や文化を探求しました。みんなが友達で楽しく過ごしている、そんな幸せな場所として世界を想像できました。私のビジョンは時が経つにつれ、繁栄する人々がいる繁栄する惑星というアイデアへと広がっていきました。

　現在、気候変動が深刻な問題となり、生態系を壊し、たくさんの人のためのこのビジョンを打ち砕いています。私たちがいかに自然を大切にするかは、私たちがいかに自らを大切にするかにつながります。気候変動に立ち向かうには、温室効果ガスの排出を削減しなければなりません。

　再生可能エネルギーに切り替えれば、排出量を55%まで減らせるでしょう。残りの半分はどうでしょうか？　そのほとんどは資源の採取、製造、廃棄物の発生、汚染にかかわっています。これはリニア経済の負の産物です。

　リニア経済では、低コストで生産したものをあっと言う間に消費し、捨てられたものがどこに行くのか全く考えません。生産と消費の方法を変える、より良いデザインに移行する、再利用、修理、シェアリングなど、自分たちが持っているものを最大限に活用することで現状を変えることができるのです。私はこれを実現できると信じているし、すでに世界中でその片鱗を見ることができます。私はサステナビリティ戦略会社 MissionC の共同創設者であり、世界規模で循環型経済への移行を加速させる使命を持っています。自らの仕事を天職、情熱と呼べることをとてもうれしく思います。

　緑豊かな都市を想像してみてください。たくさんの公園、地元の農家による健康的な食べ物、太陽光や風力で電力をまかなう住宅、ストーリーがあってずっと着られる服、生活をより快適にするテクノロジーがいっぱいです。自らの責任を果たす企業を想像してみてください。企業がみんなのために価値あるものを生み出せば、愛する人と過ごしたり、冒険を楽しんだり、そして夢を実現したり、大切なことに集中できます。私たちの地球、自然、生態系が繁栄する世界を選びましょう。地球が繁栄すれば、私たちも繁栄できるのです。

アンドレア・オルサグ

POLAND
ポーランド

若きリーダーたちの仲間になろう

　これまでずっと、まわりを見ればいつも私が一番年下でした。一人っ子だった私は、大人たちの会話に耳を傾けながら、個人的な問題だったり社会的な問題だったり、多くの大人たちが解決できないと考えている問題に思いをめぐらせました。若い頃は希望や好奇心、前向きな気持ちを持っていても、たんたんと日常を過ごすうちにいつの間にか失われてしまいます。そうしたものをみんなが大事に育んでいく世界を私は夢見ました。

　しかし、私は自分自身の声を持ち、この夢を実現するための方法を見つけるのに苦労しました。幸いなことに、25歳のときにコロンビアのボゴタで開催されたOne Young Worldサミットという若者が集まるリーダーシップイベントに参加したとき、私に転機が訪れました。何千人もの若い活動家や希望の使者に囲まれ、私は自分の人生の目的を理解しました。それは、もっと平等で共感に満ちたサステナブルな世界をつくろうと行動し、変革を起こす若者たちの力を鼓舞することだったのです。

　これまでのキャリアでは、日用消費財の大企業や有数のNGOなどで経験を積み、ポジティブな若いリーダーたちが集まるチームを率いて組織内の変革を推進する機会に恵まれました。持続可能なビジネス戦略の策定やスタートアップ企業とのコラボレーションなど、私は多くのプロジェクトの指揮を任されてきましたが、同じ志を持つ若者たち一人ひとりに変化を起こす力があることを証明し、年配のリーダーたちが勇気ある決断を下せるように後押ししてきました。

　今も私はOne Young World、Global Shapers、The Climate Reality Project、V4SDGといった組織のなかで、現状に挑戦する勇気を若いリーダーと共有し、より公平な世界を築くためのエネルギーを生み出しています。このようなコミュニティに参加することで、今、私は責任感のある新世代のリーダーがすでに誕生しているのではないかという大きな希望で満たされています。

ゴシャ・レヒク

ROMANIA

ルーマニア

テクノロジーと良き友人に

　私が生まれたのは、ワールド・ワイド・ウェブが一般にアクセス可能となったのと同じ年。私たちの世代にとって、テクノロジーは、原体験の一部となっている。私たちの脳はデジタルな方式で考え、AIのない未来を想像することもできない。テクノロジーは脅威ではなく、テクノロジーを友人と見なすようにできている。

私たちが子どもだった頃、想像する未来には空飛ぶ車や風変わりな宇宙服を着た人々が出てきた。ところが、今日の私たちが手にしているのは、汚染された都市やファスト ファッションだ。私たちはテクノロジーを友人として付き合えていないのではないか？

　もし、ある広告が美しいTシャツを提示しながら、「これをつくるのに2,700ℓの水が消費されます」と書いてあったらどうだろうか？　私たちはテクノロジーを使って、水の無駄遣いや石油や天然ガスを燃やして起こる汚染の問題を解決できないだろうか？　もし、歯磨きをしている間に水を出しっぱなしにしていたり、クリーンエネルギーを使っていることが証明できない事業者の商品を買おうとしたりすると、スマホに通知が来るとしたらどうだろうか？　資源やエネルギーの使用に対処できる、さまざまなセンサーやIoTソリューションがある。世界のどの都市にいても森の新鮮な空気を吸うことができて、その都市のエネルギーは強力な太陽光、風力発電、海の活力を利用した発電で、100％クリーンエネルギーであるというのが私の描く夢。テクノロジーは私たちの環境を守ることに役立てるべきだ。

　1日の終わり、主要な産業は富を渇望するあまり、私たちの惑星に苦痛を与えている。私の母国のルーマニアは森林開発の問題を抱えていて、当局はこれを解決しようとしているが、未熟なテクノロジーによって十分な効果が得られない結果になってしまった。そこで私は、テクノロジーやソリューションを発展させて実行に移し、チームの一員として環境問題に地球規模で取り組みたいと思っている。テクノロジーを良き友人として、また環境についてより理解を深めることを助けるものとして付き合い、もっと効率的になり、かつ私たちが与える影響に責任を持てるような日を夢見ている。

　想像してみてほしい。私たちの真の友人であるテクノロジーが、派手な広告ではなく、地球上でのサステナブルな生き方に私たちの注意を向けるのを手伝ってくれる日を。私たちの社会は、その一歩を踏み出す準備ができているはずだ。

ガブリエル・ルプ

UKRAINE

ウクライナ

侵略ではなく共創しよう

　母がよく言っていました。「地球の支配者なんていない。だけど、誰もが意味のある存在なのよ」と。今、わたしはそれが二つのことについて言っているんだと分かりました。平和と環境です。わたしの夢はこの考えに沿ったものです。大都市の市民が自然と調和しながら暮らせるように、すべての生き物が平等で、わたしたちの共通の幸福のために必要であると知ってもらえるようにお手伝いしたいのです。

　わたしはウクライナのドニプロという町で生まれました。深い湖、広大な川、森に覆われたカルパチア山脈……緑豊かな美しい国で、変化に富んだ絵画のような風景が広がっています。でも、学校の教科書で勉強したすべての植物や動物たちに出会わないのはなぜなんだろう？　そう不思議に思っていました。ほんの100年前、ドニプロ川には魚がたくさんいて、森には植物や動物たちが豊富にいたそうです。それなのに、現在では絶滅の危機に瀕していてレッドブックにも掲載されています。

　この40年間、わたしの国では製造業が盛んでした。人々はより多くのお金とエネルギーを必要とし、自然からすべての資源を奪いました。その結果、わたしたちは、あらゆる面で生物の多様性を見失ってしまったのです。そうして気候変動に影響を及ぼし、死亡率や病気にかかる可能性が高まっています。

　幸せな生活に必要のないものを過剰に消費し、過剰に生産することをどうやって止められるのかと、わたしは考えています。わたしたちのまわりにある資源の利用について、より進歩的で衰えることのないアプローチを形づくるため、一緒に行動できるはずです。人間の支配と経済の拡大が何年も続いた後、動物やすべての生き物が回復するのを助けるために、わたしたちは一緒に行動できるはずです。

　生態系汚染という課題に向き合い、既存の生物種をサポートするために、わたしたちは都市の緑化プロジェクトを始めました。家族や友達と一緒にドニプロ全体に緑化地区をつくり、人々をより良くつないでいます。動物にえさをあげて人間と仲良くさせ、自然環境のなかで彼らのために生活圏をつくるのです。新型コロナウイルスによる外出制限は、人の活

動だけでなく野生動物の行動にも影響を与え、わたしたちの活動を大きく
助けてくれました。2020年5月、住んでいる地区で初めてフクロウやリ
スに出会えたのです。

　わたしは公共の活動家になり、同じ学校の子たちやTikTokの友人たち
がわたしたちの活動に参加してくれることがうれしいです。工業都市に

おける自然の回復という夢をいつか実現させ、何百万人もの人々が動物
でいっぱいの緑の地で暮らし、動物たちは人類を侵略者ではなく、安全の
源として見てくれるようにしたいです。

オレクサ・マトヴェイヴァ

REPUBLIC OF MOLDOVA

モルドバ

惑星は家、人類は家族

　モルドバは、私が生まれるわずか4年前の1991年に独立した、とても若い国です。人間で言えば「10代に入ったばかりの子ども」みたいな国なので、そのアイデンティティを見いだすのに苦労しています。

　独立前のモルドバはソビエト連邦の一部でしたが、さらにその数十年前はルーマニアというはるかに小さい国の一部でした。歴史をさかのぼ

ると、ローマ帝国、トルコ帝国、オーストリア・ハンガリー帝国、ロシア帝国などの大国が、領土と権力をめぐってこの地で争ってきました。

　領土が侵略されたときには、しなやかに適応し、成長してきました。そして言語と文化を発達させました。今日、私たちは異なる文化、言語、習慣、背景といった荷物を抱えながら、独立した国として自分たちのアイデンティティを定義するのに苦労しているのです。

　政治的事情を背景に抱えて私は育ちました。常に西側と東側の間で戦いがあり、どうしていずれか一方を選ばなければならないのかが理解できませんでした。地中海沿岸に押し寄せたシリア難民にどう対処するか、モルドバでは大きな議論が巻き起こりました。

　私の家族の多くは、海外にいます。より良い暮らしを求めて国を離れ、代わりに見つけたのは地元の人々から差別された暮らしでした。例えば、祖母はイタリアへ渡り、高齢者の介護をしていましたが、年中無休で働いても社会保障を受けられずじまい。私も留学先で多くの固定観念に直面し、出自や価値観など私自身を理解しようとしてくれない人にたくさん出会いました。でも、このおかげで特定の国のルーツに縛られないアイデンティティを獲得できました。現在のような分断されたものではなく、美しく多様性を内包した一つの場所として世界を見るのを助けてくれました。

　地球という惑星は、私たちが集う家です。私たちがどこに住んでいようとも、人類という家族の一員です。だから、他の人の苦しみは、私たちの集団の苦しみでもあるのです。自分たちの違いを受け入れ、連帯感を抱く世界を、私は夢見ています。真の平等を実現するためには、最も弱い立場にある人たちに優位性を与える必要があります。競争から協力へ、利益の追求から目的の追求へ、対立から理解へと価値観をシフトさせたとき、世界は愛と尊敬と寛容の場所になるでしょう。

カタリナ・カタナ

CZECH REPUBLIC

チェコ

輝かしい物語に満ちた世界

　みなさんはマラソンを走ったことがありますか？　うまくペース配分を
して、着実にゴールまで走らなくてはなりません。スタートから猛ダッ
シュ、一気にゴールへ駆け込む短距離走とはまるで違います。もし私がみ
なさんに、両方を同時に走らないといけないと言ったら、どうしますか？
しかも、このレースにはずっとゴールがないとしたら？　おかしなことを

言っていると思うかもしれませんね。だけど、考えてみてください。だって、これはまさに私たち人類がやっていること。私たちは永遠の発展という夢のなかを生きています。手に入れられるものは全部かき集め、存在しないゴールを目指してダッシュする一瞬一瞬に、他者を追い抜こうとしているのです。

　子どもの頃、両親に連れられて故郷チェコの美しい森に行きました。春がその生まれたての緑の指で、自然を目覚めさせていました……と、そこへ鋭い刃が入ったのです。地面に巨大な傷があり、まるで地表が苦痛に顔を歪めているようでした。それは炭鉱でした。

　人類が自分たちの夢を強化するために素知らぬ顔で他者を犠牲にするやり方は、幼かった私にはまるで訳が分かりませんでした。私たちには電力が必要なのです。料理をするために。本を読むために。遠くに住む大好きな人たちと話すために。でも石炭に代わる燃料はないのでしょうか？　私たちの夢にエネルギーを供給でき、汚染を残さないものは。地表に傷を残さず、健康への害を引き起こさないものは。毎年、大気汚染で世界中の400万人以上の命が奪われています。だからこそ、21世紀を生きる私たちの未来にふさわしい、希望に満ちた物語が必要なのです。人種も性別も収入も関係なく、みんなで分かち合い、つくり上げる人類の物語が。

　サステナビリティ分野のコミュニケーション専門家として働く私の使命は、再生可能エネルギー資源を使う人たちを見いだすこと。人々に希望を与えるために、先駆者たちの輝かしい物語を集め始めました。地球に優しい技術を使えば、未来は明るい。みなさん、勇気を出して伝えたいことを口に出しましょう。世界は聞いています。みなさんの話には価値があります。人々を力づけ、一緒に強い未来をつくりましょう。永遠の発展などという愚かなレースではない、人類の物語をともにつくり上げることができます。私が夢見るのは輝かしい物語に満ちた、思いやりにあふれる世界。その世界では、地域社会が危険にさらされることも、森が傷つくこともありません。私が愛するチェコの森も、あなたの故郷の森も。

レンカ・ホモルカ

BULGARIA

ブルガリア

テクノロジーは新たなルネサンスか?

　私の夢は、人間が本来の興味を追求するための知識、技術、意志、経済的手段を持っている創造力に満ちた世界の実現だ。子どもの頃からこの夢を進化させてきた。他の子どもたちが遊んでいる間、私は数学の問題を解き、運輸業、銀行業、世界経済などで人々が行うあらゆるプロセスをいかに改善できるかを考えていた。コンピューターの成長に熱中していたんだ。現

在はソフトウェア会社を経営している。私の開発チームは新しいAIをつくり出そうとしている。これが成功すれば金融サービスを自動化でき、銀行はより速く、より少ない従業員で仕事できるようになるだろう。すごいよね？　「自動化することで人々には選択する時間が生まれ、人生は誰にとってもより簡単で楽しいものになる！」そう確信して私は人生を歩んできた。

　だが、本当にそうなのか？　多くの人々がテクノロジーのために仕事を失う。それは避けて通れないことのように思える。おそらく再び「やりがいのある仕事」にありつくのは難しい。もしあなたの仕事が「自動化」されたら、幸せになれるかではなく、生存できるかどうかに頭を使わなければならない。国連はSDG8を策定する際に、果たして「人間の仕事の自動化」まで想像していただろうか？

　経済的貧困に対しては、例えば政府が国民に所得を提供するといった政策が必要になる。これが社会の標準になれば、問題の半分は解決だ。しかし残り半分、つまり「私たちの時間を何に使うのか」が重要だ。これは政府の政策ではなく、私たちの行動のなかにある。ただ食べる、寝る、ゲームをする、それを繰り返すだけでも人間は十分生きていける。しかし、私たちのやることがそれだけなら、テクノロジーは私たちに終焉を告げるかもしれない。では、あなたは日がな一日画面をスクロールするだけになるか？　あるいは、芸術、批判的思考、クリエイティブな執筆、さらには宇宙の難問に思いを馳せるといった、機械にはできない何かを学び、創造し、共有し、教えるのか？　もしあなたが消費するだけではなく創造すれば、人生が表面的な価値だけではなく中身あるものになれば、人類がSDG8を達成するのを助けることになるだろう。

　あらゆるものが手に入る先進国だが、「魂の貧困」が存在している。既製品で消費するのではなく、現実を創造し、探求し、理解することで、私たちはともに魂の貧困を根絶できる。アルゴリズムに操られるのではなく、新たなテクノロジーを糧に人類が発展する、新たなルネサンスが幕を開けるかもしれない。すべては私たちにかかっているのだ！

アタナス・ミクネフ

HUNGARY

ハンガリー

人と人とが生み出す力

　気候変動は、世界中で差し迫った問題となっています。多発する自然災害、海面上昇、生物種の減少、干ばつ、洪水。私に一体何ができるだろうかと、日々考えるようになりました。

　私が環境保護団体でボランティア活動を始めたのは、20歳のときのこと。他の若いメンバーと一緒に、人々の環境問題への意識を高める活動をしていました。そのときです。志を同じくする人々となら、私たちはもっと多くのことを成し遂げられるのではないか、と思い始めたのは。翌年の夏には、アイスランドで地元の団体とともに活動し、人はそれぞれに独自の能力を持っていることを学びました。

　私の祖父がその好例でしょう。祖父はずっと農業に従事していて、読み書きは得意ではありませんが、みなさんが頭のなかでイメージできる物なら何でもつくることができるのです。祖父のように、人にはそれぞれ才能があり、それは年齢や教育に関係ありません。

　多彩な才能が一丸となって未来の世代のためにより良い世界をつくろうとすれば、必ず変化が起こります。私が望むのは、みんなが自分もできるのだと気づくこと。私は今、環境人文学の修士号取得に向けてがんばっています。さらに、英語とサステナビリティについての知識を高め、個人的なものであれ社会的なものであれ、他の人に良い選択をしてもらうように促したいと思っています。

　気候変動は人類にとって重大な課題です。私たちはあらゆる動植物、生きとし生けるものすべてのことを考えに入れて答えを探さなければなりません。一人ひとりが声を上げ、教育や職場に等しく貢献できるような環境をつくる必要があります。世界の問題を解決するには、年齢や学歴は関係ありません。子どもも大人もお互いに教え合い、学び合い、能力やアイデアを共有し、問題を解決していくべきです。私は、人と人が力を合わせることには力があると信じています。ともに取り組むことできっと、私たちはより良い未来を築くことができるはずです。

ノエミ・ケレステス

RUSSIAN FEDERATION

ロシア連邦

バラ色の眼鏡で世界を見る

　幼い頃、「彼女は人生をバラ色の眼鏡で見ている」という言葉をよく耳にしました。当時はその言葉がポジティブな意味なのか、ネガティブな意味なのか、よく分からなかったけれど、その言葉を聞いてから私の世界観は大きく変わりました。

　私が家で安心して過ごしているように、すべての女の子が同じように

恵まれているわけではない。この現実を知ったのは、16歳のとき。その夏、私と同世代の3人の姉妹が、虐待を繰り返す父親を殺害するという悲劇的な事件がメディアを騒がせていました。これによって、私の国、そして世界中の女の子や女性が直面している問題の大きさを理解することができました。その後、私は、ロシアにおけるDV対策法案の採択に貢献しようと決意しました。性差別と闘うフェミニズム運動についてもっと知りたいと思い、社会におけるフェミニズム運動のルーツを歴史から研究し始め、地元の学校の科学会議で発表しました。

　研究によって理論的な知識は得られたものの、自分の行動が現実の世界を変えられるのか、まだ自信はありませんでした。私には行動するための助けが必要だったんです。

　そんなときに出会ったのが、Women Deliver という国際的な団体。女の子や女性の健康と権利を擁護しています。この団体の Young Leaders プログラムへの参加が認められた私は、情熱を持って主張をするさまざまな人々が集まるコミュニティに加わりました。ここで学んだ一番大切なことは、「たとえ周囲の人に信じてもらえなくても、自分を決して疑わない」ということ。私が行動することにためらいを抱いていたのは、まわりの人たちから否定されたり、心ないことを言われるのが怖かったからだって気づいたんです。でも、私はここでの活動とメンバーたちの情熱から、自分の夢に向かって前に進む勇気をもらいました。

　今振り返ると「バラ色の眼鏡」で見るとは、夢を見ることと同じだと思うんです。でも、それはただ夢を見ているだけじゃなくて、世界を変えるんだっていう内なる自信を持って夢を見るということ。私の夢は、すべての女の子と女性が社会のなかで守られ、助けられていると感じ、意見にしっかり耳を傾けてもらえる世界をつくることです。「甘い」と言う人もいるかもしれません。でも、私は今、誇りをもって「バラ色の眼鏡」をかけているのです。

ナタリア・オシナ

ABOUT
THE DREAMER

－ ヨーロッパの代表者たちへ5つの質問 －

① 出身地はどこ？② 年齢は？（夢の文章の執筆時）③ 話せる言語は？④ 好きな食べ物は？
⑤ あなたの国を一言で表すと？

QUENTIN HAAS
クエンティン・ハース

①ジュラ州
②29歳
③フランス語、英語、ドイツ語
④何でも好きです
⑤Consensus（総意）

SWITZERLAND　　····P.146

CAMILLE DEVISSI
カミーユ・デヴィッシ

①モナコ
②27歳
③フランス語、英語、スペイン語
④バルバフアン
⑤Small but Strong（小さいが強い）

MONACO　　····P.148

JANA DEGROTT
ヤナ・デグロット

①スタンセル　②25歳
③ルクセンブルク語、ドイツ語、
　フランス語、英語
④タイ料理
⑤Multilingual（多言語の）

LUXEMBOURG　　····P.150

MARGAUX CHIKAOUI
マルゴー・チカオウィ

①パリ　②25歳
③フランス語、英語、スペイン語
④スパゲティボンゴレ、牛肉のブルゴー
　ニュ風、鶏肉のタジン
⑤Artistic（芸術的）

FRANCE　　····P.152

LUIS DUARTE LANGEROCK
ルイス・ドゥアルテ・ランゲロック

①ヘント　②23歳
③オランダ語、ポルトガル語、英語
　フランス語
④フライドポテト
⑤Chocolate（チョコレート）

BELGIUM　　····P.154

SUSANNE BAARS
スザンヌ・バース

①ユトレヒト
②32歳
③オランダ語、英語
④新鮮な野菜、チーズ、コーヒー、
　チョコレート
⑤Pioneers（開拓者たち）

NETHERLANDS　　····P.156

ADRIÀ TAPPI GONZÁLEZ
アドリア・タピ・ゴンザレス

①アンドラ・ラ・ベリャ　②27歳
③カタルーニャ語、スペイン語、英語
④トゥリンチャッド・モンターニャ
⑤Virtus Unita Fortior
　（力を合わせれば強くなる）

ANDORRA　　····P.158

JOSELINE SCHALK
ヨセリン・シャルク

①シュランゲン
②25歳
③ドイツ語、英語、フランス語
④ラザニア
⑤Gemütlichkeit（温かい思いやり）

GERMANY　　····P.160

FELIX OSPELT
フェリックス・オスペルト

①ファドゥーツ　②24歳
③ドイツ語、フランス語、英語、
　スペイン語、イタリア語、ロシア語
④カメツノーノル、レノル、リャーブル
⑤Bodaständig
　（地に足が着いている）

LIECHTENSTEIN　····P.162

FABIAN BLOCHBERGER
ファビアン・ブロッホバーガー

①クルムバッハ
②21歳
③ドイツ語、英語、イタリア語
④ゲルムクヌーデル
⑤Diversity（多様性）

AUSTRIA　····P.164

ALICE ERVAZ
アリス・エルヴァス

①ヴェネツィア
②21歳
③イタリア語、英語、ドイツ語、
　ロシア語、フランス語
④ホットチョコレート
⑤Exquisite（優雅）

ITALY　····P.166

EMAN BORG
エマン・ボルグ

①ゴゾ
②25歳
③マルタ語、英語
④パスタ、ピザ、パスティッツィ
⑤Passionate（情熱的）

MALTA　····P.168

ANDJELA MIRKOVIĆ
アンジェラ・ミルコヴィッチ

①グラカニツァ
②24歳
③セルビア語、アルバニア語、英語
④サルマ、ピタ
⑤Diversity（多様性）

DIELLZA GECI
ディエルザ・ゲチ

①ドレニツァ
②23歳
③アルバニア語、セルビア語、英語
④フリア
⑤Diversity（多様性）

KOSOVO　····P.170

MILICA ŠKARO
ミリカ・スカロ

①ニシュ
②26歳
③セルビア語、英語、フランス語
④洋梨
⑤Passion（情熱）

SERBIA　····P.174

STEFAN RAICEVIC
ステファン・ライセビッチ

①バール
②25歳
③セルビア語、英語
④グヤーシュ
⑤Wild beauty（野生の美）

MONTENEGRO　····P.176

TOMMASO BUTÒ
トマッソ・ブト

①ローマ（イタリア）
②20歳
③イタリア語、英語
④寿司
⑤Passionate（情熱的）

VATICAN　····P.178

ALEN GUDALO
アレン・グダロ

①ヴィテツ　②30歳
③ボスニア語、クロアチア語、英語
　セルビア語
④サルマ、肉詰めピーマン
⑤Cosiness（快適な）

BOSNIA AND HERZEGOVINA　····P.180

STELLA V. GRAHEK
ステラ・V・グラヘック

①チュルノメリ　②23歳
③スロベニア語、英語、スペイン語、
　クロアチア語
④チーズ、ホウレンソウ
⑤Unique（ユニーク）

SLOVENIA ···· P.182

SEBASTIAN BUSIGNANI
セバスチャン・ブシニャーニ

①サンマリノ　②24歳
③イタリア語、英語、スロバキア語、
　クロアチア語
④スパゲティボンゴレ
⑤Freedom（自由）

SAN MARINO ···· P.184

RITA ANDRADE
リタ・アンドラーデ

①リスボン
②22歳
③ポルトガル語、英語
④野菜、シーフード、寿司
⑤Diversity（多様性）

PORTUGAL ···· P.186

ANDREJ GULABOVSKI
アンドレイ・グラボフスキー

①ビトラ
②21歳
③マケドニア語、英語
④ローストポーク
⑤Ancient（古典的）

NORTH MACEDONIA ···· P.188

LUIS BEKTESHI
ルイス・ベクテシ

①ドゥラス
②31歳
③アルバニア語、イタリア語、英語、
　スペイン語、トルコ語
④シーフード
⑤Beautiful（美しい）

ALBANIA ···· P.190

MARINA MELERO
マリナ・メレーロ

①マドリード
②23歳
③スペイン語、英語、フランス語、
　ドイツ語
④野菜のラザニア
⑤Warmth（温もり）

SPAIN ···· P.192

IVONA OREŠNIK
イボナ・オレシュニク

①イストリア
②27歳
③英語、ドイツ語
④パンケーキ
⑤Beautiful（美しい）

CROATIA ···· P.194

PANOURGIAS PAPAIOANNOU
パノリアス・パパイオアーノウ

①アテネ　②26歳
③ギリシャ語、ギリシャ語手話
　英語、ドイツ語、フランス語
④ムサカ
⑤Philoxenia（おもてなし）

GREECE ···· P.196

KELVIN AKPALOO
ケルビン・アクパルー

①クマシ（ガーナ）　②26歳
③英語、トウィ語
④ワチェ
⑤Unpredictable but lovely at the
　same time（予測できないと同時
　に愛しい）

IRELAND ···· P.200

NARIMAN SALEM HAME
ナリマン・サレム・ハメ

①ドランメン
②21歳
③ノルウェー語、クルド語、英語
④ドルマ、ラザニア、ビリヤニ
⑤Independent（自立した）

NORWAY ···· P.204

KADRI SIRKAS
カドリ・シルカス

①タリン
②28歳
③エストニア語、英語、フランス語、
　ロシア語
④お母さんの手料理
⑤Nature(自然)

ESTONIA

EMIL BENDER LASSEN
エミル・ベンダー・ラーセン

①ミゼルファート
②25歳
③デンマーク語、英語、ドイツ語
④とれたての魚のフライ
⑤Equal Opportunity(平等なチャンス)

DENMARK

ANDREA GUNNARSDÓTTIR
アンドレア・グンナスドティール

①ガルザバイル　②26歳
③アイスランド語、英語
④ピザ
⑤Pure(純粋な)

ICELAND

JOHANNA NISSÉN KARLSSON
ヨハンナ・ニッセン・カールソン

①リードヒェーピング
②27歳
③スウェーデン語、英語
④スウェーデン風ミートボール
⑤Moose(ヘラジカ)

SWEDEN

CARITTA SEPPA
カリッタ・セッパ

①ヘルシンキ　②31歳
③フィンランド語、英語、スペイン語
　スウェーデン語
④グリーンカレー、ステーキ
⑤Sisu(勇敢で諦めない人)

FINLAND

OSCAR ANDERSON
オスカー・アンダーソン

①サイゴン(ベトナム)
②19歳
③英語
④アジア料理
⑤Overprotective!(過保護な)

THE UK

ELINA INGELANDE
エリナ・インゲランデ

①ベンツピルス
②28歳
③ラトビア語、ロシア語、英語、
　スロベニア語
④ライ麦パンプディング
⑤Resilience(回復力)

LATVIA

NERINGA TUMÉNAITÉ
ネリンガ・ツメナイテ

①クライペダ　②30歳
③リトアニア語、英語、ロシア語、
　スペイン語
④キムチチャーハン、ベジタリアン
　向けのもの
⑤Lakes & Forests(湖と森)

LITHUANIA

SAIDA IBRAHIMAVA
サイダ・イブラヒマバ

①ホメリ　②36歳
③英語、ロシア語、ドイツ語
④麺類、パスタ、シーフード
⑤Tolerance(寛容)

BELARUS

ANDREA ORSAG
アンドレア・オルサグ

①ニトラ
②37歳
③スロバキア語、英語、チェコ語、
　オランダ語
④たっぷりの野菜、ザジキ
⑤Nature(自然)

SLOVAKIA

GOSIA RYCHLIK
ゴシャ・レヒク

①ワルシャワ
②28歳
③ポーランド語、英語、スペイン語
④ラーメン、ピエロギ……選べない！
⑤Resilience（回復力）

POLAND ···· P.228

GABRIEL LUPU
ガブリエル・ルプ

①バンチウ　②29歳
③ルーマニア語、英語、スペイン語、
　フランス語
④サルマーレ、ママリーガなど
⑤Courageous（勇敢な）

ROMANIA ···· P.230

OLEXA MATVEIEVA
オレクサ・マトヴェイヴァ

①ドニプロ
②9歳
③ウクライナ語、ロシア語、英語
④サクランボ、イチゴ、チョコレート
⑤Gentle（優しい）

UKRAINE ···· P.232

CATALINA CATANA
カタリナ・カタナ

①キシナウ　②25歳
③ルーマニア語、ロシア語、英語、
　フランス語
④ロールキャベツ、チーズパイ、
　グリークサラダ
⑤Resilient（しなやかな）

REPUBLIC OF MOLDOVA ···· P.236

LENKA HOMOLKA
レンカ・ホモルカ

①コリーン
②26歳
③チェコ語、英語、オランダ語、
　ロシア語
④クネドリーキ
⑤Endurance（忍耐）

CZECH REPUBLIC ···· P.238

ATANAS MIHNEV
アタナス・ミクネフ

①ソフィア
②29歳
③英語、スペイン語、ブルガリア語
④チョコチップアイス
⑤Inequality（不平等）

BULGARIA ···· P.240

NOEMI KERESZTES
ノエミ・ケレステス

①チョングラード
②24歳
③英語、ハンガリー語
④グヤーシュ
⑤Proud（誇り）

HUNGARY ···· P.242

NATALIIA OSINA
ナタリア・オシナ

①サマラ州
②18歳
③ロシア語、英語、ドイツ語
④ソリャンカ、バブーシュカ・プリヌイ
⑤Diverse（多様な）

RUSSIAN FEDERATION ···· P.244

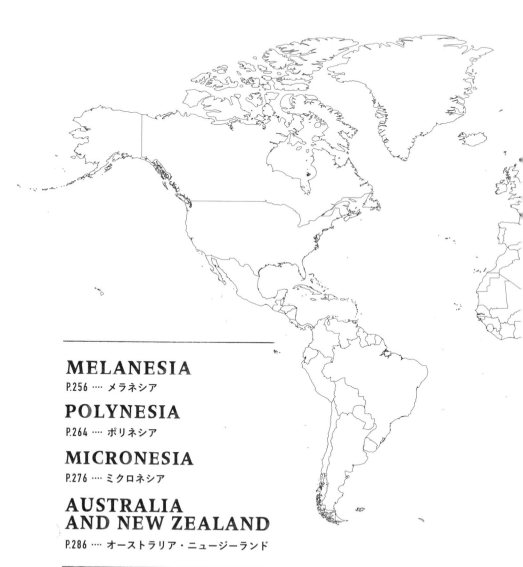

MELANESIA

POLYNESIA

MICRONESIA

AUSTRALIA
AND NEW ZEALAND

OCEANIA

－オセアニア－

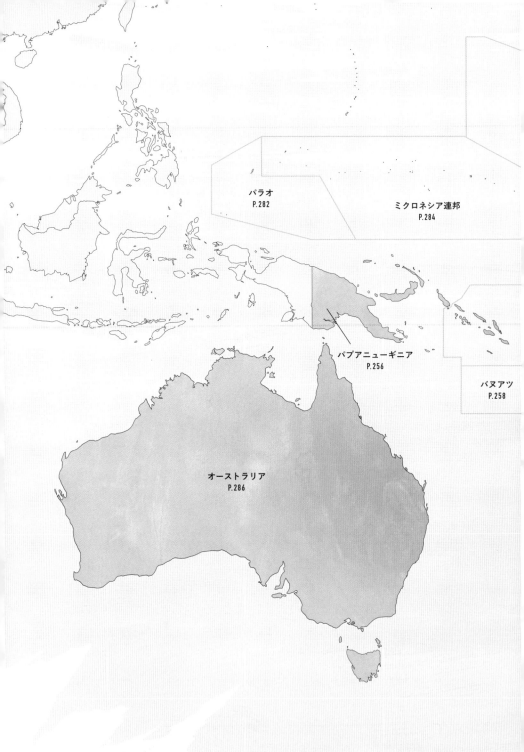

パラオ
P.282

ミクロネシア連邦
P.284

パプアニューギニア
P.256

バヌアツ
P.258

オーストラリア
P.286

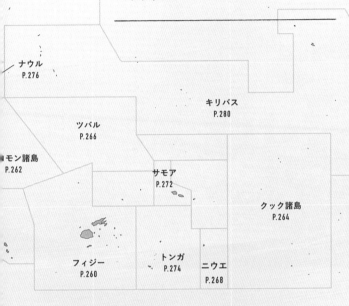

MELANESIA
ーメラネシアー

POLYNESIA
ーポリネシアー

ーシャル諸島
P.278

ナウル
P.276

キリバス
P.280

ツバル
P.266

モン諸島
P.262

サモア
P.272

クック諸島
P.264

フィジー
P.260

トンガ
P.274

ニウエ
P.268

MICRONESIA
ーミクロネシアー

AUSTRALIA
AND NEW ZEALAND
ーオーストラリア・ニュージーランドー

ニュージーランド
P.290

PAPUA NEW GUINEA

パプアニューギニア

エンパワーメントの輪を広げる

　私は、役職も年齢もずっと上の方々とのハイレベル会合によく参加します。その場の最年少として意見を述べるときは特に、怖気づいてしまうものです。若きプロフェッショナルにして若者たちのリーダーである私は、今までに何度もこの状況を経験してきたので、ぜひとも変えたいのです。

　私の旅が始まったのは、15歳のとき。父が汚職事件で失職しました。

直接は関与していませんでしたが、つらいことに激しい批判を浴びました。家族の暮らしが一変した後、私は Youth Against Corruption Association（青年汚職防止協会）という地元の青年組織に加わりました。他の若者たちに自分と同じ経験をさせたくないという想いから、社会の不正に異を唱え始めたのです。これを機に私は世界を変えたいという想いに駆られ、さらに多くの団体に加わるようになりました。

　活動を通して、国内の若者の代表者や参加者が少ないことに気づきました。パプアニューギニアの全人口の60％を若者（12〜30歳）が占めていることを考えると、若者たちが意見を述べ、彼らにとって重要な議論を推進するのに必要な場を与えられていません。このことは、残念に思えました。それからすぐに私は、若者の参加が少ないのは、「場が少ない」という問題に留まらないと気づきました。若者がいるプラットフォームを生かせるように、自信を持たせる必要があったのです。私自身が素晴らしいロールモデルたちに導かれ、信じてもらい、力を与えられたように、まわりの若者たちを力づける責任があると感じました。こうして、国中の学校や教会、コミュニティで若者たちとともに活動を始めました。この旅は9年以上が経ち、今も続いています。

　光栄なことに、研修やスクールキャンプ、1週間にわたるワークショップを通して、さまざまな若者たちと出会えました。彼らの多くが自分の夢や意見に真剣に耳を傾けてもらえないと感じているので、何よりもまず話を聞き、力づけています。多くの若者が、目を輝かせ、自信に満ち、社会に貢献できることを見つけ、別人のようになって帰っていきます。

　今の私の誇りと喜びは、かつてともに活動した若者たちがイベントで脚光を浴び、リーダーとして自分の信念のために立ち上がる姿を目にすることです。私はもう場の最年少者ではありませんし、今ではずっと多くの若者が活躍しています。しかし、さらに多くの若者が活躍できるし、そうあるべきです。かつて私は力を与えてもらったから、力を与えることができます。このサイクルが続いていくことを夢見ています。

　私自身や、ともに活動できたすべての若者を通じて。

ダギア・アカ

VANUATU
バヌアツ

土地こそが命

　私は、南太平洋に浮かぶ80の小さな島々から成るバヌアツの出身で、首都のポートビラで育ちました。都市の中心部で育った私は、将来の成功は良い教育と給料の良い仕事次第だと思っていました。大学卒業後、Vanuatu Indigenous Land Defense Desk という地元の NGO に参加し、母国の真価を見極める力を初めて与えられました。また、バヌアツ国家統

計局から資金援助を受け、地域社会の発展と福祉を目的としたプロジェクトにも取り組みました。

バヌアツのさまざまな島を旅するにつれて、子どもの頃の海の思い出を今の子どもたち世代と共有できないことに気がつきました。私たちは美しいマングローブの下で遊び、小さな魚やカニを捕まえて遊んでいましたが、悲しいことにこのような場所は気候変動や人間の活動によってすべて消滅してしまいました。小さな島国の生活は、自然環境にも社会環境にも、あらゆることから影響を受けるのです。

そこで、大地から海まで自然資源の大切さや伝統的な知識を伝え、スキルの復活を図るワークショップを行いました。これらは、バヌアツで本当の意味で「良い生活」を送るのに基礎となるものです。土地は「私たちの母」と見なされていて、生きるのに必要なすべてをもたらしてくれます。私たちは先住民のコミュニティの伝統的な慣習のもとで土地を保護し、コミュニティや学校での意識を高めなければなりません。

バヌアツでは、「良い生活」とは必ずしもお金を稼ぐことや、車を所有すること、あるいは給料の良い仕事に就くことに左右されません。大地、綺麗な水、あらゆる海の資源、豊富な伝統的知識が自由に手に入るとき、完全な「良い生活」が見つかるのです。そしてバヌアツでは、誰もが家族、部族、社会集団のもとに生まれると、自分がいるべき場所や家庭、仕事を持ち、ホームレスや飢えた人、仕事がない人はいません。私たちはあらゆる意味で幸福な生活を送っています。なんて恵まれているのでしょう！

私の夢と生涯の使命は、私の国の将来の世代が、私が今享受している贅沢な環境を同様に享受できるようにすること。このために私は、自分がどこから来たのか、年配の人から伝わる知識と技術を知ることから、どのように豊かで回復力のある生活がもたらされるのかを若者たちに教えます。土地は私たちにすべてをもたらし、みんなに命を与えてくれると信じています。バヌアツではこう言います。"Graon hemi Laef！"（土地は命）と。

ファンシー・マーサ・ブラウン

FIJI

フィジー

語られざる物語を解き放つ

　私が初めてオセアニアの語られざる物語を知ったのは、フィジーのザ・サウス・パシフィック大学の教室でのこと。「今から見るのは高校では学ばないような話です。西パプアの、みなさんの兄弟姉妹にまつわるものです」と講師が言ったのを覚えています。その島について聞いたことがなかったので、目の前でパンドラの箱が開いたような気分でした。それは西パプアの植民地支配の歴史と、解放を求める闘いのドキュメンタリーでした。彼らは他ならぬ自由を求めていましたが、それは暴力や死、精神的な奴隷状態という犠牲を伴うものだったのです。見終わる頃には、私は目にたまった涙を払いのけ、ペンと紙を取り出して1行の詩を書きました。"Inap Yu Harem Mi?"「みんな、聞こえる？」という意味です。太平洋の島々の民にパプア人のために立ち上がろうと呼びかけたのです。これが私の旅の始まりでした。オセアニアの歴史について、知識をいったん捨て去り、学び直す旅です。

　私たちの忘れ去られた苦闘の数々をだんだんと知るうちに、「ジェリーフィッシュ・ベビー（くらげの赤ちゃん）」についての恐ろしい物語にも遭遇しました。マーシャル諸島で核実験が行われた1940年代から1950年代に生まれた赤ちゃんで、骨がなく、透明な肌をしていたためにこう呼ばれたのです。従来、マーシャル諸島の核実験をすべて合わせたら、広島の原爆1.6個を12年間毎日投下することに等しいと説明されてきました。この放射能が私たちの子どもたち、陸地、"Waitui"（海）に与えた影響の深刻さは想像に難くないでしょう。マーシャル諸島の島から避難してきた子どもたち、Ahti と Aapo が私に多くのことを教えてくれました。現在、私は世界中の核実験の犠牲者たちと連帯して、核兵器の禁止と被害者支援、環境回復を訴えています。

　これらの忘れられた物語は、無制限の権力と兵器の歴史を思い出させてくれます。また、平和を築き、未来に向けて安全保障を再定義するために、私たち海の守り人が果たす責任を思い出させてくれます。私の夢は、これらの物語が解放され、教室で伝えられていくのを見ることなのです。

ルイサ・テュイラオ

SOLOMON ISLANDS
ソロモン諸島

私たちが「家」を失う前に

　自分が家と呼ぶ場所が、海に沈もうとしていたら？　多くの人は気づいていないかもしれないけれど、今、地球という私たちの家はとても危機的な状況にある。

　私はソロモン諸島の数ある島の一つの出身だ。私は兄弟やいとこたちと一緒に、白い砂浜で遊んで育った。海は美しく広がり、ラグーンは透き通っ

ていた。陸と海と空と結びついた暮らしのシンプルさこそが、本来の私たちだ。

　歴史や伝統は、歌や物語、踊りを通して受け継がれてきた。子どもたちは長老たちのまわりに集まり、島ならではの話に耳を傾けた。今はもうおとぎ話ばかりではなくなった。何年も前に流されてしまった釣り場の話や、塩水の侵入で使えなくなってしまった古い井戸の話。他にも、高潮のときでも安全だと思われていた場所の話もしてくれたが、そこはもう存在しない。私を含め、子どもたちは「気候変動」「温室効果ガス」「海面上昇」などという言葉は知らなかったが、自分たちの島に押し寄せている変化については知っていたのだ。

　島の住民たちは食料や生計を得るため陸と海に頼り、自給自足の生活をしている。島の温室効果ガス排出量は限りなく少ない。なのに、一定のペースでたびたび起こる海面上昇や頻発する災害によって、漁場をなくし、安全な生活用水も土地も失いつつある。

　今や温室効果ガスの影響はもう、島に留まるものではない。2020年7月、インドのビハール州はモンスーンの豪雨による犠牲者であふれた。カリフォルニアの山火事では、アーバインに住む10万人が避難を求められた。さらにポーランドとルーマニアではここ100年で最悪の干ばつを経験し、チェコではここ500年で最悪の干ばつだという。

　我々は何をすべきか。答えは明らかだ。今世紀の世界の気温上昇を1.5℃以下に抑えるための行動を本格化することだ。この考えは正しい。必要なのは行動である。私たちの「家」、地球が他でもない私たち自身によって脅かされている。これ以上に恐ろしいことがあるだろうか？　健やかな暮らしを支える家がなければ、私たちの未来、そして子どもたちや孫たちの未来はどうなってしまうのか？

　私は大小を問わず、すべての行動が重要であると考え、今まで以上にやる気に満ちあふれている。小さな島国の出身であることは、気候変動との闘いで取り残されるということではない。自分の居場所があり、家と呼べる世界を望むのは、私たちみんなの夢なのだから。

レイウィン・タロアニアラ

COOK ISLANDS

クック諸島

「島民たち」が暮らす一つの世界

　私は幸運にも、ラロトンガという太平洋の島に生まれました。クック諸島を構成する15の島々のなかでは最大の規模を誇ります。ラロトンガ島は人口1万7000人ととても少なく、面積はフロリダのディズニーワールドの半分ほどですが、クック諸島の全領域の99.9％以上は海で、その広さは200万km²にも上ります。

もちろん、私には子どもの頃の海の思い出がたくさんあります。サンゴ礁の海でシュノーケリングをして人懐っこい魚たちを見つけたり、恐ろしい海の生き物から逃れようと死に物狂いで泳いだり、カヤックで波に乗ったり、カメと一緒に潜ったり、クジラが海中からジャンプするのを眺めたり、おばあちゃんと一緒に海藻を集めたり、おじさんたちが岩礁の縁でブダイやタコを捕まえるのを見たり……他にももっとあります。海は、見える範囲をはるかに越えて広がる、無限の資源のようでした。クック諸島の人々、そして他の誰にとっても、海は永遠にそこにあり、恵みを与えてくれるものだと私は思っていたのです。

　しかし大人になるにつれ、そうではないかもしれないと知りました。私たちが二酸化炭素を過剰に排出し、いかに地球を窒息させているか、熱帯雨林の大半をいかに焼き尽くしてきたか、海水温の上昇がいかにサンゴの白化を世界中で引き起こし、海の生態系を破壊しているかを知りました。

　私の少ない経験のなかでも、島の海洋生物の変化に気づき始めました。ラロトンガ島のまわりにはまだ美しいラグーンがありますが、今では死んだサンゴや海藻が、私が記憶するどのときよりも多く浮いているように見えます。自然は永遠に続くわけではなく、当たり前のものだと思ってはいけないと、今は分かります。海のような大いなるものが、人間の手によって危険にさらされうると想像しにくいですが、それが事実です。

　私は現在、エンジニアとして働いています。実際に問題を解決したいからです。気候変動の解決策は、多くの人が望むほど簡単ではありませんが、大規模な再生可能エネルギーのような現実的な方法で、その影響を遅らせることができると信じています。今後、私は島の美しい自然を守れる環境に優しい解決策、例えば太陽エネルギーや海の水質保全、排水処理などに力を注いでいきたいと思っています。

　私の夢は、いつか子どもたちや孫たちにも、海がもたらすあらゆる命や美しさを享受してもらいたいということ。私たちが、大勢の「島民たち」が暮らす一つの世界として、ともに協力し合うことを夢見ています。私たちをつなぐ海を何世代にもわたって守るために。

タマトア・カー

TUVALU

ツバル

飛翔する翼

　ロサンゼルス空港よりも小さい領土の国、ツバルで私は生まれ育ちました。他では見られないさまざまな価値を持った唯一無二の特別な場所です。国連の基準では貧しいとされる国ですが、そこで育った私たちはもっと何かが必要だと感じたことはありません。けれど、小さな島で育つ難しさを挙げるとすれば、それは、適切な仕事に就くチャンスが少ないことです。

成長するなかで、私はいつも鳥に魅了されていました。ツバルにはたくさん鳥がいて、実際ペットとして飼っていたからでしょう。私の鳥が何日も海に出かけたり、近くの島の友達を訪ねたりしても、いつも迷わず家に戻ってくるのは驚きでした。子どもの頃の私の夢は、良い教育を受けて仕事を見つけ、その職を通じて世界を旅し、さまざまな国に住み、それでも戻りたいときにツバルに戻ってくる、ということでした。そう、まさに鳥のように。幸運にもアメリカで勉強する機会に恵まれ、大学卒業後は世界有数の投資銀行に就職しました。こうした経験のおかげで、経済的な自由を得るだけでなく、若い専門家として成長もできるような適切な仕事に就く重要性に目が開かれたのです。

　私は今アメリカに住んでいますが、私の夢は変わらず、ツバルに戻り、母国に貢献することです。1人でも多くのツバル人が質の高い教育を受け、適切な仕事のチャンスを得られるよう手助けしていきたいのです。ツバルでは、勉強する機会には事欠きません。毎年大勢がフィジーやオーストラリア、ニュージーランド、その他の国々の大学を卒業しています。足りないのは、適切な仕事に就く機会なのです。政府は島の最大の雇用主ですが、それでは十分ではなく、多くの若者が海外へ仕事を求めています。質の高い教育と適切な仕事の機会はどちらも等しく重要です。この二つがそろえば、人々を貧困から救うことができ、強固な家庭を築き、やがて強い地域社会や国につながっていくでしょう。

　ですから私は、若者たちが大学卒業後に海外で適切な仕事に就けるよう、この難しい世界をどう切り抜ければよいかコンサルティングしています。若者たちに、海外の仕事を通じてできるだけ多くを学び、ツバルをより良くするために戻ってきてほしい。彼らの知識や経験を、ツバルの発展のために生かしてほしい。私の夢は、もっと多くのツバルの若者たちが、自分の翼で飛翔できるようになることです。鳥のように。

イースター・テカファ・ニコ

NIUE

ニウエ

幸せの自給自足

　私は、隆起した環礁でできたニウエ島出身の父ビル・ファカフィ・モトフウと、美しい砂浜のクック諸島出身の母ロウル・イナマタの間に生まれ、二つの伝統を受け継いでいます。私は"Inangaro"と名づけられました。クック諸島のマオリの言葉で「愛」という意味です。

　私はマタラウで生まれ育ちました。ニウエ島にある活気に満ちた歴史を

持つ村です。ニウエの人口は 1,600 人ちょっとですが、私たちの村の人口は 100 人以下。私たちのコミュニティで最も重要なのは、みんなの幸福、社会のつながりに対する理解、そして信仰と、文化的、伝統的価値観をしっかりと守ることです。芸術、歴史、言語、文化、そして物語に対する私の愛情はこのコミュニティで培われたものです。私たちは自給自足的な農業で生計を立てていることで知られています。兄弟や妹、私にとっての最初の「教室」は、プランテーションでした。私たちはそこで、人生において大きな価値のあるもの、つまり、家族、勤勉さ、目的を持って結束すること、種を蒔いたものを収穫することなどを学んだのです。

　ニウエで育った私は子どもの頃、世界を旅することを夢見ていました。大人になるにつれて、さまざまな仕事やボランティア活動で、ニュージーランド、オーストラリア、ハワイ、日本、アメリカ、韓国、トルコ、ノルウェーなど、いろいろな国に行く機会に恵まれました。しかし、これらの経験は、私の世界に対する見方を変えてしまったのです。

　小さなコミュニティで生まれ育つと、みんな一生懸命働かなければなりません。自然との調和と環境を大切にしていますが、なぜならそうすることが土着の文化のなかに根づいているからです。しかし、私が先進国で見たものは、国民の幸福よりもむしろ経済的収益に焦点を当てたシステムでした。ホームレス、飢餓、人種差別など、貧富の差をたくさん目の当たりにしました。また、政府によって資源を強制的に奪われたことで、土着のコミュニティの糧は損なわれ、お金持ちはよりお金持ちに、貧しい人たちはより貧しくなると感じました。国の財政上の幸福にとって、経済が重要であることは私も理解しています。しかし、コミュニティを発展させ、構築する人々が必要なのです。社会的責任と、社会的正義が重要なのです。

　こうした経験を通じて、私は島のシンプルな生き方の本当の価値が分かり、より大きな規模で自分の置かれている立場と自分に貢献できることを理解できるようになりました。私にとって、繁栄とは富の蓄積だったり、ただ日々を生きることではありません。他の人々の人生に触れ、彼らを豊かにする方法を見つけることなのです。

　ジャーナリスト、ラジオ・プロデューサー、そして多岐にわたるネット

ワークや組織の代表者としての経験を利用して、私は現在、太平洋諸島の人々に、自分たちの話をシェアし、私たちの歪められた歴史を書き直し、文化とアイデンティティを再生する機会を提供しています。有史以来ずっと、植民地主義が世界各地で土着の人々に徹底的な影響を与えてきたからです。

　私の理想の未来は、人々が平和と調和のなかで生活し、自分たちの言語と文化を自由に使える世界。そして、土着の知識が認められ、尊重される

世界です。私の夢が実現するには、私たちの価値観の転換、つまり、より
サステナブルな教育システムが必要であり、私たちの環境を完全な状態で
維持しなくてはいけません。可能な限りの知識を集めたいと私は思います。
そうすれば、私が島に戻り、祖先たちがしたように土地を耕すとき、より
良い未来をつくることができます。私たちは、先祖から土地を継承し、未
来の世代からそれらを借りているのだから。

イナンガロ・バカーフィ

SAMOA

サモア

視覚障がいがなくなる世界

　誰もが手頃な価格で利用しやすい眼科医療を実現するという夢に向かって、私は毎日働いています。

　失明と視覚障がいをなくすことに、私は強い情熱を持っています。なぜなら私は、それがどれほど永遠に人生を変えてしまうのかを見てきたから。15歳のとき、姉は視力の問題を抱えていましたが、検眼医不足と眼

鏡が高額だったせいでできることは限られ、両親には眼鏡を買う余裕がありませんでした。当時、眼鏡は700ターラ（約275米ドル。日本円で約3万円）。最低賃金が時給2ターラ以下だった時代です。これでみんなはどうやって眼鏡を買うことができるのだろうかと、私はいつも不思議に思っていました。

弱視は患者本人だけでなく、彼らの家族、広範囲では社会全体にとっても大きな負担となります。子どもの失明は成長、学習能力、自尊心に、大人の場合は行動能力、自活する能力、職業機会の制限、生活の質の低下などに影響を及ぼします。

姉の苦しみを見て、視力に問題を持つ人々を助けることが私の人生の使命になりました。私は奨学金を受けてニュージーランドで検眼学を学び、2012年に、我が国の歴史における初の検眼医として帰国しました。私は国立病院にて最大のインパクトを与えるべく、7年間で何千人もの患者を診察し（ほとんどの人々にとって初めての検眼でした）、各地域で視力スクリーニング検査を実施するため、支援者やNGOとともに働きました。そして、フィジーでは講師として、技術と知識を次世代の眼科医療専門家たちに伝えてきました。

サモアは、子どものための視力スクリーニング検査や眼鏡に対する政府による助成金といった、眼科医療プログラムがすでに整っている国々とは違います。私たちの国は第三世界の国であり、財源が十分ではありません。しかし、私は夢を達成するために、もっと多くのことができると感じていました。それで2019年、公共セクターと民間セクターで働き学んだ教訓を生かして、社会的事業 Samoa Eye Care を始めました。1年間にわたって、何百件もの視力検査を無料で実施し、子どもたちや恵まれない人々に無料で眼鏡を供給しました。また私たちは、教育キャンペーンを実施し、眼鏡の価格を49ターラまで下げました。

私は、誰も視覚障がいに苦しむ必要のない未来を信じています。私自身が奮起し、情熱ある人々や組織と協力し、自分たちの人生や家族、社会における目の健康の重要性についてあらゆる人に教育する責任を負っているように、それは個々人の努力から始まるのです。

エルナ・タカザワ

TONGA

トンガ

希望の涙

　私は今、トンガの首都のラジオ局でジャーナリストとして働いています。私はトンガ初のトランスジェンダーのジャーナリストではないかと思います。しかし、大切なのは、私が誰かと違うということではありません。私は他のジャーナリストと変わりません。誰を、どうサポートするのか。愛と真実と平和を通して、自分の声を使って人々に伝え、教え、楽しませるために

私は立ち上がり続けるということです。

　小さい頃、自分自身に困惑していました。男の子のおもちゃに興味を持たなかったし、女の子役をしたいと思っていました。いいえ、困惑どころではなく、本当に苦しかったです。両親は教会の聖職者でした。私は聖職者の息子としての役目を果たそうと努めましたが、みんなが期待するような人になるのは大変なことでした。私たちの暮らしていた保守的な文化のなかでは特に。

　私に何の価値があるの？　ありのままの人生を進んでいいの？　それとも私ではない誰かになるべき？　こうした疑問を何度も自分に問いかけました。でも、ついに小学校の先生たちが、トランスジェンダーとしての私を受け入れてくれました。私はブリトニー・スピアーズの大ファンでしたが、先生たちは私を立ち上がらせ、ブリトニーの歌を授業の間中、歌わせてくれました。最高の思い出の一つです。

　当初は幼すぎて自分を受け入れられなかったけれど、ついに自分を若きトランスジェンダーだと理解する段階までたどり着けました。正直に言うと、まだ内心「なぜ？」という疑問が抜けません。自殺を考えた日もあったけど、私を愛してくれる人たちの悲しみを想像したとき、踏み留まれました。

　そして、ありのままの自分でいるためにトランスジェンダー美人コンテストに出場し、ミス・ギャラクシークイーン2015に輝きました。美を表現するためだけでなく、トランスジェンダーのコミュニティに恩返ししたいという強い想いの結果でした。でも、クイーンだった2年間、SNSで嫌がらせを受けたり、面と向かって批判されたり、傷つくようなことをたくさん経験しました。けれど、ありのままの人生を歩いていくと決めたんです。強い気持ちで自分を支えられる限り、若い人々がより良い未来へ進めるよう手助けしたいです。

　私のことを心から愛してくれた両親、いつもそばにいてくれた友人たちにとても感謝しています。彼らがいたから、大変な人生でも歩き続けることができます。"Malo!"（ありがとう）。この世界が憎しみと悲しみではなく、愛と喜びと夢にあふれる場所になりますように。私は今ここで、希望の涙とともに、あなたを励ましています。

ダイアモンド・ビア

NAURU

ナウル

健康とフィットネスで楽しい島を

　僕はフィットネスを通じて人々を助け、ナウルのコミュニティで健康に対する意識を促進したいと情熱を注いでいる。なぜなら、僕自身、ずっとスポーツとフィットネスに熱中しているから。僕の夢は、次世代の人々が体を動かすことを通じて、安心して健康的なライフスタイルを送ることのできる未来をつくり出すことだ。

ナウルは、サンゴ礁と、ココナッツの木々に縁取られた白い砂浜のある、ミクロネシアの小さな島国。島で1907年から採掘されているリン酸塩がナウルの主要な資源であり、何十年もの間、唯一の輸出品となっている。問題は、リン酸塩が採掘されてきたことで土壌にはほとんど栄養がなくなり、野菜の栽培が非常に難しくなったことだ。結果的に、ほとんどの食物を海外からの輸入に頼り、低所得家庭では野菜よりも安い加工食品が消費されている。健康に良くない食品を食べなくてはならない人々は今、肥満や不健康、発育上のリスク、学業成績の低下、行動および感情の問題に苦しんでいる。

僕は旅のなかで、このことに気づいた。世界中を旅すると、外国の人は僕がどこから来たのかを聞いてくれる。ナウルだと答えると、彼らはどこにあるのか全く知らない。そして、彼らがインターネット上で検索すると、最初にポンと出てくるのは「世界で最も肥満率が高い」ということ。多くのナウル人がスルーしているこの問題について、何かすべきだと僕は強く感じた。

そこで僕は、Pleasant Island Health and Fitness をスタートさせた。ナウルの人々がより健康的なライフスタイルを送ることを、無料で支援するプログラムだ。グループでお互いに支え合い、モチベーションを高め合うことで、エクササイズへのハードルが下がるということはよくある。また、地域の保健所とともに、血圧や血糖値、体重のチェックにも取り組んでいる。参加者は、グループでのフィットネスプログラムのおかげで仕事や日常生活でより活動的になり、より自信を持てるようになったと僕たちに話してくれた。そして、健康に関して言えば、高血圧や肥満といった問題は改善され、彼らはより健康的になり、自分たちの生活状態を向上させることができている。

お互いから学び合い、健康に関する積極的な情報を共有することができるよう、フィットネスを通じて人々をつなぎたい。彼らには、家庭菜園や水耕栽培によって地元で新鮮な野菜をつくれるようになってほしいと僕は思っている。そうすることで、海外から輸入した健康に良くない食物以外の選択肢を得られる。ナウルの人々の、心身ともに満たされるウェルビーイングを実現したいのだ。

ジョージ・クワディナ

MARSHALL ISLANDS

マーシャル諸島

あなたたち若者こそが未来

　僕はこじんまりした島々が集まったマーシャル諸島の出身だけど、11年間、アメリカのメイン州で育った。学校では、僕だけが褐色の肌で何だか居心地が悪かったし、英語が話せず、クラスメイトからいじめられた。でも、自分のアイデンティティを恥じる必要なんかなかった。それは問題に気づくきっかけになったから、はみだすことは必ずしも悪いことばかりじゃないと思ったんだ。中学で公民権運動について学んだとき、変化を起こすために行動をしようと情熱が湧いてきた。

　高校生のとき、メイン州からマーシャル諸島へ戻った。それまでは青々とした森が身近にあったのに、道の両側に広がるビーチが突然現れたんだ。その劇的な違いを目の当たりにしたことは、僕が自国とその文化に目覚めるきっかけとなった。

　多くの開発途上国と同様に、この国にも不平等があって、若者が発言したり、リーダーシップを発揮する場所がほとんどない。僕はここマーシャル諸島で社会的規範に挑戦したいと考えている。これまで僕はこの国の課題を改善したくて、さまざまな試みを行ってきた。高校時代には、10代の妊娠率の高まりに注目し、地元のNGOのJNJIE[*1]から入手したコンドームやパンフレットを使って、安全なセックスについての意識向上を図った。その後、国内初のLGBT+の若者の平等を目指すプロジェクトBrighten the Rainbowを立ち上げたり、核に反対する映画を制作したり、国連の国際移住機関（IOM）とともにワークショップを立ち上げて、若者たちに気候変動と闘うための方法を指導した。Youth National Dialogueというイベントでは、政府への提言書を学生たちと作成し、若者がさまざまな機会を与えられ、気候変動に関する意思決定に参加できるように提案した。

　僕の夢は、若者たちが意思決定プロセスに携わることができる未来をつくることだ。そのために、島の社会的規範に挑戦し続けるとともに、世代間の対話を大事にする。そして、こうしたビジョンを周辺諸国にも広げて、すべての太平洋の若者に正統性をもたらすことを想い描いている。

アンファーニー・ネノール・カミナガ

KIRIBATI

キリバス

子どもたちには愛とケアが必要だ

　　私の家族は暴力に翻弄されていました。無慈悲で暴力的だった父が母を
しょっちゅう殴り、そのせいで母は流産して、私の2人の兄は亡くなって
しまいました。私が母のお腹にいるときも同じ状況でした。しかし、母は
自分を顧みず父のもとを離れ、私を1人で育てることを決意したのでした。
母のおかげで私は生まれ、今日まで生き延びてこられたのです。

キリバスのすべての子どもたちが愛情、平和そして繁栄した国で育つの
を見ることが、私の今の夢です。ものを言う機会を与えられず、両親の決
定の結果をすべて受け入れ、向き合わなければならない子どもたちにとっ
て、人生は不公平に思えます。他の子どもたちが両親に叱られながらも、
導かれ、世話をされ、幸せに育つのを見ていたら、悲しみは深まるばかり
です。

　私が大学生だった頃、2008年から2009年の全国調査の結果が発表さ
れました。それによると81%の大人が、子どもたちに虐待や体罰を与え
ているとのことでした。学校もまた例外ではありません。2010年、キリ
バスにおける女性や少女への暴力は、太平洋地域および世界で最も多い割
合で横行していました。そこで私は、祖国の人たちを助けようと行動を起
こすことにしたのです。

　2013年、私はキリバスの教育省に命じられて、国中の島を訪ね、女性
や子どもに対する暴力をなくし、彼らが教育を受けられるように働きかけ
ました。私は若者に響くメッセージを発信していきました。翌年、25歳
でキリバスの教育省からコミュニティ・コンサルテーション・チームのチー
ムリーダーに最年少で任命されました。このことは年功序列に価値を置く
伝統に反するものでしたし、リーダーとして年長者とともに働くことはか
なりの試練となりました。

　これらの活動を通して、私は多くの人に出会いましたが、彼らは「前向
きな子育て」という概念に初めて接したのです。彼らは暴力を伴うしつけ
が子どもの発達には良いと信じていました。しかし、彼らの多くが徐々に、
児童虐待が現代の社会問題の根源にあるのだと理解するようになりまし
た。最終的に、より良い子育ての方法を進んで採用し、目を開かせてくれ
たと私たちに感謝する人もいました。学校の教師たちの間でも同様の変化
がありました。

　私の最大の夢は、子どもたちが平和な国で成長し、人生において自分の
潜在能力を最大限発揮することです。この夢は必ず実現するでしょう。そ
のために、私は地域社会に奉仕しているのです。

タボタボ・アウアタブ

PALAU

パラオ

手つかずの楽園を未来へ

　木々の間で鳥たちがさえずり、庭の草に露が落ちる肌寒い朝。私が子どもの頃、週末、目覚めると朝はこのようなものでした。子ども時代で一番の思い出がある、静かで小さな母の村で週末のほとんどを過ごしていました。母がタロイモ畑に行くときにはその後ろを尻尾のようについてまわり、畑では日陰に置いた米袋の上に座って、母がタロイモを集めている

間、退屈しのぎにサトウキビをかじっていました。

　私と同世代の多くの人たちは似たような経験があることでしょう。時が経つにつれて、パラオではこうした生活、つまり豊かな自然環境のなかに喜びを感じる生活を送る人の数は少なくなっています。来るべき世代に私と同じような経験をさせてあげたい。それが私の夢です。そのために国が一丸となって、私たちの子孫のために手つかずのままの環境が残るようにしなければなりません。

　現在、海面上昇が原因でタロイモの畑に海水が流れ込み、作物を病気にさせています。異常気候が常態化し、作物を育てることが以前よりも手がかかるものになっています。乱獲も問題です。魚の生息数の減少により、地元の漁師たちは販売や家族のための漁がより困難になっています。サンゴの白化現象もそうです。パラオでは、サンゴが大波から島を守っていますから、私たちの暮らしはサンゴに頼っているのです。

　私にできるささいなことから始めようとしています。地元の NGO で働きながらさまざまな活動をしていますが、Palau Pledge Challenge などの地元の団体を通してパラオの学校が参加する、「たばこの吸い殻集め競争」はその一つです。この活動の目的は、たばこの吸い殻にはマイクロプラスチックが含まれており、いずれ海へと流出していくことを子どもたちに知ってもらうことです。こうした活動を通して、私たちのまわりの環境に目を向け、守っていくため人々の意識を高めたいと考えています。

　ありがたいことに、パラオの指導者たちは、国を守ることの大切さを理解しています。水の 80% を守るという宣言や、来訪者に環境を守るための環境誓約を求めたことで、自分たちの国を守るのだという風潮をつくっています。でも、これは始まりにすぎません。国民として、自分たちの島を守るために役割を果たし、文化や伝統を保持しなければなりません。私たちは環境に仕える身であることを意識するとともに、みんなが自然を尊重する楽しい世界を夢見るのです。

クリスティン・テュラン・ウデュイ

FEDERATED STATES OF MICRONESIA
ミクロネシア連邦

島の知恵を生かして心を癒す

　臨床的な心理療法家である私の夢は、ミクロネシアの人々が健やかな心で暮らせる方法を見つけることです。私は、ミクロネシアからアメリカへ移住した家族のもと、ミシガン州で育ちましたが、そこでは心の健康という話題が、ミクロネシアのようにタブー視されていません。おかげで、私はこの二つの文化の良いところを融合する方法を模索してきました。

ミクロネシアでは、15歳から30歳までの若い男性が、世界で最も高い割合で死亡していた時期があります。統計によると、自殺者の50%以上がうつ病と診断されています。ミクロネシアで自殺が顕著になったのは1960年代で、多くの人が自殺を「問題解決」の手段と見ていたそうです。[2]

自殺率は80年代前半にピークに達し、2000年代に入っても世界平均より高いままでした。[3] さらに、自由連合盟約でアメリカへ移住したミクロネシア人は、米国市民よりも高い割合で兵役に就き、兵役経験者のなかには心的外傷後ストレス障害に苦しんでいる人もいます。このほか、ミクロネシアの島々は第二次世界大戦中に列強に侵略され、戦場となり、戦後は周囲の海を核実験に使われ、そのトラウマや後遺症にも苦しんでいるのです。

多くのミクロネシア人は心の健康に伴うマイナスイメージを心配しますが、セラピーは心の安定の大きな助けとなります。昔から、ミクロネシアには「話をする」伝統があり、愛する人たちとの会話で心の健康が改善します。セルフケアには、星を眺めること、踊ること、美しい山道を歩くこと、手を動かして物をつくることなども役立ちます。また具合が悪いときにヒーラーを訪ねるのも、私たちの伝統です。西洋文化では、総合医に加え、さまざまな分野の専門医がいて、なかにはメンタルヘルスを専門にする人もいますが、ヒーラーも同じです。多くのミクロネシア人が心のヒーラーを必要としているのです。このほか、独自の伝統薬も利用しています。私たちの土着の地は、さまざまな感情を和らげる果物や植物の宝庫なのです。

私の夢は、ミクロネシアの伝統医学とアメリカの先進的な治療を融合する方法を見つけ、ミクロネシア人たちに適切で総合的な精神保健サービスが提供されるようにすることです。この問題には、ミクロネシアでの物資不足から、アメリカでの医療不足に至るまで、さまざまな層があります。しかし、この夢がかなえば、ミクロネシア人たちの体の健康も、教育の成果も、家族や友人との関係も向上します。心の健康は私たちの生活の根本なのです。

アンジェラ・エドワード

AUSTRALIA

オーストラリア

あなたがいるから、私がいる

「クレージーな人々、反逆者、厄介者と呼ばれる人たち、四角い穴に丸い杭を打ち込むよりに物事をまるで違う目で見る人たちに乾杯！」
「自分が世界を変えられると本気で信じる人たちこそが、本当に世界を変えていく。」（アップル社「Think Different」より）

　話は2008年にさかのぼる。初代iPhoneが発売され、オーストラリアの首相が先住民に対して正式な謝罪を行った年。私はインターンシップで軍事技術の仕事に従事した後、次のステップに進むべく、オーストラリア空軍に入隊しようとしていた。私が司令官になれば、被害を減らすための賢い決断ができるんじゃないかと考えてのことだった。だが、書類を書きながら、はたと考え込んでしまった。「自分が本当に行きたい場所は戦場なのか？」と。その代わりに私が選んだのは、自分の若い心に従うこと。そんなわけで、しばらくの間はDJをやって楽しんだ。
　やがて風力タービンのセールスエンジニアの仕事に就き、入社3週間で南アフリカのヨハネスブルグへ派遣されることに。初めてオーストラリアを離れるのでワクワクしていた。しかし、そこで目の当たりにしたのは、吹き飛んだ頭が写った血まみれの写真が載ったヨハネスブルグの新聞の1面、日雇いの仕事を求めて工業団地の外に並ぶ人々、タイヤを燃やして出る毒ガスにまみれて人々が食べ物を調理している街角……。突然、世界の深い不平等と非人間性に気づき、その瞬間から私は今まで通りというわけにはいかなくなった。
　ヨハネスブルグにいたとき、停電対策のために非常用ディーゼル発電機が使われているのを見て、化石燃料がいかに悪いものであるかを知った。風力エネルギーをより効率的で安価にできれば、汚い燃料に由来する恐ろしい問題を（もちろんそれに伴う汚職も）解決できると思った。その後、2010年1月4日、雪に覆われた神秘的なデンマークの地に降り立ったとき、壁には「石油とガスに並ぶ風力発電」という大胆なビジョンが掲げられていた。再生可能エネルギーに対する情熱が解き放たれた私は全力を尽くし、

わずか7年でその「クレイジーな」目標を達成することができた。

　風力エネルギーの分野で成長した私だったが、ある日突然、別の大きな問題の一部に自分も含まれていることに気づいた。風力エネルギーで成功し目標を達成することに集中しすぎて、これまで私のキャリアでまわりにいたのは男性ばかりで、女性がほとんどいないことに気づいていなかった。当時、会社で女性としては最年長だった私は、すでにその体制に挑戦していた。しかし、Women in Energy というイベントに初めて招待されたとき、この分野にも女性の仲間が大勢いることが分かった。彼女たちの才能に刺激を受け、感嘆の気持ちでいっぱいになった。2017年にボゴタで開催されたOne Young World サミットもまた、私を目覚めさせ、現実の世界の広大さを見せてくれた。私の世界をひっくり返し、芯まで揺さぶり、そして私の新しい道を固めてくれた。私はこれまで以上に大きな声で立ち上が

り、正義、表現、希望のために発言するようになった。

　志を同じくするチェンジメーカーと一緒に、若いクリエイターのために
つくった動画共有プラットフォーム、Impactr を設立した。今の私の夢は、
Impactr を用いて、Ubuntu の精神を広め、人類を公平で公正な世界へと
導くこと。Ubuntu とはズールー語で "I am, because you are"（あなたが
いるから、私がいる）を意味する。自分自身のためではなく、お互いのた
めに存在するという基本的な概念。それはつまり、誰も排除されたり、取
り残されたりしないということだ。Ubuntu の精神のもとではあらゆる形
や大きさの人が、理想の人生を送るチャンスを得られるだろう。そんな世
界を実現するために、常に境界線を押し広げ、「クレイジー」なリーダーシッ
プを、私は自由に解き放ち、自分の夢を実現するのだ！

ジョハナ・マー

NEW ZEALAND

ニュージーランド

Kaitiakiと一つになって

　ニュージーランドに生まれ育った僕は、自然に囲まれて大きくなりました。子ども時代の大好きな思い出は、青い湖で泳いだり、山で雪だるまをつくったり、緑の丘を自転車で走ったりしたことです。この清らかで美しいニュージーランドこそ、僕らが世界に伝えているイメージですが……これは真実の片面にすぎません。

湖で泳いだことを思い返すと、釣り好きだった父のことも思い出されます。見事な太った魚を釣ったときは、いつも自慢していました。しかし年を追うごとに、父は魚が小さくなっていることに気づき、やがて、もう釣っても仕方がないとやめてしまいました。

　これは母なる自然を酷使してきた小さな影響にすぎず、もっとひどい影響が他にもたくさんあります。僕ら人間は、都市や農地を広げるために貴重な生息地を破壊しています。化学物質を流し、土壌や川を汚染しています。さらに、持続不可能なほど大量に化石燃料を燃やして気候変動を引き起こしています。僕らは、母なる自然からあまりにも多くを奪い、母なる自然を病気にしているのです。このままでは自然が回復できなくなるまで病気が進み、次の世代は僕が育ったような美しい世界を体験できなくなってしまいます。

　ニュージーランドの先住民マオリ族は、地、空、海の守護者であるKaitiaki という概念を理解していました。僕らはこの考えに立ち返り、地球を傷つける今のあり方を変えないといけません。個人の行動と、もっと大きな政府の介入との二つのレベルで、変化が必要です。僕は、自分が地球に与える影響を最小限にするため、植物由来の食事をしたり、リサイクルをしたり、水の使用量やプラスチックごみを減らしたりして、がんばっています。そして、このような考えをまわりの人に伝え、行動を促しています。また、コンサルティングの仕事を通じて、国の環境・エネルギー政策に影響を与え、より大きなスケールでの変化を推進したいという情熱を持って働いています。

　僕が夢見るのは、僕たち人間が自然と調和して暮らす世界です。何を行うときにも、サステナビリティを常に意識し、自然を回復させようと心がける世界です。誰もが地球の守護者としての役割に気づき始めるよう願っています。僕は子どもたちに、同じ青い湖で泳いだり、同じように雪だるまをつくったり、同じ緑の丘を自転車で走ったりしてほしいのです。みんなで力を合わせて、何としても実現させましょう。

アンソニー・ウォン

ABOUT
THE DREAMER

– オセアニアの代表者たちへ5つの質問 –

① 出身地はどこ？② 年齢は？（夢の文章の執筆時）③ 話せる言語は？④ 好きな食べ物は？
⑤ あなたの国を一言で表すと？

DAGIA AKA
ダギア・アカ

①中央州
②24歳
③英語、トク・ピシン
④パイナップル、マンゴー、その他
　トロピカルフルーツなら何でも！
⑤Diverse（多様な）

PAPUA NEW GUINEA ···· P.256

FANCY MARTHA BROWN
ファンシー・マーサ・ブラウン

①ペンテコスト島　②30歳
③英語、ビスラマ語
④焼きタロイモのココナッツ
　ミルクがけ
⑤Smileful（笑顔いっぱい）

VANUATU ···· P.258

LUISA TUILAU
ルイサ・テュイラオ

①フィジー諸島
②28歳
③Itaukei（フィジー先住民の言葉）、
　英語
④シーフード
⑤Solesolevaki（協働）

FIJI ···· P.260

RAYWIN TAROANIARA
レイウィン・タロアニアラ

①テモツ州
②28歳
③英語、ピジン言語
④魚
⑤Sunshine（陽光）

SOLOMON ISLANDS ···· P.262

TAMATOA CARR
タマトア・カー

①ラタトンガ
②27歳
③英語、ラタトンガ語
④イカマタ
⑤Paradise（楽園）

COOK ISLANDS ···· P.264

EASTER TEKAFA NIKO
イースター・テカファ・ニコ

①ニウタオ
②28歳
③ツバル語、英語
④魚、ココナッツミルク
⑤Family（家族）

TUVALU ···· P.266

INANGARO VAKAAFI
イナンガロ・バカーフィ

①マタラウ
②37歳
③ニウエ語、英語
④Niutupu（発芽ココナッツシード）
⑤Paradise（楽園）

NIUE ···· P.268

ERNA TAKAZAWA
エルナ・タカザワ

①アピア
②32歳
③サモア語、英語
④サモアの伝統的なウムとオカ
⑤Paradise（楽園）

SAMOA ···· P.272

DIAMOND VEA
ダイアモンド・ピア

①ヌクアロファ
②29歳
③英語、トンガ語
④揚げ物
⑤Faith（信頼）

TONGA
···· P.274

GEORGE QUADINA
ジョージ・クワディナ

①アナバル
②31歳
③ナウル語
④魚
⑤Pleasant（楽しい）

NAURU
···· P.276

ANFERNEE
NENOL KAMINAGA
アンファーニー・ネノール・カミナガ

①マジュロ
②25歳
③マーシャル語、英語
④Mā kwanjin と jaaltutu
⑤Resilient（強靭な）

MARSHALL ISLANDS
···· P.278

TABOTABO AUATABU
タボタボ・アウアタブ

①ベティオ
②33歳
③キリバス語、英語
④生魚
⑤Ocean（海）

KIRIBATI
···· P.280

KRISTEN
TURANG UDUI
クリスティン・テュラン・ウデュイ

①エサール州
②23歳
③英語、パラオ語、中国語
④カレー
⑤Pristine（手つかずの）

PALAU
···· P.282

ANGELA EDWARD
アンジェラ・エドワード

①ミシガン州（アメリカ合衆国）
②34歳
③英語
④チキン、お米
⑤Resilient（強靭な）

FEDERATED STATES
OF MICRONESIA
···· P.284

JOHANNAH MAHER
ジョハナ・マー

①ヴィクトリア
②36歳
③英語
④お米ならなんでも
⑤G'day（こんにちは）

AUSTRALIA
···· P.286

ANTHONY WONG
アンソニー・ウォン

①ウェリントン
②26歳
③英語、福建語
④焼きそば
⑤Resilient（強靭な）

NEW ZEALAND
···· P.290

SOUTH AMERICA

CARIBBEAN

CENTRAL AMERICA

NORTHERN AMERICA

AMERICAS

－アメリカ－

バハマ
P.332

キューバ
P.348

ジャマイカ
P.324

ベネズエ
P.318

コロンビア
P.312

エクアドル
P.302

ペルー
P.300

ボリビ
P.32

SOUTH AMERICA
－南アメリカ－

CARIBBEAN
－カリブ海地域－

アルゼ
P.29

チリ
P.308

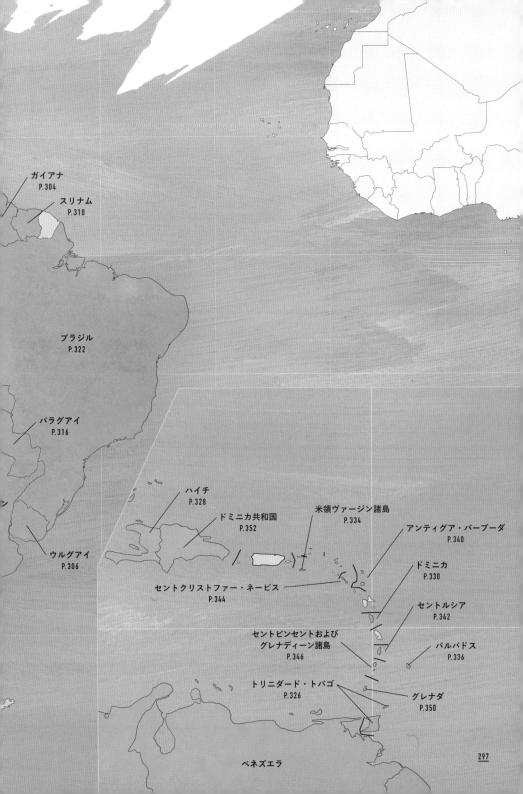

ガイアナ
P.304

スリナム
P.310

ブラジル
P.322

パラグアイ
P.316

ウルグアイ
P.306

ハイチ
P.328

ドミニカ共和国
P.352

米領ヴァージン諸島
P.334

アンティグア・バーブーダ
P.340

セントクリストファー・ネービス
P.344

ドミニカ
P.330

セントルシア
P.342

セントビンセントおよび
グレナディーン諸島
P.346

バルバドス
P.336

トリニダード・トバゴ
P.326

グレナダ
P.350

ベネズエラ

ARGENTINA

アルゼンチン

夢を信じ合う仲間と

　私の夢は、素晴らしい世界をつくるお手伝いをすることです。きれいな空気や水、体に良い食べ物、良い教育、医療、そしてもちろん戦争や暴力のない場所をみんなが手にします。

　私は子どもの頃、世界は森や動物、花々でいっぱいだと思っていました。私の国には、北部の熱帯雨林から南部の氷河に至るまでさまざまな生態系があり、週末になると家族とパラナデルタに出かけ、木登りや花摘みをしたものでした。けれど大きくなるにつれ、世界のそういう場所は危機に瀕していると気づいたのです。そして、自然への愛が、私を環境問題に向けて突き動かしてきました。高校時代には模擬国連に参加しました。いつか国連で世界に向かって、破壊を止め、より良い場所をつくり出す必要性を伝えたいと夢見ていたからです。

　2015年、パリで開催されたUNESCOユースフォーラムに参加する機会を得ました。そこで、世界中から集まった優れた若者たちと出会い、素晴らしい会話をしました。彼らはみんな、環境保護なしに経済発展は考えられないと信じていました。フォーラムの最後には、ちょうど数カ月後にパリで開催が予定されていた気候変動枠組条約締約国会議（COP21）に、若者を代表して参加するよう選ばれました。あの歴史的なパリ協定が調印された会議です。本物の国連に参加するという私の夢がかなったのです！

　パリ会議で出会ったアルゼンチン出身の仲間たちとともに、私は気候変動と闘うSustentabilidad Sin Fronteras を立ち上げました。アルゼンチンの人々に、変化を起こすことができると知ってもらうことが私たちの目標です。今では20人を超える、若き専門家のチームに発展し、気候変動への意識を高め、その影響を軽減しようと全国規模で取り組んでいます。

　私たちチームの全員が、安全で公平で持続可能な世界を望んでいます。私たちは夢を見ることを許され、その実現のために力を尽くしています。

ナシャ・クベリエ

PERU

ペルー

祖母サビーナに誓う

　90年代のテロの時代にペルー軍将校の息子として、私の子ども時代は恐怖と不安に満ちていた。そんななかでも、祖母のサビーナは、国をより良くするには教育がどれほど大事であるかを私に教えてくれた。

　祖母のおかげで、ペルーでも有数の大学で学ぶことできた。だが、スラム街に住む多くの子どもたちは学校に行かず、幼い頃から働いている。彼

らはちょっとしたお菓子を売ったり、楽器を演奏したり、おもしろい芸を披露したりして、お金を得ようと互いに張り合っている。クラスで成績が一番になっても、努力が他の人のためにならなければ意味がないと、私は気づいた。そんな私に、祖母は微笑み、「私の故郷のエル・タンボを助けなさい」と言った。変革者になれという祖母の挑戦を受け入れた。

この地に図書館を建てる支援を行うことを決め、私は当時インターン先だったペルーIBMからの資金提供を取りつけた。それから、首都リマから9時間のドライブ。さらに山を登り、ようやくエル・タンボに到着すると、何百人もの子どもたちが温かく迎えてくれた。なかでも印象的だったのは、10歳の少女ロシータだった。彼女に「将来、何になりたい？」と尋ねると、彼女は「両親やエル・タンボのみんなのように農家になるしかないの」と答えた。この言葉に胸が熱くなるほどの衝撃を受けた。南米のたくさんの子どもたちの貧困の連鎖を終わらせるには、自分の未来を切り拓くための教育が不可欠だ。

エル・タンボでの1週間を終えた私は、祖母に報告しようとリマに戻った。悲しいことに、その日、2011年12月2日、祖母は亡くなった。この日は喪失感と痛みに満ちながらも、内省と成長に満ちた日にもなった。私は天国の祖母に、より良いペルーのための変革の推進者になると誓った。こうしてやる気を得た私はVive Tu Futuro（未来を生きよう）というNGOを設立した。13の公立学校で5,000人近くの生徒たちが自分の夢を実現するために大切なスキルを学べるよう支援してきた。私の夢は、若者に最高の自分になるよう刺激を与え、世界に変化をもたらすことだと悟った。

2020年、パンデミックの前に私はエル・タンボに戻り、Vive Tu Futuroの職業ワークショップを開催した。私たちの支援なしに図書館に初のコンピューターラボが設置されているのを見て、うれしくて驚いた。「ジェイソン！」そのとき私の名前を呼ぶ声がした。17歳になったロシータだった。彼女はこう言った。「私、将来の夢が見つかったわ。土木技師になって、エル・タンボをつなぐ橋を架けたいの。みんなの生活を改善させたい！」

ジェイソン・パレハ・ハウレギ

ECUADOR

エクアドル

先祖の知恵を世界へ

　子どもの頃は、週に一度、田舎のひいおばあちゃんの家に行ったものでした。ひいおばあちゃんがいろんな食べ物を畑に植えるお手伝いをしたかったのです。たいてい、畑に行こうとお願いしても、私に微笑みかけて、まだ植えつけの時期じゃないのよと言いました。地面に穴を掘って種を落とせばいいだけなのに、なぜ待たないといけないのか、私には分かりませんでした。ある夏の日のことを覚えています。ひいおばあちゃんはついに、土が整ったよと言いました。私は大急ぎで種の入った袋を手に取り、土を耕すひいおばあちゃんの横で教えてもらいながら、種を蒔きました。ひいおばあちゃんの死後、土地はもう以前ほど豊かではなく、豊作も得られなくなりました。

　ひいおばあちゃんがなぜ辛抱強く植えつけを待っていたのかを調べ始めたのは、つい2年前のことでした。私は地域の先住民グループと会い、その答えを教えてもらいました。エクアドルの先住民族は先祖から伝わる知恵を実践し、農作物を植えています。一番驚いたのは、彼らが自然に合わせて、サステナブルな方法で農業を行っていることです。収穫の時期を予測し、土へのダメージが少ない種を見分け、有機肥料を使います。先住民のなかには、土壌の状態を見て、収穫の良し悪しを言い当てるすべを知る人さえいるのです。

　生態系サービスの持続的利用を進めていこうと、私は先祖の知恵をさらに研究し、大学のクラスメイトや先生たちとその知識を分かち合ってきました。私の夢は、このことを世界中の人たちに伝えることです。世界に先住民たちの実践を知ってもらい、生物多様性を守るために役立ててもらいたいと願っています。未来は私たちにかかっています。私たちは一つの世界として、力を合わせることができます。自然を尊び、自然とともに生きるために。この本が夢をかなえる一歩となりますように。

マリア・バスケス

GUYANA

ガイアナ

一つの国民、一つの国家、一つの運命

　ガイアナは、先住民族の言葉で「豊かな水の土地」を意味します。南アメリカで唯一英語を公用語とする国です。合計六つの民族（先住民族系、アフリカ系、ヨーロッパ系、東インド系、ポルトガル系、中国系）が住む文化的に多様な国であると同時に、民族間の偏見によって分断されてきました。民族差別は、私たちの国の歴史に深く根ざし、貧富の差を生み出し

ています。

　私自身はアフリカ系です。そして実は、人口の大部分を占めるのはアフリカ系と東インド系であるにもかかわらず、差別を受けるのは主にアフリカ系なのです。成功のチャンスを得られるかはネットワークによるところが大きく、たくさんのアフリカ系ガイアナ人はこうしたチャンスを奪われていました。しかし、私は幸運なことに、中流層に生まれ、現在では歯科医として働いています。面と向かってひどいことを言われたり、あからさまに差別的な扱いを受けたりしたことはありませんが、まわりの人は直面する民族差別の根強さに悩まされてきました。私にとって一番きつかったのは、「アフリカ系のなかでは教養がある」と言われたこと。思い出すたびに心が沈みます。

　ボランティア活動を始めたことで、さまざまな人に出会い、貧困、ジェンダーに基づく暴力、人種差別、不平等など、自分が知らなかった過酷な「社会悪」の存在にも気がつきました。教会の青年団、Global Shaper Community や VOICE などにかかわってきましたが、地域社会や国、世界を発展させるためのアイデアを共有、実行するのを支援する枠組みに参加することで、大きなアイデアを持った若者がいかにインパクトのある変化をもたらすことができるかを目の当たりにしました。それが私の原動力となっています。

　私は、目を大きく開いてより良いガイアナを夢見ています。この国の標語である "One People, One Nation, One Destiny"（一つの国民、一つの国家、一つの運命）が現実のものとなっているガイアナ、民族に優劣をつける言説を断固として拒絶し、愛と団結の歴史に書き換える場所です。「一つひとつの小さな仕事がやがてダムをつくる」ということわざがガイアナにもあります。どれほど小さな努力でも、諦めることなく積み重ねていけば大きな変革が起こります。どの民族も支配されることなく、一つになったガイアナをこの目で見る。これが私の夢です。私たちは、声を合わせて平和と調和を訴え続け、夢を現実のものとするのです。

レイ・ラウニャ・アムステルダム

 **URUGUAY**

ウルグアイ

食に平等、生きる喜び

　私は社会学者として、あらゆる命が共感の上に成り立っている世界について学び、その実現を夢見ています。共感があれば、私たちは近くの人々とも遠くの人々ともつながることができるのです。それは憎しみと恐れを思いやりに変えるのを助けることができ、私たちは苦しみに向き合う気持ちになれます。世界は、心身ともに苦しむ人々の少ない場所になることでしょう。

　5歳のとき、私たちは休暇を終えてモンテビデオに帰ると、極貧の子どもがごみのなかで食べ物を探しているのを見ました。私はこらえきれず泣いてしまいました。ショックでした。モンテビデオから300kmの漁村から戻ったばかりだったから。そこでは、人々の暮らしは穏やかで、たくさんの魚を海で獲って食べることができたのです。

　父は私を抱きしめてくれました。この経験は私の人生に重大な影響を残すことになりました。「どうして飢えている人たちがいるの？」このことが私を突き動かし続け、私という人間を形成する原動力の一つとなりました。

　ウルグアイでは飢餓を撲滅するため、いろいろと取り組んできました。飢餓は全人類が直面する大きな問題です。しかし、私たちの国に住む人々、特に貧しい子どもたちは、栄養失調に苦しんでいます。食品の商業化によって、食物の加工と分配は、限られた少数の人々の利益を大きくすることを求める、市場の手にゆだねられています。それによって、食べ物を買う余裕のある人々とない人々の間で格差が生じてしまっているのです。

　私たちの国では、マテ茶を友人や家族、同僚、そして見知らぬ人たちとさえも分かち合うという習慣が広く受け入れられています。食の領域でも、ちょっと立ち止まって、恵みを分かち合う関係を取り戻すべきなのです。みんな一緒に生き延びるためにも、共感、思いやり、配慮に基づいた教育が食の平等につながり、人々が生きる喜びを感じられる世界にしましょう。みんなで味を、喜び噛みしめ合いましょう！

ソル・スカビノ・ソラーリ

CHILE

チリ

目覚め

　2020年、私の国はとても重要な社会的目覚めとエンパワーメントの主
役でした。政府はずっと、私たちが「オアシス」に住んでいると言って
いましたが、市民はそうではないと気づき始めたのです。チリの人々は
苦しんでいると。こうして私たちは、今まで生きてきたはかない幻想を
ゆっくりと壊し始めたのです。2019年10月に起きた「社会的爆発」、つ

まり大規模な反政府デモは、新型コロナウイルスの大流行も加わって、私たちにあらゆることを問い直させています。何が当たり前のことなのか、そして、何が正しいのか間違っているのかを。このことは、社会を見直し再構築するための、しかし何よりも、新しい世界を一緒に夢見るための、またとないチャンスを与えてくれています。

　この経験を通じて、私は、社会正義と環境正義が実現された、誰もが平等でサステナブルな世界を夢見るようになりました。私の理想の世界は、共感に基づいた世界。私たちの決断が社会や環境に及ぼす影響を自覚し、私たちが一つの共同体のなかで生きていることを忘れない世界です。社会に蔓延する個人主義や利己主義を捨て、まわりの人々や生態系とのつながりを取り戻さなければなりません。

　今、私は若き環境活動家として理想の世界をつくっています。2019年に Fridays For Future Chile に加わり、2020年には Latinas For Climate を共同設立しました。どちらも若者が主導する環境運動の組織です。私はジェンダーの視点から環境権を推進しようと努力しています。なぜなら気候変動の危機は、女性にとって大変複雑な影響を及ぼしうるからです。例えば、気候変動による避難民の80%以上が女性だと言われています。飢饉や干ばつは、家庭の責任を担うことが多い女性たちに弊害をもたらします。干ばつになると水を得るためにさらに遠くまで歩かなければなりません。ジェンダーの視点で気候変動の対策を考えることが重要なのです。これらの活動を通じて、自分の意見を伝え、社会を変える行動を担い、他の人々をも行動へと促すことができて、私はとてもうれしく思っています。

　私たちの世界はもう後戻りができないところまで来ています。行動を起こすための時間はあまり残されていません。けれど、愛と協力に基づいて団結すれば、気候危機の影響やジェンダーの不平等を減らし、私たち自身や将来の世代のためにより良い未来を実現できるでしょう。私はこれからも、地域や国、ひいては世界を変えるプロジェクトを導いていきたいです！

カタリナ・サンテリーセス

SURIANE

スリナム

輝かしい変化をもたらそう

　私は、スリナム内陸部の農村で生まれ育った。集落では、マルーン※1や
スリナムの先住民たちが暮らし、人々が互いに手をさしのべ合い、農作業
を初め、日常のさまざまなことを協力して行う。幼い頃、私は両親のために、
午後や週末になると村中をまわって農場で採れた食物やアサイージュース
を売り歩いたものだ。

しかし、私が9歳のとき、両親は兄たちの進学のために、海岸沿いの平野部への定住を決めた。パラマリボ、つまり都会に永住することにしたのだ。私たち子どもの将来のために諦めなくてはならなかった、落ち着いた生活、人々とのつながり、その他すべてを思うと、それは大きな犠牲を払ったと言える。だから両親をがっかりさせないように、私は最大限に成長しようといつも全力を尽くすようにしてきた。

サステナブルな教育というテーマは、社会において最も重要だ。農村部ではいまだに教育や仕事、医療など、さまざまな機会を十分に得られないため、人々は都市部で新たに尊厳ある生活を築こうと自分のコミュニティを離れざるをえない。これは、パラマリボでの就職難といった問題も引き起こす。仕事があっても、仕事量に見合う報酬が支払われないケースもある。途方に暮れた人々がやがて、悪質な行為に巻き込まれたり、インフォーマル・セクター※2 で生計を立てようとする。そこで、私は大学で社会学を学び始めた。社会学者として不平等やさまざまな社会現象を研究し、社会のためになる政策につなげたいのだ。

私はずっと、国政のために働きたいと夢見てきた。ごく幼い頃、大統領はこれから起こすことを発表すれば、その通りになると思っていた。そのことに刺激された私は、国がどんな方向に進み、何を優先事項にするかを決める、その手助けをしたいと考えたのだ。国の目標を達成するために、どのように私たちの持つ資源を投入していくべきか？ 子どもたちがなじみある地域で、地域や世界全体の発展を夢見ながら、教育を受けられるようにすることは不可能ではない。

今、私は部族や先住民が暮らす地域の代表として、スリナムの国民議会で働いている。国民議員として、奥地に住む人々が直面する問題を国家レベルで明らかにし、彼らが最善の解決策を見つけ出す手助けをしているのだ。私の夢は、情報に基づいたインクルーシブな民主主義の世界を築くこと。人々が実際にサステナブルな教育を受けられるようになり、最大限に能力を発揮し、世の中の役に立つことができる、そんな世界を築きたい。

オベド・カナペ

COLOMBIA

コロンビア

私の国にある「魔法の場所」

　2016 年、コロンビアは半世紀以上に及ぶ内戦の末、最大のゲリラ組織であるコロンビア革命軍（FARC）との和平合意による交渉を終了しました。内戦はコロンビアの最も美しい風景のいくつかを隠してしまっただけでなく、農村部の住民の機会を蔑ろにしてしまいました。とは言え、自然の楽園はもはや戦場ではなくなりました。砂漠、峡谷、山脈、太平洋やカリブ海のビーチからアマゾンまで、コロンビアは観光業を発展させる比類のない可能性を秘めています。

　私は、遠く、知られざる「魔法の場所」を探索してみたいという国内外の旅行者を魅了するような旅行代理店をつくるという夢を描いています。地元の人々の機会とサステナブルな観光モデルを統合し、内戦の犠牲者はもちろん、社会復帰を目指しているゲリラの元メンバーをツアーガイドとして雇用したいと強く考えています。

　ゲリラの元メンバーは過去にしてしまったことのために社会復帰への扉は閉ざされ、ほとんど職業選択の余地がありませんでした。和平条約締結後、政府はゲリラの元メンバーに新たな可能性を与えるべく、さまざまな分野で新たな雇用創出の可能性を切り拓きましたが、暴力や戦争の被害者と信頼関係を築くことは難しく、非常に困難な状況にあります。また、ゲリラの元メンバーの多くは子どもの頃から暴力の世界に染まっており、教育の機会を奪われたまま大人になっています。この点でもまともな仕事を探すには不利なのです。

　しかし、そんな彼らしか知らないことが、実はたくさんあります。彼らは人生の大半を素晴らしい自然のなかに潜み、そこを家として過ごしてきました。このような不思議な場所、そこにいる動植物の種類といった知識が豊富な彼らは、ツアーガイドとしても最適だと思います。

　セカンドチャンスはあるべきです。憎しみを協力に置き換え、人々を結びつけることで、暴力に彩られた文化を根絶させ、平和と繁栄の文化へと変えることができると考えています。かつての戦場をオンリーワンの観光地に変え、地域住民に尊厳のある仕事を提供し、紛争後のこの時期にチャ

ンスを生み出し、観光業を強化して本質的に経済に貢献することは、win-winのシナリオだと思います。

　私はムハマド・ユヌス教授の哲学を信じています。彼はそのなかで、私たちは求職者ではなく、仕事を創造するべきだと説いています。「2030年までに誰もが個人的な利益のためにお金を得るのではなく、問題を解決す

るために仕事を創出するならば、問題はなくなる」と主張しています。私は、
私の国が平和的な統一に向けて移行していくなかで、影響を与えていきた
いと思っています。

ソフィア・バルガス

PARAGUAY

パラグアイ

Mymba Rayhu

　両親に初めてもらった本は、『地球を大切にしよう』という絵本でした。この本を毎日読んでいた私は、すべての動物や植物が世界でどのような役割を果たしているかを知り、魅了されました。それ以来、環境教育は私の人生に欠かせないものとなっています。

　小さい頃は両親とともに田舎に住んでいて、自然との深いかかわりのなかで暮らしていました。やがて首都アスンシオンへ引っ越すと、プラスチックごみと飢えた犬たちで埋め尽くされた通りを見てショックを受けました。アスンシオン市の推計では1日に1,000tのごみが収集され、14万6000頭の野良犬が路上にいます。このまま動物の生活状況を放置することが許されてはなりません。

　環境や動物をどのように守るのか、若者たちが人々に教える。私は、そんな世界を夢見ています。16歳のとき、Mymba Rayhu（グアラニー語で「動物への愛」の意味）という組織を立ち上げました。この若者主導の団体は、野良犬の状況とプラスチック汚染の影響についての意識を高めようとしています。そこで、私たちは、リサイクル素材を使って捨てられた犬のために小屋をつくったり、意識向上キャンペーンを実施したり、子どもたちに環境問題についての教育を行ったりしています。当初は、「若すぎる」という理由で多くの人が賛同してくれず、公園に設置した犬小屋が盗まれてしまうこともありました。でも、結果が出るまで粘り強く続けました。仲間内で始まったボランティアは、3年間で40人に増え、ヨーロッパ、アフリカ、アジアに支部ができました。

　夢に向けての次のステップは、学校のカリキュラムのなかで地域社会における動物の大切さが学べるように教材を提供すること。これが実現すれば、たくさんの子どもたちが適切な環境教育を受けることになり、子どもたちの家族も一緒になって地域社会の改善の一翼を担うことになるでしょう。人と自然のつながりを取り戻し、環境を大切にしようとする気持ちが芽生えるように、そして地球規模での意識改革ができるように、これからもがんばっていきます。

ディアナ・ヴィセザール

BOLIVARIAN REPUBLIC OF VENEZUELA

ベネズエラ

ここが故郷と誇れるように

　「故郷はどこ？」そう聞かれたら、どこにいても答えられる世界をつくる。つまり、誰もが「ここが故郷です」と答えられる世界を。それが僕の夢だ。地球上では今、紛争や人権侵害などによって、約2秒に1人の人間が自分の意志と関係なく移動を余儀なくされている。そうしたなか、社会的統合あるいは帰属といったことが、人類にとって最も重要な問題の一つとなっ

ている。

　社会的統合と言われても、複雑で縁遠いものに感じられるだろう。ベネズエラからコロンビアに移住して6年以上になる、この僕にとってもそうなのだから。過去5年間で500万人以上のベネズエラ人が政治的、経済的、社会的な危機を逃れるために国を出た。ベネズエラからの移住者や難民は多くの場合、故郷のように感じてほしいと願う地域社会から温かく迎え入れられてきた。だが、時として外国人嫌悪の感情やヘイトスピーチが湧き上がることもある。こうしたことに直面すると、ただ自分らしくいるだけで自分が間違っているような気持ちにさせられる。

　地域社会が移住者や難民をどのように迎え入れるか。それはどのように社会的統合が進むか、どんな成果をみんなで分け合うことができるかを大きく左右する。僕自身について言えば、温かく迎え入れられた。夢を見て実現する機会を与えられたのだ。そのおかげで今の僕がある。兄姉とともに、この地に故郷をつくり上げることができた。

　僕たちはみな異なり、多様性こそ人類の持つ最大の財産である。だから、違いを恐れる必要はない。地域社会のなかで一人ひとりがどのように移住者や難民を迎え入れるかによって変化が生まれるのだ。では、どのように迎え入れるのが良いのだろうか？　それは、僕が答えられる質問ではない。むしろ僕たち全員が答えを考え、それを具体的な行動という形にしていかなければならないのだ。

　社会的統合は、魔法では起こせない。その過程で、数々の行動と公共政策が必要だ。僕は2018年から、ソーシャル・プラットフォーム The Right to Disobey の一員として活動をしている。このプラットフォームは、社会的不平等を解消するため、アートを使ったり、対話のための場を設けたり、文化事業やコミュニケーション戦略を展開することによって、ラテンアメリカの9都市で7,500人のベネズエラ人の移住者や難民が社会に根を下ろす支援をしてきた。

　移住者である僕の声は、地球規模で故郷を夢見続けるたくさんの人々の声と重なるだろう。どこにいても故郷にいると感じられる機会。僕たちみんなが、その機会を手にする権利がある。さあ、立ち上がろう！

アレハンドロ・ダリー

BOLIVIA

ボリビア

イネス夫人に水があったなら

　顔を覆う麦わら帽子の影。濃いまつげに縁取られ、刺し貫くような力を持った視線——このイネス夫人こそ、後に私が El Agua Es Oro（水は黄金）と呼ぶことになる夢の主人公です。

　イネス夫人と出会ったのは、高校最後の年に、マイクロファイナンスのプロジェクトに取り組んだときでした。無口な骨太の女性で、幼子5人の母親で、

空港の裏に位置する、日干しレンガでできた一間の家に住んでいました。ボリビア第3の都市コチャバンバの外れにあるその地区を、車で通り過ぎたことは数え切れないほどありました。でも、太陽が照りつけ、レンガを焼く窯（かま）から立ち上る煙を吹き上げる風を感じた午後、ここにある現実を初めて知ったのです。

イネス夫人と会い、貧困の悪循環によって彼女の可能性が制限されていることがすぐに分かりました。しかし、解決手段を探そうとする前に、まず環境やコミュニティ、彼女の日々の生活の複雑さを理解しなければと駆り立てられました。

私は、鶏卵の販売というマイクロビジネスを始めようとしている家族を支援するグループを高校で結成し、仲間とともに夢中になりましたが、学年末が近づくにつれて仲間の熱意は失われていきました。しかし、イネス夫人と直接やりとりしていた私は、彼女の仕事を支援する責任を感じていました。さまざまな困難に見舞われ、プロジェクトの成果はなかなか出ませんでした。卵を産んでもらうために買った鶏が、野良犬に食べられてしまうということすらありました！　イネス夫人を長期的に支えられるプロジェクトができず悔しかったです。高校卒業後、1年間の留学を経て、私はその地区を再び訪れました。イネス夫人の姿はすでにありませんでした。しかし、彼女が私のなかに灯してくれた夢の火は消えていませんでした。

その地区には水道網がありません。他の水源から水を購入するため、余計にお金がかかり、日々の雑用に費やす時間も増えます。こうした負担が積み重なって、影響はどんどん大きくなり、都市近郊のコミュニティに住む女性たちは可能性を開花できないでいました。

そこで、私は貧困対策、水へのアクセス、女性のエンパワーメントなどに取り組み、最終的には社会的不公正と闘うという夢への具体的な第一歩を踏み出しました。El Agua Es Oro を結成したのです。その夢は机上の計画でしたが、2年後、ボランティアは100人を超え、子どもたちに清潔な水と公衆衛生のプログラムを提供し、55世帯に影響を与えるまでになりました。私たちは今、水へのアクセスの機会の提供に取り組んでいます。女性たちの持つ能力を解き放つために。

カミラ・R・オルメド

 # BRAZIL

ブラジル

テクノロジーを善なる力に！

　私は、ブラジル中部のウルアクという小さな町に生まれました。コンピューターに好奇心をそそられたのは、8歳のときのこと。当時、わが家にはまだパソコンがありませんでした。パソコンを持っているのは高所得者だけだったのです。だから、パソコンを持っている近所の人の家に行ったときは、いつも目を輝かせていました。

　子どもの頃の好奇心をそのままにコンピューター・サイエンスを学びたくて、私は Federal Institute of Goiás（IFG）という学校に入学し、工業科で情報学を学びました。それからこの分野をもっと深めたいと思って、Federal University of Mato Grosso（UFMT）で学位を取ることに決めました。卒業研究のテーマは、大豆の病気について、気象データと過去の病気のデータから AI を活用して拡散を予測するというもの。ありがたいことに、この研究をまとめたポスターが、Brazilian Congress of Precision Agriculture（ConBAP）というイベントで最優秀賞に選ばれました。複雑な現象をまとめ上げ、変化を生み出すことができる AI の力を実感した、初めての瞬間でした。

　自分の選んだ分野について、ますます自信を持つようになった私は修士課程で AI と社会科学を学び、今後は博士号取得のためにバルセロナに留学し、さらなる AI の研究に取り組みます。AI は人類の幸福に貢献できるという確信が、私のなかでますます強くなる一方です。

　私は、生命という巨大で複雑なパズルのほんの一部分を占める小さなピースでしかありません。それでも小さなピースの起こした行動が、他の人々の人生にも大なり小なり変化をもたらしうることを実感しています。私たちの言葉と行動には力があり、私たちの物語は誰かの人生を変えることができます。そして、テクノロジーを味方につけるなら、変化の可能性はますます広がっていくでしょう。

　社会における善なる力としてテクノロジーを活用し、それによって変化を遂げた世界の姿を見られる日まで生き続けることが私の夢です。そしてそれまでの間、毎日1％ずつ昨日よりも良い人間になっていくことが、私が毎日願う夢なのです！

フランシエール・マルケス・ド・ナシミエント

JAMAICA
ジャマイカ

世界レベルの医療をカリブとラテンアメリカに

　私の名前はデイビッド・ワルコット。ジャマイカという小さな島出身の医師であり、起業家です。カリブ海地域とラテンアメリカに、世界レベルの医療をもたらすという夢を掲げています。

　ジャマイカとアメリカの両方で育った私は、法外に高いアメリカの医療費に悩まされ、ジャマイカでは患者がリソース不足で苦しむなど、公立

病院に極めて強い不満を抱いてきました。後者は、私にとっては特に感情的な問題でした。それと言うのも、幼い頃に母親が、命にかかわる病気にかかったからです。それは先進国の医療レベルがあれば防げたはずの病でした。

この経験から、カリブ海地域やラテンアメリカのような新興国市場において、先進国並みの医療の恩恵を受けられるようにするというビジョンの種が生まれました。新興国市場のすべての市民が、経済状況に関係なく必要不可欠な医療を受けられるようにする制度を想い描いたのです。健康にかかわるすべての人々（医療提供者、保険者、医療に革新をもたらす人）が、質の高い患者ケアのために協力し合えるような医療システムを整えるのです。経済的に大変な状況に陥ることなく、必要とする医療サービスを受けられるようになれば、人々は生産的な生活を送り、家族のケアを行うことが可能になるでしょう。このビジョンを追求しようと、私は心に決めました。

さまざまな先進国の医療について学びたいと考え、私は複数の言語を身につけ、50カ国以上を訪ねました。どこか一つの国の医療制度をまねるのではなく、たくさんの制度の最も良い面をそれぞれ見習うべきだと思ったのです。

私が次に取り組んだのは、この地域に医療資源を呼び込むプラットフォームを構築することです。医療技術の導入など、カリブ海地域とラテンアメリカで数百万ドル規模のプロジェクトに携わってきました。また、国際資本をこの地域に結びつけるため、1400億米ドル以上の資本を扱う国際的な投資プラットフォームの創設パートナーにもなりました。私たちは現在、100年に一度のパンデミックと闘っています。高レベルの医療資源を呼び込むことで、カリブ海地域とラテンアメリカに貢献することが私にはできるのです。

これまで、多くの困難に突き当たってきました。しかしそのたびに、状況を受け入れ、態勢を立て直すことで乗り越えてきました。20年のうちに国民皆保険制度をカリブ海地域、ラテンアメリカ、さらに他の新興国市場で実現することに貢献したい。私はこれからも夢を追い続けていきます。

デイビッド・ウォルコット

TRINIDAD AND TOBAGO

トリニダード・トバゴ

強い女性は世界への贈り物

　私はトリニダード・トバゴの島の大家族で育ちました。家族のなかで世代の異なる強い女性たち、祖母、母、年上のいとこたちはたくさんの教訓をくれました。母は私の最強のチアリーダーであったことは間違いありません。人を愛すること、人や状況の良いところを見つけること、希望を失わないことを教えてくれました。これまでの人生で出会った女

性たちの絶え間ない愛と励ましは、私たちみんなのなかに偉大さが存在することを思い出させてくれます。ただ、この偉大さを目に見えるようにするには、時には手助けが必要なのです。

　青少年育成の分野における私のこれまでの旅路で、カリブ海諸国の青年活動家やNGO、政府間組織とプロジェクトに取り組んできました。自らと夢を信じるため特別な支援を必要としていた若い女性や、学ぶ意欲のある人に支援の手をさしのべ、必要な機会を提供する経験豊富な女性、いろいろな女の子や女性に出会ってきました。

　そして、「世代を越えて女性をつなぐ」をテーマに、世代間交流の場のアイデアが生まれました。16歳から56歳までのさまざまなバックグラウンドを持つ素晴らしい女性40人が集い、メンターシップ、知識のシェア、有意義なつながりのために一晩を過ごしました。イベント終了後、最年少の参加者が連絡をくれました。参加できて感謝している、彼女の人生で最もインパクトがあって勉強になった、記憶に残る瞬間だったと言ってくれました。女性が安全な場を与えられたときに表面的な会話を越えて、進んでお互いにかかわり合う。自分も女性だからこそ、そんな場に立ち会うのはいつも素晴らしい経験になっています。

　「ビッグトーク」というプログラムでは、まさにそれを実行しました。こういう場でなければ話しづらい幅広いトピックについてお互いに語り合いました。その夜は、女性が一丸となれば偉大さが形になることを改めて確信でき、私たちの力を強くしてくれました。次回は、より多くの女性を結びつけ、メンターシップを促進するつもりです。私は、このイベントがより多くのコミュニティに拡大し、最終的にはカリブ海地域に広がり、世代を越えて女性の人生に有意義な影響を与えられる、エンパワーメントし合う共同体へと発展させたいと考えています。

　私は強い女性たちで満たされた世界を夢見ています。そこでは女性たちが互いにかかわり合い、学び合い、力を分かち合います。私たちを隔てるあらゆるものを脇に置いて、お互いを高め合うとき、私たちの偉大さが現れ、世界が燃え上がるのです。

カルバ・マリー・クエステル

HAITI

ハイチ

ハイチを変える先駆者になる

　大学時代の親友の1人はかつて私に、「肌の色が違うから、君はハイチ
の大統領にはなれない」と言った。ハイチでは、人々は時に肌の色で差別
を受ける。私のように比較的明るい肌の色の人は人口の5%以下。この国
の富の90%を所有している層だが、私自身は、祖父母の国籍がミックスで、
つつましい家庭の出身である。しかしながら、私の両親は教育を強く信じ

ていて、できる範囲で最高の学校に行かせてくれたし、さらに奨学金をもらってアメリカで勉強する機会も得ることができた。このことは、この世界の素晴らしい多様性を私に知らしめてくれただけでなく、さまざまな世界が出会う環境に身を置くことができた。

　大統領になれなくても、他の方法で祖国に貢献することはできる。そう思って、私は大学時代からコミュニティ・ビルダーとして活動している。卒業後、私は世界銀行や米州開発銀行で、国家レベルの問題を分析するエコノミストとして働いた。ハイチの経済は過去20年以上にわたってマイナス成長を示しているので、常に人と人をつなげて、私が幸運にも獲得できた知識を共有するために、自分の力を使わなければと感じている。

　30歳のときにテクノロジーの持つ力を発見して、私の使命感は強くなった。仕事を辞め、Banjと呼ばれるソーシャル・ビジネスを始めた。起業家が集まってビジネスを加速させる、ハイチ初のハブだ。FacebookやGoogleと提携し、地元と国際的な集団とをつなぐプロセスを形づくるというエコシステム[*3]によって、ハイチにおけるテクノロジー力と起業活動を後押ししている。

　私は人と人をつなぐことで生まれる力を信じる。ネットワークをつくることで、人々の心を開き、社会を変革するパートナーシップを生み出すことができる。私は、ハイチのまだ開発されていない伝統的な資産にアクセスできる人たちと、経済を変革して世界からのハイチの見方を変えることができる、エネルギッシュでクリエイティブな新世代とをつなげたい。

　人々のメンタリティからインターネットへのアクセス、伝統的なインフラ設備（電気や道路）まで、変化はマラソンのような長い道のりだということは分かっている。しかしながら、多くのテクノロジーが世界の形を変えてきたように、私たちはハイチにおける変化を起こす先駆者になるだろうと確信している。もし母国で成功すれば、この冒険は世界の他の低所得の国々でも再現できるだろう。これが私の夢であり、次世代に残したいモデルなのである。

マーク・アラン・ブーシコー

DOMINICA

ドミニカ

女の子が安心して力を発揮できる世界

　私が夢見るのは、誰もが他者を思いやる気持ちを心に抱く世界です。すべての子どもたち、少女たちに力を最大限に発揮するチャンスが等しく与えられる世界です。人種や民族、社会経済的な背景、障がいの有無は関係ありません。思春期の少女たちが安全に過ごせる場所をつくり、彼女たちが自分でエンパワーメントを推し進めるのに必要な、発言力や機会、

生活能力、財源を確保できるよう手助けすることが私の夢です。

　8歳のとき、陽の輝く美しい日の一家団らんが、最悪の悪夢に変わりました。家族の友人が私を藪のなかに引きずり込み、暴行したのです。20年間、黙っていました。恐怖と憎しみの生活を送っていました。しかし、この地域に住む障がいのある少女が同じ男にレイプされたとき、私は恐怖心を活動に切り替え、声なき者たちの代弁者になろうと決意したのです。

　私が信じる安全な世界を築くための一歩として、I Have a Right FoundationというNPOを立ち上げました。あらゆる子どもたち、少女たち、若者たちの権利が守られ、暴力や虐待から自由になれる世界を目指しています。私は、女性や少女たちへの暴力を減らす強力な方法は、彼女たちが強くなって変化を導き、行動を起こせるようになることだと信じています。

　望む世界の実現に貢献するため、私たちのチームはGirlHoodプログラムを通じて、農村部や脆弱な地域に住む少女たちの指導に特に力を入れてきました。少女たちが自信やリーダーシップ能力を高め、権利についての知識を得て、自分や仲間たちのために立ち上がる姿を目の当たりにすると、私はこの上ない充実感に満たされます。少女たちが自信と信念を持って発言し、討論会やディベート、キャンペーン活動を導く姿は私たちに希望を与えてくれます。可能性に満ちた環境と適切な支援があれば、少女たちは変化を生み出すことができるのだと。実際に少女たちはよく、このプログラムは人生を変えてくれるものであり、力をもらったと言ってくれます。

　子どもたち、少女たち、若者たちがみな、持続可能な開発に積極的に参加する世界。この夢が実現したら、私たちの世界は愛と思いやりに満たされ、真の平和や自由が訪れます。戦争や犯罪、暴力もなくなるはずです。私たちの誰もがお互いに仲良く、そして地球とも仲良く暮らせることを示そうと、懸命に努力するようになるでしょう。

ヴァラリー・オノレ

BAHAMAS

バハマ

一人ひとりの世界を変える

　私はスポーツ、特にバスケットボールとテニスが大好きだ。セラピーとして、ときどき子どもたちをバスケットボールやテニスのコートに連れて行った。彼らは家庭で問題に直面しているにもかかわらず、他人を信頼していないので、それを人と分かち合えない。そんな事態に対処できるようにするためだ。誰かに批判されることなく自分らしく振る舞える安全な空

間をつくり出すことは、子どもたちにとってとりわけ心の健康に大切なことである。

　私が心の健康を意識するようになったのは、12歳のときのクラスメートのおかげだ。彼女はダウン症で、よく学校でからかわれていた。それが不当に思えて、何かにつけてかばっているうちに私たちは仲良くなり、彼女のことを深く理解するようになった。大学時代には地元の学校でボランティアの教師として働き、学習障がいのある子どもたちと出会った。彼らはしばしば仲間外れにされ、「変な人」だと言われていた。でも、障がいを抱えた子どもたちは「変ではない」のだ。そのことを特に理解してほしいと思う。

　大学で心理学士の学位を取得して卒業した後、自閉症のある子と、自閉症とADHD（注意欠如・多動症）の両方がある子の教育アドバイザーを務め、社会生活や学習、身体面の発達支援を行った。また、スペシャルオリンピックスの委員としてバスケットのコーチも務め、障がいのある子もない子もお互いの「違い」を受け入れることを目指し、それを達成してきた。

　プレイセラピーやコーチングなどのさまざまなアプローチを用いたが、彼らに伝えたメッセージはただ一つ。自分ならではの、相手ならではの強みを楽しみながら見つけることだった。障がいとなる特性は弱点ではなく、「超能力」なのだ！　そう気づく手助けができたと思う。一つ見方を変えることで、人生に全く新しい意味が生まれるのだ。

　私が夢見る世界は、さまざまな背景を持った若者が教室内で孤立するのではなく、その一員となれるような場所。さまざまな背景を持った若者が自分を表現でき、自分の可能性に気づくことのできる安全な空間だ。現在、私はいろいろなキャンプや組織でカウンセラーやボランティア、活動コーディネーターとして働いている。Ministry of Young Life や Boost Academyでの支援活動を通じて、人生や宗教、人間関係、教育といった多くのことについて、一人ひとりに合わせた視点から子どもと語り合っている。ただ子どもたちの笑顔を見るのが、私の人生の喜びだ。その笑顔は、世界に生きる人が1人ずつ変わる手助けを、私ができている証しだからだ。

　　　　　　　　　　　　　　　　　　　カークランド・マッキントッシュ

VIRGIN ISLANDS, US

米領ヴァージン諸島

より強靱で、災害に負けないカリブ

　私はカリブ海地域に生まれ育った、誇り高き西インド諸島の民です。進学のためにアメリカに移住後も、地元に力を注ぎたいと故郷の米領ヴァージン諸島に戻りました。米領ヴァージン諸島は規模は小さいですが、人気の観光地として、またカリブ海の人々の第二の故郷として、自力でうまくやってきました。けれど多くの国々と同様、この地域に共通する自

然災害に耐えられるような、強固で持続可能なスマートインフラを構築するのに苦労しています。

　残念ながらカリブ海の多くの島々は、大きな国々よりもずっと早く、気候変動の影響を受けることになるでしょう。私は25歳になるまでに、数え切れないほどのサイクロンに加え、記録的なハリケーンを三度乗り越えてきました。ハリケーンの体験は精神的に大きな衝撃ですが、さらにひどいのはその余波。電気がなく、Wi-Fiは不安定で携帯電話の電波も弱く、21世紀の生活を構成するすべてのものが足りない、そんな新しい日常を乗り切らなければいけないのです。仕事や学校のような生産的活動のほぼすべてが、一度に数カ月間も止まります。だからこそ未来の世代のために、より強固でスマートなインフラをつくることが重要です。

　2017年に、二度のカテゴリー5のハリケーンによって故郷が壊滅的な被害を受けた後、私は以前通っていた高校でライティング講座を立ち上げ、3年生が大学出願に必要な小論文を書くのを手伝ってきました。校舎が被災したため、生徒たちは通常の半分の時間しか学校に通えず、進学の準備が難しくなっていたのです。ライティング講座は彼らが人生で最も困難な時期に大学に合格する支えとなりましたが、それでもまだたくさんの障害がありました。Wi-Fiが十分でなく、パソコンやその他の物資が足りませんでした。そして私はすぐ悟りました。生徒たちがこうした悲惨な状況下で成功するために、大規模な変革が必要だと。

　そして2019年、私は上院で最年少の首席政策アドバイザーになりました。この役職のおかげで大規模な変革を手助けできるようになり、科学技術の進展や持続可能な農業を通じた食糧確保、さらに太陽光や風力などによる環境に優しいクリーンエネルギーの達成に力を注いできました。このレベルの変革には多大な努力が必要ですが、実現は可能。いえ、実現させなければいけないのです。未来世代のヴァージン諸島民は、ハリケーンであれパンデミックであれ、あらゆることに備えた故郷に住むのがふさわしいのです。私の夢は彼らのために、より強靭で災害に負けないカリブ海地域をつくることです。

アンバー・パトリス・ルイス

BARBADOS

バルバドス

すべてのカリブ女性のためのパラダイス

　私はカリブ地域にある島に住んでいます。私が住んでいる場所を言うと、そんな楽園に住むことができるなんて幸運だ、とよくみんなに言われます。白い砂浜や暖かい気候など、素晴らしいものが身近にあることは認めますが、「楽園」という言葉と私の祖国がどのように結びつくのか、説明するのが難しいと思う日もあるのです。

　「それはなぜですか？」とあなたは聞くかもしれません。その答えは、他の多くのカリブの女性たちと同じで、私がジェンダーに基づく暴力のサバイバーだからです。統計によると、世界の3分の1の女性が一生のうちに、親しいパートナーからの身体的暴力、性的暴力、あるいはパートナーでない人からの性的暴力を経験しています。※4 残念ながら、私はその3分の1のなかの1人。でも、それが私という存在のすべてではありません。私は自分の最悪の経験によって決めつけられることを拒む人間でもあるのです。

　自分自身の経験、そして他の人たちの経験を知り、2016年、ついに我慢の限界に達しました。私は自分の国の、そしてさらに広い地域の女性や少女たちに対する暴力を排除する役割を担おうと決意したのです。私の個人的な経験をSNSで堂々と話すことで、#LifeinLeggings という運動を起こしたのです。

　この運動は、社会にはびこるレイプ文化に立ち向かい、長い間ずっと女性たちや少女たちを苦しめてきた暴力を撲滅することを目指すものでした。こうした場をつくって、遠く離れて住む人も含めて、カリブの女性たちを力づけ、最終的には彼女たちの沈黙を破って、ジェンダーの平等を達成するのに必要な変化を社会に求めていこうと考えていたのです。そのハッシュタグを用いて私が最初に投稿してすぐ、カリブ地域と世界中にいるカリブの女性や少女たちが、行動しようという私の呼びかけに目を留め、投稿し始めました。ハッシュタグは、カリブのほとんどすべての国に拡散され、カリブ地域で最もインパクトのあるサイバー・フェミニズム運動の一つとなり、数カ月後には同様の取り組みを始める人も現れました。

　やがて運動は、Life In Leggings: Caribbean Alliance Against Gender-based Violence Through Education, Empowerment & Community Outreach という

草の根レベルで活動する組織に発展しました。私たちが最初に計画した取り組みは、Reclaim Our Streets: Women's Solidarity March でした。私たちは、7つのカリブの国々で同時に行進を行いました。ジェンダーに基づく暴力に反対する姿勢を示し、人々が私たちに合流するよう促すためです。

　私たちはそこで立ち止まることなく、Pink Parliament という取り組みも始めました。目標はメンターシップや教育、女性の政治家たちと交流する機会を提供し、14歳から20歳の少女たちが、政界でのキャリアを考えてくれるようにすること。そうなれば、立法と政策のレベルで女性や少女に影響を与える問題に立ち向かうことができるようになるでしょう。

　私が夢見るのは、すべてのカリブ人女性にとっての真の楽園です。私にとっての楽園は、私が安全でいられる場所。蔓延するセクシュアルハラスメント

を覚悟することなく、外出できる場所。1日のほとんどを、次のフェミサイド※5の犠牲者になることから自分をどう守ったらいいのかを考えることに費やすことのない場所です。そこに住む女性たちが、もし自分たちの生活に不安があって本当に楽しむことができないならば、地球上で最も美しい場所の一つに住んでいでも、何の意味もありません。

　すべてのカリブ女性が、いかなる形の暴力にもあうことなく、公的にも私的にも、そしてバーチャルな場所でも生きる権利を持てる楽園をつくる。生きている限り、その手助けをしようと私は決意しているのです。

ロネル・キング

ANTIGUA AND BARBUDA

アンティグア・バーブーダ

若者世代は明日への希望

　人道主義者として、私は人生のほとんどを人助けに捧げてきました。母子家庭に育ち、家族や愛する人たちからの親切にたくさん助けられたことで、私たちは誰もが大きな社会の一員なのだと理解するようになりました。

　私は最近、先行きの見えない地球の未来をますます心配しています。カリブ海の小さな島の出身者として、壊れてしまった不公正な世界の影響が、

歴史上のどの時代よりも今、膨れ上がっているのを感じます。気候変動の思いがけない犠牲者として、私たちは毎年、壊滅的な暴風雨、終わりのない干ばつ、急速にすり減っていく海岸線に対処しようと準備しています。頼みの綱である数少ない経済機構のお粗末な財政管理や、デング熱ウイルスなど、一国の力ではとても対応しきれない世界的な健康危機によって、我が国の経済は突如として大打撃を受けてきたのです。

　しかし、未知のことを恐れる一方で、私は日々目にする若者たちの行動に刺激を受けています。ともに働く若いボランティアたちから、グレタ・トゥーンベリさんやマララ・ユスフザイさんに至るまでです。私は、自分が属する世代や次の世代が現状に挑み続け、より良いものを求め続ける世界を夢見ています。若者世代が、リーダーたちや、最良の決断を託されている意思決定者たちに対して、より大きな責任、説明義務、透明性を主張することを夢見ています。

　私たちがもっと人助けや変化の促進に力を注いだら、世界から貧困や痛み、苦しみがなくなるでしょう。多くの人が抱える脆弱さを減らすことができます。私がこう信じるのは、実際にそれを目の当たりにしてきたからなのです。赤十字でボランティアをしていたとき私は、紛争のために大規模移住してきたシリア国民に最前線で対応する何百人ものボランティアの活躍を見てきました。また、ベネズエラ国内の対立に端を発した移民危機に何千人ものボランティアが取り組む姿を目の当たりにし、刺激を受けてきました。私は、より良い世界を求めて闘っている若者たちにたくさん出会い、希望をもらってきたのです。

　私は、理想郷を夢見ているわけではありません。それはほとんど不可能だからです。明日への希望をひたすら求めている人たちを蔑ろにしない世界を夢見ているのです。私の世代とそれに続く世代が、この世界が切実に必要としている希望となることを夢見ています。

マイカル・ジョセフ

SAINT LUCIA
セントルシア

農村を希望の場に変える

　私は、セントルシアというカリブ海に浮かぶ島の田舎にある農村出身
です。私の村には他の地方でも見られる典型的な特徴があります。かつ
て農業によって中流層が繁栄していましたが、観光業に焦点が当てられ
るようになると、やがて貧困、失業、暴力、犯罪がしまったのです。島
の80%以上が農村で構成されていますが、こうした地域は極めて困窮し
ており、貧富の差が顕著です。こうした影響は、シングルマザーの世帯
ではなおさら強く感じられます。

　私が生き延びるために、両親や祖父母が犠牲になるしかありませんで
した。一緒に育った他の子たちとは違って、私を島で最高の学校に通わ
せてくれたのです。しかし、高校に入学してから、セントルシアには生

活スタイルという点でものすごく大きな違いが存在することに気づきました。農村部から来た私と裕福な地域から来た子どもとでは、見てきた現実が全く違ったのです。私の村では、水がないときにはくみに行って水浴びしたり、親の農作業を手伝ったりするのが普通です。でも、裕福な地域の子どもたちは、そんな経験とは無縁でした。

　私はいつも二つの世界の真ん中にいました。一つは、自分が十分だと全く感じられない世界でしたが、もう一つの世界では、他の人よりもたくさんのものを私は持っていました。そんなことが頭にあったから、自分のコミュニティでも成功できる人がいること、他の人も同じことができるように私が扉を開けることを証明したいと思いました。

　その第一歩は、25歳で国連に参加したこと。まず2015年にインターンとして参加し、その年末にはプログラム・アシスタントとして専任のポストを得て、その後さまざまな立場でキャリアを積みました。でも、国連では母国の向上に直接貢献できていないことに歯がゆさを感じるようになりました。私はどちらかというと草の根的な人間なんだと気づいたんです。

　そこで農村の、特に女性の経済的向上を第一の目的とするNPOを設立しようと決意しました。Helen's Daughtersと名づけたこの組織では、農村の女性たちにサステナブルな農業のやり方を教え、Google Mapsなどのツールを用いて、作物の栽培に最適な地域を決定するといったデジタル農業の手段を紹介しています。また、ビジネス開発の様相について教えるだけでなく、食品小売業、法律、金融、観光の各分野の専門家とつながれる支援ネットワークもつくっています。農村部の女性農家やブリティッシュコロンビア大学工学部の学生と私たちは連携して現実の農業問題に技術的なソリューションを用いて対処しています。

　私の夢は、まずセントルシアの農村を変革すること。カリブ地域の経済を誰も取り残さない、サステナブルでインクルーシブなものに変え、農村をその要にしたいのです。

キースリン・カルー

SAINT KITTS AND NEVIS

セントクリストファー・ネービス

努力はいつでもあなたの味方

　母はセントクリストファー・ネービス出身ですが、いわゆるアメリカン
ドリームを求めてアメリカに移住しました。そのため私は幼少期から母方
の祖母に主に育てられ、悲しいことに、16歳になるまで母と再会できま
せんでした。一方、ハイチ人の父とは、生涯で一度しか会っていません。
25歳でハイチを旅行した、そのときだけです。

子どもの頃に使っていたトイレは屋外にあって穴を掘っただけのものでした。その後、小さな木造の家はコンクリートの建物になり、トイレも屋内につくられましたが、あのときのトイレを今でも鮮明に思い出すことができます。食べるものがなくて、翌日の朝食用のパンの半分を祖母にねだっていた夜のこともよく思い出します。母が一番恋しくなったのは小学校を卒業したときです。私は卒業生総代だったのに、母は卒業式に参加できませんでした。こうした日々は良いものではありませんでしたが、そのおかげで他の人の人生が前進する機会をともにし、創造し、推進することを私の使命とするようになったのです。

今振り返ってみると、自分の将来がどんなものか想像するのは簡単でなかったと言うことができます。でも、ありがたいことに祖母や家族の励ましのもと、私は努力し、自分の力を出し切り、小さいときから優秀な成績を収め、そのおかげでチャンスが訪れました。数多くの大学から奨学金を受けて、卒業後には素晴らしい仕事に就くことができたのです。行政学や国際関係学の学位を取り、調停人と認定され、英語とスペイン語を使えるようにもなりました。現在はセントクリストファー・ネービスで国会の書記官と外務・航空省の上級外交官という二つの専門職に就いています。

私にとって一番大切なのは、2014年にSonia Boddie Promising Youth Leader 奨学金を創設したこと。私が通った小学校の子どもたちが中学校へ進むとき、学用品にかかる費用をカバーしています。私は、人種、民族、宗教、信条、文化、性別、社会経済的背景に関係なく、若者が教育を受け、成功した人生を送るチャンスが無限に与えられるような世界を夢見ています。

私は若者の夢を現実に変えることに貢献できていることが本当にうれしいです。そして、かつての私と同じように苦しんでいる子どもたちに伝えたいのです。集中して、勤勉に、常に前を向き、さらなる高みを目指し続けましょう、と。力を注ぎ、あなたが本当にやりたいということを示せば、心に決めたどんなことも達成できます。努力はいつでもあなたの味方だから、あなたの努力の過程を信じましょう！

ソニア・ボディー・トンプソン

SAINT VINCENT AND THE GRENADINES

セントビンセントおよびグレナディーン諸島

変化の火花

カリブ海に浮かぶ人口 10 万人強の小さな島国に住む若い女性にとって、ユース・アクティビズムはしばしば孤立感や孤独感を感じさせるものです。志を同じくする活動家や運動を見つけることが難しく、存在していてもネットワークが小さくて変化を起こすことが難しいからです。

残念ながら、この国の若者たちが、時間とエネルギーを振り向ける対

象もまたほとんどありません。結果として、多くがドラッグやアルコールなどに流されていきます。若者が家庭で極度の貧困、支援の欠如、ネグレクト、虐待、暴力にさらされている場合、こうした状況はよりひどくなります。質の高い教育を受けられないことや就職難が、こうした現実をさらに悪化させています。

　私は小さな頃から、人々や自分のコミュニティが良くなるのを見るのが好きだったこともあり、社会全体に働きかける活動にかかわってきました。そして成長するに従って、闇に飲み込まれる運命にある、薄暗く感じる世界のなかで強烈な輝きを放つ火花になろうと考えるようになりました。この国には、若者に力を与え支援をする場所が足りないということに気づいたのです。

　未来は私たち若者のものです。それなのに若者は取り残され、早く成熟するように迫られています。だから、若者に力を与えるには、自分たちでそのための場所をつくらなくてはいけない。私はそう考えるようになりました。このビジョンに向かって、私は SPARK SVG という地域の青年団体を立ち上げました。家庭や地域社会で1人でも模範となることができれば、仲間たちも刺激を受け、後に続こうと考えるはずです。それが社会全体に波及効果を及ぼすのです。

　人間の幸福や平等と、環境保護とのバランスを取ろうとしている今の世界ほど、若者の行動が必要とされる世界はありません。私自身も若者として、発展途上のカリブ社会における責任ある市民としての自分の役割を認識しています。

　私は、若者が最大の財産として大切にされる未来を夢見ています。政治指導者たちには、若者たちを守り育てる義務があります。彼らこそが、私たちの国の未来だからです。そんな彼らが、経済、社会、教育など、あらゆる面で困難にさらされたままになっているのは、決して許されないことです。2020年から始まる「行動の10年」に、若者が世界中にポジティブな変化を引き起こす火花となることを信じ、断固とした態度で臨みます。

　　　　　　　　　　　　　　　　　　　ナフィシャ・リチャードソン

CUBA

キューバ

子どもたちに魅力的なロールモデルを！

　私はキューバのグアンタナモで生まれました。かつて故フィデロ・カストロ最高指導者は冗談混じりに「第三世界のなかの第三世界」だと言った町です。

　子どもの頃、「あなたの将来はあなた次第。だから自分自身を教育しなさい」という言葉に出会い、今までずっと大切にしてきました。この言

葉を教えてくれたのは母でした。母は私の知るなかで最も聡明で、人一倍情熱を持って行動する人。私のロールモデルです。キューバでは経済的に苦しい状態にあっても、国民は素晴らしい教育を無償で受けることができます。母はこの教育制度のおかげで医師になりました。

私は大人になるまでさまざまな国で暮らし、そのなかで、有色人種の子どもたちは自分たちの仲間が成功する姿を目にする機会にあまり恵まれていない、ということに気づきました。だから、私は夢を見るとき「もしすべての子どもたちに、肌の色にかかわらず高みに達するためのロールモデルがいたら、どんな世界になるだろう？」と考えるのです。

母のサポートのおかげで14歳のとき、自分を教育するために私はアメリカへ留学しました。どの学校に行くか、どこに住めるのかも分かりませんでしたが、成功しなければならないことだけははっきりしていました。科学、コンピューター、数学……好きなこと全部を組み合わせた分野を勉強し、やがて世界有数の大学の一つで修士号を得ることができました。

教育は子どもたちに見せたい世界を創造する鍵だと、私は考えています。だからこそ、U World という素晴らしい企業で教育テクノロジーの仕事をするようになりました。高校あるいは大学レベルの学習者に教えるため、私は、サイエンス・チームのリーダーとなり、アクティブ・ラーニングの手法を取り入れたオンラインの教育プラットフォームの構築に取り組んでいます。アメリカのAPテスト(科学)や医学部入学適性試験ですべての学生が良い成績を取れるように助けることが私の目標です。こうしたeラーニングのツールは生徒たち、特に経済的に困窮している生徒たちが夢見る学校に合格できるように手助けします。

私の夢は、自分が手がけたもののよって生徒たちがプロフェッショナルへと成長し、母が私にとってそうであったように、子どもたちのロールモデルになってくれることです。すべての子どもたちに素晴らしいロールモデルがいる世界は、誰もが肌の色に関係なく、偉業へと導かれる世界です。そんな新しい世界で生きる子どもたちは、どんな果てしない夢を描いてくれることでしょうか？

インドラ・プエンテス

GRENADA

グレナダ

内気な私が声を上げるまで

　私が初めて法律家になりたいと思ったのは、8歳という幼いときでした。きっかけは同級生の1人がトラブルに巻き込まれたのを見たことです。彼女にはそんなトラブルに巻き込まれるような理由がないと私は強く思ったのです。成長するにつれ、グレナダでは人々、特に子どもや女性が不当な扱いを受けている例をもっと目の当たりにしてきました。カリブ海諸国では、ジェンダー問題は、私たちが社会に適合させられているためにあからさまであり、潜在的に存在するため、厄介だったりするのです。

　私はとても内気で無口に育ちました。話すのは、話しかけられたときか、一緒にいても気楽な人がまわりにいるときだけ。だから、声を鍛え、「間違ってる」と思ったことに対してはっきりと意見を述べるようになるまで時間がかかりました。

　グレナダという国には、若者が意見を述べる機会が決して多くありません。だから私は Girl Guides Association やさまざまな生徒会、ヤングリーダーのグループなど、あらゆる機会を利用しました。しかし、私が一気に成長したのは、バルバドスにある西インド諸島大学に留学して、学生と同窓生をつなぐ組織 UWI STAT に参加したときです。そこで活動するうち、カリブ共同体（CARICOM）の渉外委員会と深くかかわることになりました。そのおかげでカリブ海諸国の抱える問題について理解を深められました。

　そこでの3年間の最後に、グレナダにあるカリブ司法裁判所（CCJ）の国民投票委員会におけるユース・スピーカーを務める機会を得ました。UWI STAT での時間は、バルバドスにおける銃による暴力事件の増加に対して声を上げたり、気候変動についてカリブ海諸国のカンファレンスをオンライン上で開催したりするのに役立ちました。

　25歳になった私は、法律の勉強を終え、弁護士として活動しています。今、間違っていることに対して、恐れることなく声を上げることができるのです。私の夢は、不当な扱いを受けたときには自ら立ち上がり、社会の腐敗に終止符を打つために、人々が声を鍛える手助けをすることです。内気で恥ずかしがり屋の私はもういないのです。

　　　　　　　　　　　　　　　　　　シェリース・A・R・ノエル

DOMINICAN REPUBLIC

ドミニカ共和国

病気が死刑宣告にならない世界

　私は 13 歳のときに、病気が存在しない世界、医療を受けられずに亡くなる人のいない世界を夢で見ました。そして目が覚めたとき、この夢はきっと現実になるに違いないという実感を持ちました。

　2010 年、私が 14 歳のときに発生したハイチ地震。イスパニョーラ島※6 は壊滅的な打撃を受け、特に南部では医療資源が不足していたため凄惨
<small>せいさん</small>

な状況に陥りました。

　私たちはすぐに行動を起こしました。父に提案して共同で、ドミニカ共和国内でも貧しい地方へ医療資源を届ける非営利の医療組織FUMEBOを設立したのです。しかし、道のりは平坦ではありませんでした。父の人脈によって、国内最大級の病院の協力がいち早く得られたのは幸運だったのですが、組織の知名度がなかったため、他の病院との関係を構築するのに苦労することになりました。組織のホームページやロゴをつくるところから始め、他のNGOの活動にボランティアとして参加するなどしてノウハウを学びました。

　努力のかいあって、今では国連開発計画ドミニカ共和国事務所とのパートナーシップを結び、私たちの目指す専門的な目標とSDGsを結びつけることができました。そして、9年間で7万人以上の恵まれない人々に、質の高いプライマリ・ケアのサービス、医薬品やワクチンを提供してきました。

　現在24歳の私は、今も夢を見続けています。FUMEBOがこの国の南部に住む人々に、質の高い保健や栄養価の高い食事を提供するという夢です。その対象は、総人口の60％以上に当たります。しかし、医療従事者であると同時に社会起業家でもある私は、最終目標としてドミニカ共和国の全地域、そして隣国のハイチにも公平で持続可能なプライマリ・ケアを提供したいと考えています。

　教育が保障され、健康であることが当たり前で病気が珍しいものとなり、子どもたちが遺伝性の病気から免れ、病気がすなわち死刑宣告ではない世界が実現さえすれば、貧困や経済の不平等を根絶することができるでしょう。もちろん、それが実現した後も私の歩みは止まることはありません。世界中に存在するさまざまな問題の解決に当たっていきたいという想いは変わることはないのです。

ベンジャミン・ボシオ

アメリカ合衆国

カナダ
P.376

CENTRAL AMERICA
− 中央アメリカ −

NORTHERN AMERICA
− 北部アメリカ −

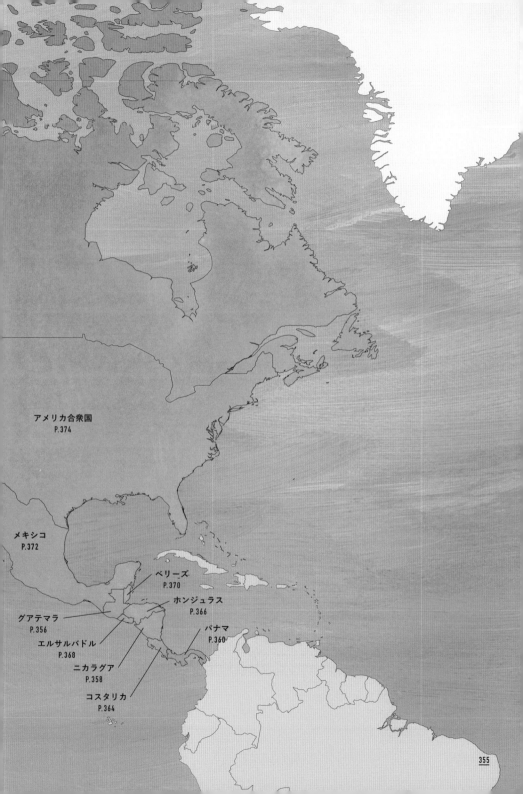

アメリカ合衆国
P.374

メキシコ
P.372

GUATEMALA

グアテマラ

政治に若者の存在感を！

　私は限られた環境のなかで育った。だからこそ、勉強だけはいつも一生懸命に、責任感を持って取り組んできた。そのおかげで奨学金を得て、大学で国際関係学を学ぶという目標を達成した。世界的な課題を知ることで、自国の問題をより深く分析できるようになった。例えば、この国では多くの人が腐敗した政治家に失望し、政治に無関心だ。

　2015年、大統領と副大統領が汚職を告発された後、総選挙が行われた。国営のテレビ局でインターンをしていた私は、多くの大統領候補者にも会うことができた。しかし、無関心な若者がまだ多いことに気づいた。2018年12月、私は Involúcrate（Get Involved）という組織を設立した。選挙についての情報を広め、若者の政治参加を促すためだ。翌年には、国民の参加と投票の重要性についての教育的なワークショップを開催。5つの町と15の学校から700人の学生が参加してくれた。

　また、若者が政治家と選挙運動中に直接接触し、自分の考えや提案を議論できるように、大統領候補者が参加するフォーラム #TuVotoCuenta を組織した。15人の候補者と13回にわたるフォーラムを行い、900人の若者が参加した。いくつかのフォーラムの模様を Facebook Live で配信し、それぞれ3,000回の再生回数を記録した。こうした市民活動への私の情熱が認められ、2019年には One Young World と欧州委員会からピース・アンバサダーに選ばれた。

　より多くのイノベーション、インクルーシブなアイデア、経済的に成長する機会とともに、若者に有利な政策と空間が創造されるよう、市民社会に参加し、公務に従事する若者をもっと増やしたい。それが私の最大の夢だ。

　次の目標は、2023年、次の総選挙で18〜25歳の有権者の投票率を15％以上にすること。そうなれば政党は、私たちのためにもっと多くの席を開けるか、少なくともこの層に向けた提案をしなければならない。私たち若者のために、機会を創出する活動を続けていく。

エマーソン・サルグエロ

NICARAGUA
ニカラグア

女性の起業、女性の開花

　私の夢は女性たち、特に子どもを抱えて働くシングルマザーに教育を受ける機会を提供することです。教育は知識の鍵であり、それがあれば社会格差を小さくすることができるのです。

　ニカラグアはラテンアメリカで２番目に貧しい国です。そして、深刻な貧困のなかにいるシングルマザーの世帯がたくさんあります。この国にシング

ルマザーが多いのはなぜだと思いますか？　それは主に、「マチスモ」いわゆる男性優位主義のためです。男性は男らしさを誇示する一方、親としての責任を果たすことは稀です。その結果、女性たちは、仕事と子育ての両立を余儀なくされています。その上、労働時間は長いのに低賃金。子どもは母親が働いている間、1人で家で待たなければならないかもしれません。

　私も似たような境遇でした。母はエネルギー会社でレジ係をしていましたが、通勤時間は片道40分、仕事量も多く、帰りはいつも遅い時間でした。私はいつも家で辛抱強く母の帰りを待っていました。私は成長するにつれ、一つの疑問に捕われるようになりました。母のように長時間働き、子どもと一緒にいられない人たちをどうやったら助けることができるのだろうかと。

　幸運なことに、私は16歳のとき、奨学金を得て経済学を学ぶことができました。自分のやりたいことを理解し始めたのはそのときでした。貧しい女性やシングルマザー、若者による新しいビジネスを始めることを支援して、生活の質を向上するのに必要な能力を見つけられるようにしたいと思ったのです。なぜかって？　幼い頃から、私はみんなの役に立てるよう、教える力を伸ばしてきたからです。クラスで友達が困っていると聞くと、まるで先生になったつもりでカラフルなペンを持ってその隣に座ったものです。

　22歳のとき、私はソーシャルプロジェクト Lew Power Nicaragua を立ち上げ、ニカラグア、コスタリカ、コロンビアでそれを実施しました。さらに続けて、Adela Ubauh という個人的なブランドを立ち上げ、起業家精神の向上とエンパワーメントに取り組んでいます。これまでに450人もの女性や若者に教育の機会を提供してきました。

　私は今もまだ、夢を育んでいる途中です。母が残業で遅く帰ってきたことを忘れたことはなく、そのことが前に進み続ける意欲を与えてくれます。悲しいことですが、途上国の多くの女性たちの状況は変わっていません。私は、母のような女性たちが起業家になるための方法を知り、自分の夢に向かっていけるよう、支援し続けたい。その目標を達成するために、私が起業した事業を発展させていきたいと考えています。

　　　　　　　　　　　　　　　　　　　アデラ・ウバウ・ヘルナンデス

 PANAMA
パナマ

私のルーツを消さないために

　子どもの頃、祖母はさまざまなハーブや樹皮、花とともに、私を入浴させました。私に守護と霊的な強さを授けようとしたのです。私は祖母の伝統的な療法を信じており、古の歌は大人になっても私を祝福し、守ってくれています。しかし、祖母、そして祖母の家、コミュニティ、文化の伝統は、気候変動による海面上昇のために消滅の危機にさらされています。

　私は、中央アメリカの先住民族グナのコミュニティの出身です。パナマ北岸沖の島、プラヨン・チコで育ちました。人口約3,500人のこの島は、パナマで最も海面上昇の影響を受けている場所の一つです。私の生きている間に、グナが住む島々は海面上昇によって消滅し、世界で最初の気候変動難民を出す可能性が高いです。グナの子どもたち（burwigans ＊7）は、気づかないうちにすでに犠牲者たちなのです。

　私たちの文化が直面する危機を知り、Burwigan Project を立ち上げました。私たちのコミュニティを本島へと移すための資金を集めるため、アートを通じて喫緊の課題に対するパナマ政府や国際組織の意識を高めるとともに注目を集めるのです。私たちは、島々へのアートツアーを企画し、持続可能な開発の原則に基づいた観光業への道を開いてきました。

　私たちのアートツアーは、世界のさまざまな地域や分野のアーティストと、グナの子どもたちや女性たちを結びつけています。ツアーではアーティスト、教師、子どもたち、そしてコミュニティが一緒にプロジェクトに取り組み、環境保護について学びます。プラスチック汚染や気候変動が島々に与える影響を作品として記録し、各アーティストの作品を街のいろいろな場所に展示します。プラスチック汚染と気候変動にまつわる活動を周知し、活動へ巻き込み、行動のきっかけとするのです。

　写真や映像、物語、音楽、ファッション、インスタレーションなど、それぞれのアーティスト独自のアプローチで、複雑なデータがシンプルな視覚表現に置き換えられ、人々はすぐに共感して理解できます。同時に、グナのみんなにも認識を広めることもできるのです。アートに加えて武道のワークショップも開き、型にとらわれない指導方法を使って子ども

たちに力を与えて、プラスチックと闘う climate warriors（気候変動と闘う戦士）にしました。私たちの活動はメディアの注目を浴び、廃棄物処理のエンジニアや下水処理の専門家たちと協力する機会を持つことにつながりました。これは、他の分野、例えば水へのアクセスについての問題解決や、し尿を生物処理するシステム構築などで活動するための道が開かれました。

　私は、観光業を通して人々をまとめることで、気候変動の影響を軽減することに貢献したいです。これはコミュニティを経済的、社会的に助けることになると同時に、気候変動によって避難した人々がきちんと移住できるように意識を高めるのに役立つことになるでしょう。移住を望まないグナの人々は島に住み続け、自分たちの文化を維持することもできます。観

　光業は、私の夢を実現する特別な方法だと信じています。

　何世紀にもわたって、グナの人々は自分たちの文化の独立を守るため、政府の圧力に反抗しながら避難し、闘ってきました。何世紀にもわたって、世界中で私たちのような先住民のコミュニティが、世界の西洋化に伴う消滅の危機にさらされてきました。そして今、気候変動によって一挙に消滅してしまうかもしれません。私は、愛する海にそんなことをさせないために、海の健康を守りたいです。その力が社会的なネットワークにはあると、私は信じています。

ディウィグディ・ロドリゴ・バリエンテ・アブレゴ

COSTA RICA

コスタリカ

信じることで変わる！

　人を信じることは、相手に力を与え、人生を変えます。しかし、以前の私は自分のことすら信じられませんでした。私は壊れた家庭で育ちました。バカ、役立たず、まぬけ、そんな名前で、父は幼い私のことを呼びました。やがて父は私たちのもとを去り、家族はとても貧しくなりました。私の自尊心は低く、いつかホームレスになるのではないかと恐れながら成長しました。

大人になって誰もが理想的な結婚相手だと思うような人と付き合うようになっても、自分には才能も知性もないとずっと思い込んでいました。1日の終わりに達成感を覚える仕事をしているのに、彼のそばにいるときはささいなことでも彼の承認が必要だと感じていました。私たちの結婚について話しているとき、会話の中心はいつも彼が何を望んでいるかということ。けれど、自分といる限り貧しい思いを再びすることはないと彼が言ってくれたので、彼さえいれば安心していられると信じていました。

　そんな私を変えたのは、4年前にオタワで開催された One Young World サミットでした。世界のあちこちから集まった人たちが苦労を乗り越えてきた経験を話すのを聞いて、私ももっと多くのことをして、もっと多くのことを成し遂げられるのではないかと思うようになりました。私も誰かの妻以上の存在になれるかもしれない。サミットからコスタリカに戻ってすぐ、一生続くと思っていた彼との関係に終止符を打ち、私は One Young World コーディネーティング・アンバサダー（CA）に応募しました。CAになると、単なる参加者ではなくなり、アンバサダーのコミュニティをまとめる責任を持つことになります。自分の力で大きなことを成し遂げられると証明したくて、応募の準備にはかなりの時間を費やしました。自分自身を見つめ直し、自分の強みや価値を探し出し、言葉にしなければなりませんでした。

　One Young World は私を信じ、チャンスを与えてくれました。それは私にとってとても大きな意味がありました。私は力をもらったことに感謝しながら、若いリーダーやソーシャルイノベーターたちが同じ志を持つ人々と協働できる環境を整備するために懸命に働きました。

　私は2016年から2018年までラテンアメリカのCAを務め、さらにマネージング・アンバサダーという地域と地域を結ぶ立場になりました。自分を信じることができなかったときに私の可能性を信じてチャンスを与えてもらったおかげで、私は自分が想像していた以上に多くのことを成し遂げることができたのです。だからこそ、誰もが自分を信じてくれる人を見つけることができる世界を私は夢見ています。人々がお互いの強みや可能性に注目する世界をつくる！　この決意を私は毎日胸に刻んでいます。

マリア・ビエラ

HONDURAS

ホンジュラス

暴力のない強靱なコミュニティ

　私の青春は孤独で陰気で、地元のギャングの一員になることに魅力を感じるほどだった。幸いなことに、16歳のとき、生きる目的を見つけることができた。世界平和を求める Hip Hop カルチャーに出会い、恋に落ちたのだ。その瞬間から私の人生はポジティブに、そして永久に変わった。自分の存在意義を高めるだけでなく、家族との確執、極貧、祖国での強制移住などの理由で、私が抱えていた空虚感を埋めることにもなった。

　私は Hip Hop のプロモーターであり、b-boy ※8 でもある。このことは、若者はポジティブな存在だということ、想像を絶する貧困、日常的な暴力や荒廃を経てもなお夢をかなえることができるという心揺さぶるメッセージにもなっている。

　私は Hip Hop から得た自信とパワーのおかげで天職を発見し、現在は若者を教育し、人生においてより良い決断を下せるようにする手助けをしている。若者を対象とした私たちのワークショップでは、「芸術やスポーツに打ち込めば、ストリートの不良少年が1人減る」が合言葉になっている。「尊敬する人は誰ですか？」と聞けば地元のギャングの名前を挙げる若者が少なくない。彼らがそんな価値観と手を切り、健全な志や人生哲学へと導く力が芸術やスポーツにはある。ただの娯楽ではなく、コミュニティの「保護要因」を構築し、結果的にコミュニティに回復力をもたらしてくれるのだ。

　それでもこの10年間、多くの仲間やワークショップに参加した若者たちが暴力や偏見、社会的差別のために失われた。若者が活躍するための適切なツールにアクセスできないこと、ギャングや腐敗した当局などによる犯罪の魔の手で若者の人生がだめになってしまうこと。これらは社会的不公平そのものだ。暴力のない安全なコミュニティを構築し、すべての人にとってより安全な場所をつくるのが私の夢だ。若者に行動を起こさせることは簡単ではない。だが、情熱と忍耐力を持って行動していきたい。

ホアン・カルロス・エナモラード・メンデス

EL SALVADOR
エルサルバドル

ラテンアメリカに善い統治を

　私の夢は、ラテンアメリカに強力な制度と善い統治を築くことです。私は中央アメリカにある活気に満ちた小さな国、エルサルバドルで生まれ育ちました。祖国を愛するとは、その美しさを称えると同時に欠点を認め、改善しようと懸命に取り組むことだと早々に気づいたのです。

　エルサルバドルやこの地域全体は、蔓延する貧困や暴力に苦しんでいま

す。繁栄を目指すには、平和・正義・強力な制度の実現が重要なステップだと思います。だから私は、国際情勢を学ぼうと決意したのです。エルサルバドルでは普通は選ばない進路だったので、私はカナダに移り住み、ゼロから始めなくてはなりませんでした。ですが、心から望んだことを学べる大学での一瞬一瞬は、喜びと成長し続けたいという想いでいっぱいでした。今は政府間機関、シンクタンク、NPOと協力して、ラテンアメリカの民主的な制度を強化すべく働いています。

　私が夢見て取り組んでいるのは、説明責任が果たせて、透明性の高い効果的な制度を築くこと。バルサモの木*9のように深く強い根を持ち、独裁者たちや支配的な利益団体の嵐のような試みにもじっと耐えうる制度です。

　私が夢見て取り組んでいるのは、真に民主的な政府を築くこと。過去の過ちを自覚し、すべての人、それは老若男女、富める者、貧しい者、ムラート、メスティーソ、インディヘナ、アフロラティーノ、コーカサスに公正な代表権を与え、誤りを正す覚悟のある政府です。

　私が夢見て取り組んでいるのは、ジェンダーによってチャンスが決まったり、安全や自由、自主性が奪われたりしない、ラテンアメリカを築くことです。女性リーダーが活躍し、あらゆる意思決定のプロセスで豊かな存在感を発揮するラテンアメリカ。そこには、女性たちの無限の可能性を抑えたり、尊厳を侵害したりするような不公平な仕組みも固定観念も制度的な免責*10もありません。

　私が夢見て取り組んでいるのは、エルサルバドルとこの偉大な大陸に住む兄弟姉妹たちが、国際社会の立派な一員となることです。私たちの美しい輸出品、すなわち文物、芸術、食、アイデアが、地球の隅々に恵みを与えることによって。私が夢見て取り組んでいるのは、今蔓延する外来者恐怖症によって国際的に中傷を受けている私たちのパスポートが、他の国々から尊重され、私たちの誠実な仕事が歓迎されるようになることです。

　私は幸運にも、夢見て取り組むことができています。しかし、国境で不当な目にあっている兄弟姉妹たちに同じ権利と尊厳が与えられるまで、決して休むつもりはありません。

エミリオ・ロドリゲス

BELIZE

ベリーズ

Unbelizeable Beauty!

　ベリーズはさまざまな野生動物や多文化アイデンティティで知られる、隅々まで冒険に満ちた国。小学生のとき、遠足でマヤ遺跡に行ったときのことを私は覚えています。遺跡の最上部まで登ってまわりの自然を眺めたとき、思わず叫んでしまいました。「Wow ! Unbelizeable ※11 !」ベリーズには内陸の美だけでなく、手つかずのビーチもあり、ユネスコ世界遺

産が存在します。ブルーホールを含む、北半球最大のバリアリーフです。これらは私たちに恵まれた、無数の壮大なランドマークの一部にすぎません。残念なことに過去何年にもわたって、向こう見ずな人々が自然資源を傷つけてきたために、私たちはさまざまな困難を経験してきました。

　私の夢は、ベリーズのランドマークを守り、自然の美しさを保つ取り組みが生まれるようにすることです。将来、ベリーズの若者たちのためになること、彼らが母国について話すときに誇らしく思えることを実現させたいのです。

　私は刺し網漁を全面禁止にしたいと考えています。この漁がマナティーやウミガメなど海の生き物を危険にさらしてきたためです。刺し網漁は、漁師が手っ取り早く効率的に収入を得られる方法ですが、彼らはそれが引き起こす弊害を考えません。また、密猟についても、もっと真剣に取り組むべきだと思います。ベリーズにやって来る密猟者の大半が木を切り倒し、森を傷つけ、かわいそうな無防備な動物たちを捕まえようと森林を焼き払います。ベリーズにはコンゴウインコなどの絶滅の危機に瀕した珍しい鳥類が生息し、また、ジャガーやヒヒ、イグアナ、猛禽類などの保護区がある数少ない国の一つだからです。

　私はベリーズの繁栄が続くように願っています。小さな国かもしれませんが、私たちが確実にできるのは、この壮大な自然美とともに努力していくことです。私たちの子どもたちのために努力することです。子どもたちは未来であり、美しいベリーズを存続させる任務を引き受ける者たちだからです。彼らこそがベリーズの魅力を広め続け、観光客が絶えずやって来るよう働きかける者たちだからです。しかし、私たちがベリーズの自然資源を守る運動や法律の実施を目指して取り組まなければ、この目標は達成できません。幸いにもベリーズでは、この夢が現実になり始めています。2020年11月、刺し網漁の禁止法案が可決されたのです。私たち国民がともに闘い、声を上げ続ければ、必ずや夢に到達するでしょう。

エイミー・ウェイド

MEXICO

メキシコ

今日の健康が明日の健康をつくる

　世界中の子どもたちや若者たちの健康状態を改善したい！　その想い
を胸に今、グローバルヘルスに情熱を注いでいます。僕はメキシコのタバ
スコという熱帯にある州で生まれ育ちました。子どもの頃、周囲の緑豊か
な植物や野生動物にいつも心を奪われていましたが、それと同時に、社
会的経済的に恵まれないために医療を十分に受けられず感染症や慢性疾

患に苦しむ人々の姿に心を痛めていました。このことが健康にかかわる仕事に就きたいと思うきっかけとなったのです。

　19歳のとき、僕の国における性の健康に関するキャンペーンが、事実上は若者に向けられたものではないと気がつきました。そのせいで若者は10代で妊娠したり、HIVのような性感染症の被害を受けやすい状況に陥っていたのです。現在の若者が健康でなければ、未来の世代の健康はありえない。僕はこんな状況を変えたいと、21歳のときにBIDESIDA-UANLを共同設立しました。これは学生主導のプロジェクトで、HIVへの意識を高め、私たちの大学内外の若者に性の健康教育を提供することを目的としていました。ワークショップ、メディア出演、ソーシャルイベントなどを通じ、科学的根拠に基づいた知識を用いて意識向上に取り組みました。結果、国内有数の大学の1校から17万4000人以上の学生に届いたのです。

　ただ成功したものの、ここまでの道のりは楽ではありませんでした。感染症であれ非感染症であれ、慢性疾患の予防には幼少・思春期が最も有効だと現代科学で証明されていますが、メキシコの保守的な文化のなかでは、性の健康について話すことがまだタブー視されています。「性の健康は公共の場で議論されるべきではない」と主張している意思決定者たちがいる現実。これを変えることが、僕の現在の課題です。

　今は予防のための施策を前進させようと取り組んでおり、政治家に予防医療への投資を増やすよう求めたり、社会的責任として民間企業がもっとかかわれるよう支援したりしています。いつか、僕はバイオテクノロジストでありながらグローバルヘルスの専門家でもある、最初の保健大臣になりたいと考えています。そして、予防、イノベーション、科学に基づいた政策を通じて医療を促進したい。これは保健医療への取り組み方を、病気の治癒から予防に変えることになるでしょう。若者のためだけでなく、女性や先住民族、移民、LGBTQ+、その他のマイノリティと呼ばれる人々、すべての人のために、より大きなスケールで夢を描き続けていきたいと思っています。

ホセ・マニュエル・ベサーレス・ロペス

UNITED STATES OF AMERICA

アメリカ合衆国

私の名において不正義がなされない世界

　アメリカで育つと、他国と同様、学校で歴史を学びます。私たちの国が奴隷制度と不平等の上に築かれたことを学びますが、それだけではなく成長し、変化し、誇りに思うに値する国になったことも学びます。

　しかし、アメリカはひとりでに成長し、変化したわけではありません。フレデリック・ダグラス、アイダ・B・ウェルズ、キング牧師、セザール・

チャベス、アンジェラ・デイビスといった勇敢な活動家の挑戦を受けて初めて、アメリカは変わってきたのです。私もまた活動家であること、先人たちの道をたどれることに誇りを持っています。彼らのように、私は人種差別、性差別、刑務所や刑罰のないアメリカのために、優しさとコミュニティを何よりも大事にするアメリカを勝ち取るために闘っています。

難民の権利を求める集会、警察の暴力に対する抗議、気候変動に対して行動を起こすための行進に参加してきました。性的暴行を受けた学生への支援を、自分の大学に訴えました。不正について声を上げることはいつも生易しいものではありませんでしたが、闘わなければ自分が夢見る世界が現実にならないことを知っています。

私は、2020年に催涙ガスを製造している工場に抗議して逮捕された5人の活動家のうちの1人でもあります。この会社の催涙ガスはアメリカそして世界で、抗議活動の鎮圧に使われています。実際、私がパレスチナのビリンで2017年に出会った家族のうち2人が、この催涙ガスで命を落としました。私の税金と私の名においてここアメリカで行われていることは地球上のあらゆる場所の人々に影響を与える可能性があると、その経験は教えてくれました。私の名において不正義がなされるとき、声を上げる責任が私にはあることを教えてくれたのです。

私の夢は平和、正義、幸福という、世界中の人々の夢と同じです。しかし、不正義のない世界を夢見るだけでは不十分。行動を起こし、実現しないといけません。ときどき「あなたは勇敢だね」とか「あなたと同じようにはできないよ」と言う人がいます。本当は私だって怖くて、怒っていて、悲しくて、何も変えられていないんじゃないかと不安になります。でも、大なり小なりみんな闘うことができます。

最初のステップは、自分の行動が変化をもたらすと知ること。あなたの話をすること、友人や家族に話すこと、お金を寄付すること、抗議活動に参加すること、職場で声を上げることは変化をもたらします。誰でも活動家になれるんです。私たちがしなければならないのは、決断すること。それだけなんです。

アニカ・ライハン

CANADA
カナダ

女性のロールモデルに満ちた世界

　伝統的な家庭で育った私は、女の子としてのきちんとした振る舞いを「教え込まれ」ました。物静かに、意見は胸の内にしまう。自分の頭で考えたり自立しない。走ったり汗だくにならない。彼氏とデートするようになったら、もう勉強しない方が良いと言われました。そこに時間をかける価値はないし、もし結婚したければ、あまり頭の良くない奥さんが好ま

れるからと。私は18歳で結婚し、21歳で母親になりました。

　同じように育った母は、父の小さな食料品店を手伝っていましたが、率先して動くのは売上アップや事業拡大のアイデアを出すときだけ。こうした環境で自分の能力で成功するのは無理だと思うようになり、いつも不安で憂鬱でした。しかし、私にはロールモデルがいなかっただけだと気づいたとき、すべてが変わりました。自分がお手本になれば良い。人がどう思い、何を言おうと自分の望むことに努力する人になろうと決めました。

　私は大学を出ていない若い母親でしたが、興味のあったプログラミングを独学で学びました。VRという驚くべき技術に魅了され、人助けに使おうと思いついたんです。2019年にMentally VRというプラットフォームを立ち上げ、周囲に知られる心配を感じずに、心の病を抱える人が匿名で心理療法を受けられるようにしました。

　また、私には女性に力を与えたい情熱があります。Facebook Developer Circleトロント支部のリーダーになった私は、Women in Technologyという団体を始めました。技術分野の女性たちが講演し、互いに学び合えるイベントを毎月開催しています。さらに2020年には国際女性デーに向けて、女性の支援団体が集うイベントを開催し、公開討論で女性の成功者たちに光を当てました。

　これをきっかけに私の活動は、自らを高める意欲ややる気を女性に与えることが中心となりました。女性であることを十分に理解し、すべてを学んでもらえるように今後取り組んでいきたいと思います。

　私の夢は、社会規範に従って生きるように教えられていた「小さな女の子」のために、悪循環を断ち切り、自分自身や誰かのためのヒーローになること。

　最後に、尊敬する女性の言葉を引用します。「女性として私たちが達成できることに限界はない。」（ミシェル・オバマ）

　夢や人生の目的を追いかける、自信にあふれた女性たちの世界に乾杯！

リサ・ウン

ABOUT
THE DREAMER

－アメリカの代表者たちへ5つの質問－

① 出身地はどこ？② 年齢は？（夢の文章の執筆時）③ 話せる言語は？④ 好きな食べ物は？
⑤ あなたの国を一言で表すと？

NASHA CUVELIER
ナシャ・クベリエ

①ブエノスアイレス
②19歳
③スペイン語、フランス語、英語
④お母さんの庭でとれた旬の有機
　野菜サラダ
⑤Tango（タンゴ）

ARGENTINA ···· P.298

JASON
PAREJA JAUREGUI
ジェイソン・パレハ・ハウレギ

①リマ　②28歳
③スペイン語、英語、ドイツ語
④セビチェ
⑤Perú（ペルー）

PERU ···· P.300

MARÍA VÁZQUEZ
マリア・バスケス

①アスアイ
②20歳
③スペイン語、英語
④緑のプランテンのフライ
⑤Paradise（楽園）

ECUADOR ···· P.302

REI-LAUNYA
AMSTERDAM
レイ・ラウニャ・アムステルダム

①ジョージタウン
②29歳
③英語
④ペッパーポット
⑤Multi-Cultural（多文化の）

GUYANA ···· P.304

SOL SCAVINO
SOLARI
ソル・スカビノ・ソラーリ

①モンテビデオ
②29歳
③スペイン語、英語
④チビート
⑤Kind（親切）

URUGUAY ···· P.306

CATALINA
SANTELICES
カタリナ・サンテリーセス

①タルカ
②17歳
③スペイン語、英語
④パスタ
⑤Magical（魔法のような）

CHILE ···· P.308

OBED KANAPE
オベド・カナペ

①シパリウィニ地区　②27歳
③ジュカ語、サラマカ語、オランダ語、
　英語
④ナシゴレンなど
⑤Alakondre
　（すべての国々、多様性）

SURINAME ···· P.310

SOFIA VARGAS
ソフィア・バルガス

①ボゴタ
②20歳
③スペイン語、英語、フランス語
④アレパ、アヒアコなど
⑤Magical Realism
　（マジックリアリズム）

COLOMBIA ···· P.312

DIANA VICEZAR
ディアナ・ヴィセザール

①アスンシオン
②20歳
③スペイン語、グアラニー語、英語
④パラグアイの伝統料理
⑤Guarani（グアラニー）

PARAGUAY　　　···· P.316

ALEJANDRO DALY
アレハンドロ・ダリー

①カラカス
②24歳
③スペイン語、英語、ポルトガル語
④マンドカ
⑤Flavor（味わい）

VENEZUELA　　　···· P.318

CAMILA R OLMEDO
カミラ・R・オルメド

①コチャバンバ
②26歳
③スペイン語、英語
④ソンソ、チャルキ、シナモンの
　アイスクリーム
⑤Trooper（騎兵）

BOLIVIA　　　···· P.320

FRANCIELLE MARQUES DO NASCIMENTO
フランシエール・マルケス・ド・ナシミエント

①ゴイアス
②26歳
③ポルトガル語、英語
④カルド・デ・フランゴ
⑤Diversity（多様性）

BRAZIL　　　···· P.322

DAVID WALCOTT
デイビッド・ウォルコット

①キングストン
②33歳
③英語
④寿司
⑤Vibrant（活気のある）

JAMAICA　　　···· P.324

KURBA-MARIE QUESTELLES
カルバ・マリー・クエステル

①アリマ
②31歳
③英語、フランス語
④ロティ
⑤Multi-cultural（多文化の）

TRINIDAD AND TOBAGO ···· P.326

MARC ALAIN BOUCICAULT
マーク・アラン・ブーシコー

①ポルトープランス　②33歳
③フランス語、英語、スペイン語、
　ハイチ・クレオール語
④白豆ソースと茹で野菜がけライス
⑤First Black Republic in the world
　（世界初の黒人共和国）

HAITI　　　···· P.328

VALARIE HONORE
ヴァラリー・オノレ

①ウッドフォード・ヒル
②30歳
③英語
④バナナ、魚の塩漬け
⑤The Nature Island
　（ネイチャーアイランド）

DOMINICA　　　···· P.330

KIRKLAND MCINTOSH
カークランド・マッキントッシュ

①アバコ　②23歳
③英語、スペイン語
④コンチフリッター、コンチサラダ
⑤Majestic（威厳のある）

BAHAMAS　　　···· P.332

AMBER PATRICE LEWIS
アンバー・パトリス・ルイス

①セントトーマス　②25歳
③英語
④レッドスナッパーのフライ、
　ジョニーケーキ
⑤Rock City（ロックシティ）

VIRGIN ISLANDS, US　　　···· P.334

RONELLE KING
ロネル・キング

①セントマイケル
②28歳
③英語、バジャン
④プランテン、クークー、トビウオ
⑤Visionary（ビジョンがある）

BARBADOS ···· P.336

MICHAEL JOSEPH
マイカル・ジョセフ

①セントジョージズ
②31歳
③英語
④ドゥカナ、ソルトフィッシュと
　チョップアップ
⑤Paradise（楽園）

ANTIGUA AND BARBUDA ···· P.340

KEITHLIN CAROO
キースリン・カルー

①バボンノー　②30歳
③英語、クレオール、スペイン語、
　フランス語
④塩漬け魚のスープ
⑤Helen of the West Indies
　（西インド諸島のヘレン）

SAINT LUCIA ···· P.342

SONIA BODDIE-THOMPSON
ソニア・ボディー・トンプソン

①タバナクル
②36歳
③英語、スペイン語
④ブラックプディング
⑤Progressive（革新的）

SAINT KITTS AND NEVIS ···· P.344

NAFESHA RICHARDSON
ナフィシャ・リチャードソン

①イースト・セントジョージ
②23歳
③英語
④カラルースープ
⑤Blessed（祝福された）

SAINT VINCENT AND THE GRENADINES ···· P.346

YINDRA PUENTES
インドラ・プエンテス

①グアンタナモ
②32歳
③英語、スペイン語、
　ジャマイカ・クレオール語
④キューバ風ローストポーク
⑤Valiant（勇ましい）

CUBA ···· P.348

SHERIECE A.R NOEL
シェリース・A・R・ノエル

①セントジョージ
②25歳
③英語
④焼いた塩漬けの魚、オイルダウン
⑤Spicy（ぴりっとしてる）

GRENADA ···· P.350

BENJAMIN BOCIO
ベンジャミン・ボシオ

①サントドミンゴ
②24歳
③スペイン語、イタリア語、英語
④イタリア料理
⑤Kindness（親切）

DOMINICAN REPUBLIC ···· P.352

EMERSON SALGUERO
エマーソン・サルグエロ

①グアテマラシティ
②23歳
③スペイン語、英語
④焼き肉、スパゲティ、ピザ
⑤Brave（勇敢な）

GUATEMALA ···· P.356

ADELA UBAU HERNANDEZ
アデラ・ウバウ・ヘルナンデス

①グラナダ
②29歳
③スペイン語、英語
④ガージョ・ピント、ビゴロン
⑤Lakes and Volcanoes（湖と火山）

NICARAGUA ···· P.358

DIWIGDI RODRIGO VALIENTE ABREGO
ディウィグディ・ロドリゴ・バリエンテ・アブレゴ

①プラヨン・チコ　②31歳
③英語、フランス語、スペイン語、
　グナ語、カタルーニャ語
④グナの伝統的なカボチャスープ
⑤Water（水）

PANAMA　　　····· P.360

MARÍA VILLELA
マリア・ヴィエラ

①サンホセ
②30歳
③スペイン語、英語
④アルゼンチン風グリル
⑤Green（緑）

COSTA RICA　　　····· P.364

JUAN CARLOS ENAMORADO MENDEZ
ホアン・カルロス・エナモラード・メンデス

①サンペドロスーラ
②25歳
③スペイン語、英語
④バレアダ
⑤Borderless（ボーダレス）

HONDURAS　　　····· P.366

EMILIO RODRIGUEZ
エミリオ・ロドリゲス

①サンタテクラ
②22歳
③スペイン語、英語
④ププサ
⑤Vibrant（活気に満ちた）

EL SALVADOR　　　····· P.368

AIMIE WADE
エイミー・ウェイド

①カヨ州
②20歳
③英語、スペイン語、クレオール
④レジェーノ
⑤UnBelizeable
　（信じられないほど素晴らしいベリーズ）

BELIZE　　　····· P.370

JOSE MANUEL BESARES LOPEZ
ホセ・マニュエル・ベサーレス・ロペス

①タバスコ州
②28歳
③スペイン語、英語
④タコス、ワカモレ
⑤Happiness（幸福）

MEXICO　　　····· P.372

ANIQA RAIHAN
アニカ・ライハン

①ニューヨーク
②25歳
③英語、ベンガル語
④マカロニ、チーズ
⑤Diversity（多様性）

USA　　　····· P.374

LISSA NG
リサ・ウン

①サントドミンゴ（ドミニカ共和国）
②28歳
③スペイン語、英語、広東語
④カリブ料理、アジア料理
⑤Has-It-All（何でもかなう）

CANADA　　　····· P.376

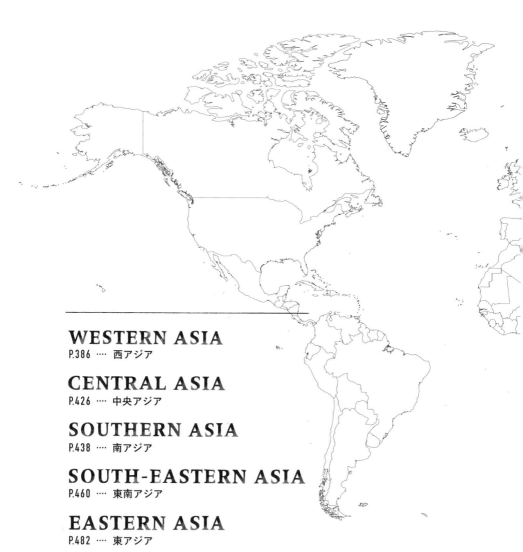

WESTERN ASIA

CENTRAL ASIA

SOUTHERN ASIA

SOUTH-EASTERN ASIA

EASTERN ASIA

ASIA

― アジア ―

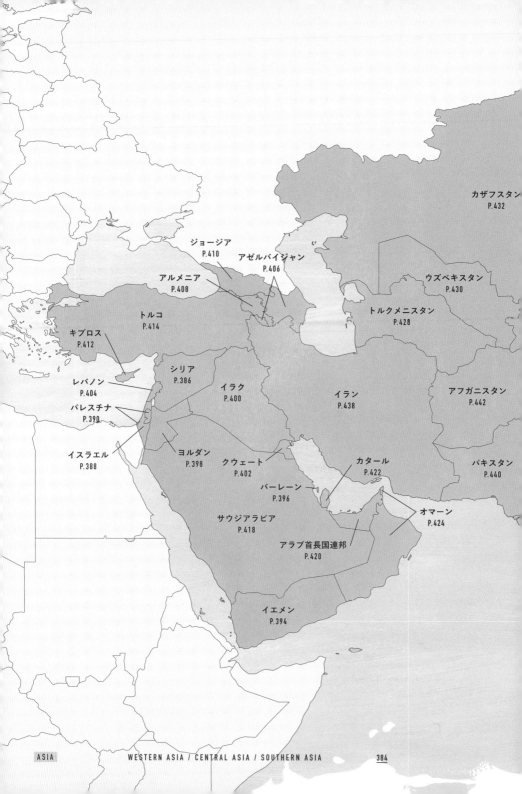

カザフスタン
P.432

ジョージア
P.410

アゼルバイジャン
P.406

アルメニア
P.408

ウズベキスタン
P.430

トルクメニスタン
P.428

トルコ
P.414

キプロス
P.412

レバノン
P.404

シリア
P.386

イラク
P.400

イラン
P.438

アフガニスタン
P.442

パレスチナ
P.390

イスラエル
P.388

ヨルダン
P.398

クウェート
P.402

カタール
P.422

パキスタン
P.440

バーレーン
P.396

オマーン
P.424

サウジアラビア
P.418

アラブ首長国連邦
P.420

イエメン
P.394

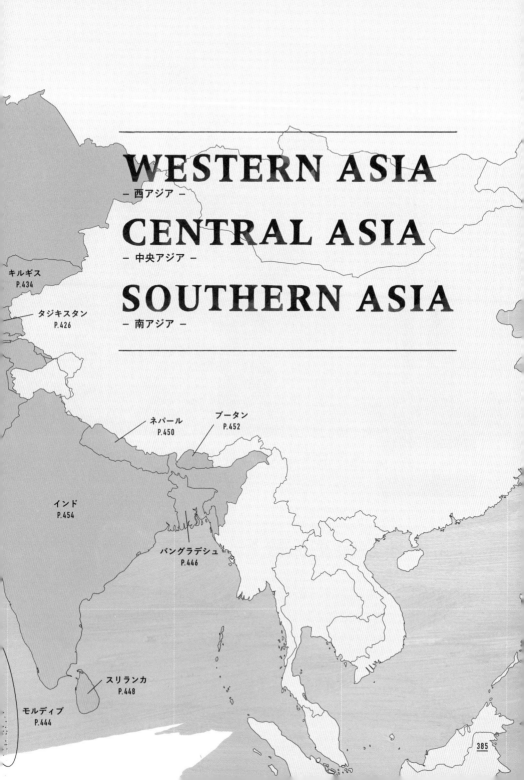

WESTERN ASIA
− 西アジア −

CENTRAL ASIA
− 中央アジア −

SOUTHERN ASIA
− 南アジア −

キルギス
P.434

タジキスタン
P.426

ネパール
P.450

ブータン
P.452

インド
P.454

バングラデシュ
P.446

スリランカ
P.448

モルディブ
P.444

SYRIAN ARAB REPUBLIC

シリア

人間性が国籍を超えた世界

　私の名前はサラム。アラビア語で「平和」を意味しています。アラブ
では「誰もが名前に影響を受ける」と言われるように、私も幼い頃から暴
力を好まず、けんかすることもありませんでした。そして、何より平和へ
の願いを抱き続けてきました。

　私は南シリアの村で育ちました。そこは都会では見られないようなこと

を夢見たり、探求したりするのに最高の環境でした。バスケのシリア代表になりたいと夢見て独学で練習したり、好きなことを見つけて若いうちに自立することのできるように大学で勉強しようと思いました。

しかし、ご存知のように、2011年からシリアでは内戦と紛争が始まりました。私は2016年にすべてを残して国を追われ、スーダンで難民となりました。「難民」という言葉からは「危機」「貧困」「飢餓」「戦争」「財政危機」「社会の重荷」「悲しみ」「悲惨」などが連想されます。私は怒りさえ覚えたこともありましたが、後になって、難民であるということは弱者というわけではないと実感しました。そのイメージはメディアが報道する一面的なものにすぎません。私たちが弱者であるかどうかを決めるのは私たち自身なのです。

私は自分の居場所を社会のなかに、特に若い人たちの間に見つけることができました。私はスーダン東部カッサラで暮らしています。ここでの生活は、大変なこともあるけれどシンプルで平和で幸せです。人々、特に若者はお互いに助け合いたいと思っています。私も10代の子たちにバスケを教えたり、その後は障がい者支援や能力開発、起業支援に取り組むさまざまな団体でボランティアを行いました。地元の文化や言語を理解するように努めましたが、カッサラは他者を尊重してくれるコミュニティだったので、こうした努力も苦ではありませんでした。

こうして私の新しい人生が始まりました。さまざまな社会的事業やNGOで学びながら活動できる人生に誇りを持っています。私はコミュニティのために自分ができることをしましたが、コミュニティはそれ以上のこと、つまり市民としてどう生きるかを教えてくれたのです。

こうして私は弱者ではないと気づくことができました。考え方が、性格が、夢が変わりました。今の私の夢は、人間性が国籍を超えた世界、偏見のない世界。アイデンティティは一人ひとりの心のなかにあります。すべての国々は地球上にあり、私たちはみんな地球の住人なのです。

サラム・カンフッシュ

 ## ISRAEL

イスラエル

サステナビリティでつくる中東の平和

　中東には、常にこの地域とここに暮らす人々を取り巻く偏見があります。戦争で引き裂かれ、紛争が渦巻き、宗教が何よりも力を持つと。しかし、それは真実ではありません。中東は文化、人々、自然、風景、都市、他にもいろいろな点で、多彩なものに満ちあふれています。メディアで紹介されているような、悪や恐怖に覆われているわけではないのです。

シンガポールで育った私は、ずっと国際人に囲まれていました。16歳でいよいよイスラエルへ戻ってきたとき、EMIS[※1]という国際高校へ進学することにしました。この学校は、中東の平和とサステナビリティという目標を持ち、新しくて他に類を見ない実験的な学校です。さらに、同じような目標を掲げ、イスラエル、パレスチナ、ヨルダンの環境活動家で構成された EcoPeace MiddleEast という NPO でインターンシップをすることになりました。

高校を卒業した後、私は義務である兵役生活を2年間送りました。イスラエル兵に命を傷つけられたパレスチナ人の友人たちと一緒に勉強した後、強制的に軍隊に入れられるのはとてもつらかったです。一歩前進というより、一歩後退しているように感じましたが、イスラエルもパレスチナもいつも互いに敵対しているのではないと知ることもできました。

こうした経験を経て、今、私は、中東で平和を実現するのは不可能ではないと信じています。しかし、そのためには、中東に暮らすみんなが受け入れられる目標が必要です。こうした目標の一つとなるのが、水不足などの環境問題に取り組むことだと思います。この地域は基本的に砂漠のようなので、これはみんなが一番関心を持っていることです。EcoPeaceMiddleEast は水の枯渇問題に対処するため、紅海から死海までのパイプライン建造に取り組んでいます。環境問題に一緒に取り組むことは政治・宗教・民族の違いを超えた相互理解につながり、世界平和の実現に役立つということを目の当たりにしてきました。そのための第一歩は真の理解に焦点を当てた適切な教育であり、それを中東全域に広めていかないといけないと思います。

私の夢は、誰もが自分の宗教や肌の色や歴史とともに心地良く暮らせる、中東がそんな場所になること。中東の平和は困難に思われるかもしれないけれど、必ずしもそうではないと思います。人々が互いに親しくすることを想像するのは大変なことではありません。だって、それはすでに毎日行われていることなのですから。

タマラ・リー・カナー

PALESTINE

パレスチナ

すべての挑戦はチャンスである

　私は占領下のエルサレムで生まれ、アメリカで育った。家族がパレスチナに戻ることを決めるまで、幼かった私は「自由」の価値や意味を理解していなかった。飛行機に乗ったが、行けるのはヨルダンまで。パレスチナは空港を建てることが許されていない。私は両親に尋ねた。「なぜパレスチナには空港がないの？　家に着くまでに何時間もかけていくつもの検問所を抜けないといけないのはなぜ？」と。両親は「話せば長くなる」と言った。当時はその意味が分からなかったが、後になって、私たちパレスチナ人は絶え間ないイスラエルによる占領の結果、厳しい政治問題が突きつける現実のなかで暮らしており、それゆえに孤立しているのだと気づいた。

　紛争に直面している国で生まれた文化は刺激的で、異質だと認めよう。拒絶や拒否されることを恐れず、語られる必要がある。だが、固定観念、誤ったニュース、人々が互いに抱いている誤解にきりはなく、より多くの壁、恐怖の黒々とした雲を形づくっている。話すのは簡単だ。私たちはただ話すのではなく、コミュニケーションを取るべきだ。コミュニケーションを取ることは、境界線だらけの世界に暮らす私たちにとって挑戦でもある。

　固定観念のせいで新しい考え方を受け入れられない人たちと、同じ理由で自分自身を表現する機会を逃している人たちの間に、私は平和とパートナーシップと繁栄に満ちた架け橋をつくりたい。心理的な境界線を断ち切り、お互いを知れば知るほど、私たちは自分たちの物語や信念、違いも理解できる。架け橋をつくることは、心の問題に取り組むことなのだ。

　特に紛争地域で苦しみ続け、疎外された人々を置き去りにしないために、みんなが互いを受け入れ合えるバーチャル空間を、私は思い描いている。対話から始めて、若者が集まって文化や価値観、気づきに満ちた物語を共有できる。そのためには、大規模で国際的なプラットフォームが必要だ。すでに私は Instagram に @khaled.abuqare のアカウントをつくり、約2000人のフォロワーを集めて、ビジョンを実現するための第一歩を踏み出している。

　私の夢は、政治的紛争による厳しい状況のもとで生きる若者に、希望とやる気を与えることだ。希望があれば彼らは強くなり、大きな声を上げ、紛争を解決できる。彼らを苦しい立場に追いやり、1人でつらい思いをさせてい

てはいけない。たくさんの架け橋をつくることができれば、それだけコミュ
ニケーションと対話のチャンスが生まれ、紛争が減り、平和、安全、繁栄に
向けて前進できるだろう。これは私だけの夢ではない。何百万人もの若い野
心的な未来のリーダーたちの夢でもある。他人のことに無関心でいたら、決
して平和は生まれない。行動を起こすときが今でなければ、いつなのか？
私たちでなければ、誰がやるのか？

　若い活動家、外交官として、私はさまざまな地域の若者組織間のパートナー

シップを強化することに焦点を当てたさまざまな国際フォーラム、ラウンド
テーブルに参加したり、いくつかのパレスチナのNGOの理事も務めてパレ
スチナの若者、文化や伝統を世界とつなげる機会を得ている。国の違いは挑
戦としてだけでなく、チャンスとして扱われなければならない。すべての挑
戦はチャンスでもあるのだ。

カレッド・アブ・カレ

YEMEN

イエメン

祖国に笑いを取り戻す

　私の愛する祖国では絶え間ない内戦が続いています。けれど、国際社会はこの美しい地に平和をもたらす努力をほとんどしてきませんでした。私は競い合う世界に疑いを持たずにきました。自然がもたらす限られた希少資源をめぐって競い合う世界を。また、持てる者は持ち続け、持たざる者は貧しいままなんだと思うようにもなりました。社会が考え方を変えない限り。でも、始まりがあれば必ず終わりもあるということを経験から知っています。

　私の夢、それは祖国が立ち直り、平和な国という失われた栄光を取り戻すこと。この夢はイエメンだけでは終わりません。紛争や戦争のない世界へと続いていくものです。この夢をかなえるには、私たち一人ひとりが、世界は人々が共存する村であると気づかなくてはなりません。国際機関が平和を押しつけることはできません。人々が自分から共同体として生きる大切さを理解しなければなりません。世界中に政治のリーダーはずっと存在してきましたが、自分たちの利益のことしか考えていません。私は社会の政治行動を研究してきました。すべては私たちの態度から始まると確信しています。私たち全員に、称賛したくなるような地域社会をつくる責任があります。ふさわしいリーダーに投票し、政治に全面的に参加することによって。

　今、私はチェコで国際関係論と政治学を学んでいます。世界中から集まった学生たちとの交流を通じて、私は気づきました。安定した社会を築くために人々が力を合わせて取り組める努力があると。今まで、他国によるイエメンへの介入は軍事的なもので、罪のない民間人に死をもたらしただけでした。武力では世界を解放できません。紛争を収め平和を取り戻すには、私たちの総力で政治を変え、対話を通じた平和的な交渉を行うことが必要です。

　かつてイエメンは、「幸福なアラビア」の地と呼ばれていました。古代アラブ文明の時代の繁栄や、旧約聖書の時代から続く、人々の飾らない親切な心が理由です。私はイエメンの若者たちの存在こそがこの国を支えると信じています。だから、今後も紛争解決について学び続け、若者たちが社会での役割を全うできるよう鼓舞したいと思います——故郷に笑いと幸福を取り戻すために。

アイマン・バフルムズ

BAHRAIN

バーレーン

母なる地球とのハーモニー

　私の夢はシンプルです。人類が、他の人々や生き物たち、母なる地球とより健康的な関係を築く世界に住むことです。

　都会で育ち、現代的な生活を送っていた私は、無意識のうちに自己中心的な人間になっていました。現代的な生活が地球全体の健康、その海や土壌、大気の健康に及ぼす影響を考えていませんでした。社会に合わせ、

大学を卒業し、良い仕事に就きました。しかし、私は息苦しくなっていたのです。小さな個室で働いて、閉ざされた金属の箱のような建物のなかを動き回るうちに、ますます自然から切り離され、すっかり途方に暮れてしまいました。

　また、中東という紛争や戦争の多い地域での暮らしは、私の心を悲しみで埋め尽くしていました。身のまわりで起こる気が滅入るようなニュースを見聞きするうちに、人間性への信頼を失いつつあったのです。そして、こう思い始めました。なぜ人類は互いにこんなことをしてしまうのだろう？　存在と存在がぶつかりあう戦いを。

　私はこれら2点、つまり現代的な生活と紛争を結びつけて考えたことはありませんでした。それに気づいたのは、One Young World や Global Peace Initiative of Women、Dharma Drum Mountain などの国際会議に参加してからのことです。この経験のおかげで、私は点と点を結びつけ、自然から離れて自分本位に生きることは、内なる平和を失うことに直結していると気づいたのです。そこから周囲への思いやりが失われ、集団的な不幸が増大していくのだと。

　平和な世界をつくることは、私たち自身が可能な限り良い人間になることから始まると信じています。そんな想いで私はキャリアを変えようと決め、One％というアプリを手がけるチームに加わりました。これは国際ボランティアのプラットフォームで、他者への奉仕精神を高め、親切の輪を広げていくものです。私たちが目指すのは、10億人が定期的に自分の時間の1％を良いことのために提供することです。

　さらに私は情熱に従って、栄養療法を学ぶことにしました。人々がより質の高い生活を送れるよう支援したいと思っています。人間の幸福は地球の幸福と深く結びつき、切り離せないものです。自然は人間を肉体的にも精神的にも育み、私たちに健康と前向きな気持ちを与えてくれます。そして自然のありがたさを知った人間は自然を尊び、健康な海や土壌、大気、そして生物の多様性を守ることでしょう。これこそが、私が広めたいメッセージです。自然のもとに帰ることが、私たちへの治療になるのです。

ファテマ・フセイン

JORDAN

ヨルダン

みんなのための一つの世界

　資源、富、性別、教育などに基づいた不公平や格差が、今私たちが住む世界を分断しています。私は、さまざまな人々のためにさまざまな世界がいくつもあるという概念には反対です。みんなのための一つの世界があり、一つの世界のためにすべての人がいるのを見ることが私の夢です。

　政治的および地域的な制約から私は三つの異なる国で育ち、難民だから帰属意識が欠けていると常に感じていました。祖国を離れなければなりませんでしたが、私のルーツが祖国を愛するというアイデンティティから離れることはありませんでした。とは言え、同胞の大多数が想像もできないような機会に私は恵まれていました。そんな優位にいることは、それが当然の権利だという意識を捨てる責任と、恵まれない人々にも同等の機会を提供する義務が伴います。

　資源と機会の格差によって、何億人もの人々が自分にふさわしい人生を送れずにいます。世界中の誰もがそうであるように、人生をうまくやっていく才能と情熱を持っているにもかかわらず、それに見合う「特権」を持たない人々が何百万といることを知っています。彼らが勇気を奮い、しっかりと夢を抱けないのは、生まれた環境のせいであって、思いやりや努力、がんばりが足りないからではありません。いまだに教育の大きな格差が存在するのは、人が得られる知識量は経済力と比例するという現実があるからです。どの文化でもどの宗教の教えでも、こんなことは不公正だと定義されています。

　この課題に取り組むための第一歩として、私は Instagram を活用し、知識共有プラットフォーム Bloom をつくり始めました。みんなで協力しながら誰でも情報が手に入るようにして、コミュニティの力を高めていきます。目指しているのは、集合知を生み出し、力強い社会の実現に貢献することです。最終的な目標は、知識を永遠に循環させること。それは、平等で力強い社会をつくるために、誰もが自分の役割を果たすことができる世界に向けて、私たちを前進させることになるでしょう。

　誰にでも平等な機会が提供される格差のない世界を目指し、力を持たない人々にとってもっと良い未来をつくるという決意は日々強くなるばかり。私が生まれながらに持つ人間としての本能は、さまざまな人々のためにさまざまな世界がいくつもあるという概念に永遠に抵抗し続けていくでしょう。みんなのために一つの世界があり、一つの世界のためにみんながいるのを見ることが私の夢です。

アブラ・ジャマル・カルユティ

IRAQ

イラク

18億人の若者の力

　2019年10月、私の故国では汚職に抗議する全国的なデモが行われていた。クリーンな新政府を求めて、人々は平和的に行進したのだ。彼らが望んでいたものは基本的人権だけ。その権利は、彼らの人生の大部分で認められていない。しかし、この試みをひどい暴力が出迎えた。戦争で用いられるような武器や実弾が使われ、数百人が命を落とし、数千人が

負傷した。

　10月29日、私はガス避けのマスクを身につけ、イラクの国旗を持って、バグダードのアル・タハリール広場に向かって行進した。正直なところ、私は抗議には参加せず、ガスマスクを人に渡そうとしていただけだった。ニュースに注目していなかったから、この反乱は何に忠誠を誓ったものなのか、真の意味をまだ理解していなかったのだ。なので、広場を飲み込む恐ろしい煙雲を見たとき、ショックを受けた。数時間後、私たちは広場から引き上げた。ベッドに横たわっていると、すべての出来事が頭に浮かんでくる。旗を身にまとった人々、けがをした人々を、あちこちで見た。その夜は全く眠れなかった。

　その後、広場に戻ると学生たちが抗議をする人々のために進んで働き、医学生は傷ついた人々の治療に当たっていた。若者と同じように抗議している年配の人々も見かけた。私たちのコミュニティでは、年齢や性別に関係なく、一人ひとりが自ら抗議行動に参加し、自分たちの声と行動によって、社会に変化をもたらす革命を支えることができるのである。その革命を過去形で語らないだろう。なぜなら、それは永遠に続くものだから。革命は同胞を愛し、平和な生活を求めること、その他にも多くを教えてくれた。腐敗した政治を変えられなかったかもしれないが、何千人もの若者を変えることはできたのだ。

　自らの声に突き動かされ、若者が社会の変化をリードしていく姿に魅了された。私は医学生であり、IFMSA※2のイラク支部でチームリーダーとして革命の1年以上前から人道的な活動をしてきたが、その出来事はそれまで自分が経験したこととは全く異なり、もっとがんばらねばと背中が押されたように感じた。

　若者世代が史上最多になっているという事実があるからこそ、より良い世界が将来私たちを待っていること、若者が平和な世界をもたらすということを私は信じている。そんな日を生きて、実際に見ることが私の夢だ。そんな日が1日でも早く来るように、若者たちに力を与えられるように努力していきたい。18億人いる私たち若者はアイデアであり、夢であり、行動そのものなのだ。

アブデュラ・ナザール

KUWAIT

クウェート

幸せの知恵の継承

　私の夢は、誰もが教育と健康を手にする世界で暮らすことです。

　幼い頃から、両親が教育の大切さを教えてくれました。母は英語の教師で、父は医師でした。私が5歳のとき、私たちはイギリスへと引っ越し、両親はそろって修士号と博士号を取ることができました。2人は苦労しながら学び続け、その努力と粘り強さを私はすぐそばで見ていました。

学生の教育、患者の健康を良いものにしよう、つまり自分のまわりの世界を良くしようと、自分を磨き、努力する両親の姿を見ながら私は成長しました。教育と医療は絶対に不可欠であり、それらを手にできることこそがまさに人権であるという考えが、私のなかに深く根づいたことは当然のことでしょう。このような考えもあいまって、私は医学部への進学を決意したのです。

　医学部在学中は多くの困難に直面しましたが、幸いなことに性別による差別はありませんでした。女性だからといって、同僚の男性と比べて劣っていると感じたことはありません。私は学力で評価されていましたが、これはすべての分野でそうあるべきだと信じています。性別で判断されてはならず、自らが発揮する才能やスキルで判断されるべきだと思います。しかし、残念ながら、医学のような先端分野への女性の進出率は低く、そのため女性医師の数は男性医師の数よりもとても少ないです。それだけでなく、男性の方が優秀だと思われてしまうこともあります。

　コロナウイルスは、必要に迫られたすべての患者たちにすべての医療従事者が医療を提供することの大切さを教えてくれました。もちろん患者にも医療従事者にも、女性が含まれます。私たちは最前線で一緒に戦っていました（今もそうです）。肩を並べて助け合っているのです。もし女性がこの戦いに参加していなかったら、どれだけ多くの人が亡くなっていたでしょうか。この1年で証明されたのは、私たちはみんな平等であり、みんなで協力しながら助け合わなければならないということです。

　両親のように、私は教育と医療のより良いものにする人になりたい。性別によって人々がアクセスできる教育や医療のレベルが左右されるという考えを根絶し、次の世代の変革者にとって刺激を与え、お手本となる存在になりたいと思っています。

フラ・アルムーサウィ

LEBANON
レバノン

私一人でここまでできるなら

　路上で物乞いをする子どもや結婚のために学校を辞める少女、家族を養えずに焼身自殺する父親――第三世界で育った私は、あらゆる種類の不正義を目にしてきました。6人家族の我が家も、経済的には厳しい状況にあり、私が生活費を稼ぐために働き始めたのは14歳のときでした。しかし、私には、どんな犠牲を払ってでも私たちの教育を最優先し、私が強く自立

した人間に育つようにと全力で後押しをしてくれた、素晴らしい両親がいました。

　教育の力が負の循環を止めると、私は固く信じています。そこで私は15歳のときに、地元コミュニティでのボランティア活動を始めました。その後、LOYAC Lebanon という NGO キャンプで、恵まれないレバノン人の子どもたちやシリア難民の人権に関するクラスを指導しました。これは、レバノン人とシリア人という、二つのコミュニティの架け橋となりながら、教育を通じて子どもや女性に力を与えることを目指したものです。

　最初のキャンプでは、いろんな感情が込み上げました。17歳以下の少女たちに将来のことを尋ねたとき、彼女たちは「より良い生活をするために結婚したい」と答えたのです！　これは衝撃でした。結婚が後から大きな願望や夢につながらないわけではありませんが、教育や子ども時代が犠牲にされて良いはずありません。少女たちが自分の持っている可能性に気づけるように、きちんと支援の手がさしのべられれば、結婚だけが唯一の選択肢だなんて思い込まなかったはずですから。

　子どもたち一人ひとりの物語が違った形で胸を打ちました。彼らは愛する者を亡くし、暴力を目の当たりにし、戦争を逃れるために学校を辞めた子どもたち。彼らの失われた子ども時代を取り戻せるのは教育だけ。その想いはますます強くなっていきました。

　今でも鮮明に覚えている言葉があります。キャンプ最終日に、1人の少女が私のところに来てこう言いました。「将来、あなたみたいな先生になりたいの。」たった1人がこんなふうにたくさんの人生を変えるのは素敵なことです。私はこう自分に問いかけ続けています。「私一人でここまでできるなら、世界中が同じことをしたらどうなるだろう？」

　今、私はトルコでボランティア活動をしています。地元の人たちに英語を教えているのです。彼らの人生と未来の変化の一端となれることに、とても幸せを感じています。人権活動家、UNESCOのユース・リーダー、そして地球市民の1人として、私は夢見ているのです。地球上すべての子どもたちが、質の高い教育を受けられる世界を！

アリッサ・アザム

AZERBAIJAN

アゼルバイジャン

私たちは平和をつくる主役

　90年代、アゼルバイジャンとアルメニアの間で武力衝突が続き、100万人以上のアゼルバイジャン人が難民や国内避難民となりました。私の家族は当時3歳だった私を連れてロシアに移住しました。当時のロシアはソ連崩壊直後の不安定な状況下にあり、民族主義者やネオナチによる難民・労働移民排斥運動が激化しました。

12歳で帰国しましたが、14年後、再び平和は破られました。2020年9月、アゼルバイジャンとアルメニアがまたしても争い始めたのです。市民活動家、国際安全保障を学ぶ学生となった私は、同年代の若者は平和への意志が強い、そう思っていました。しかし、私たちの世代が紛争の主役の1人となってしまいました。両国合わせ7,000人以上の兵士が命を落とし、数百人の民間人も犠牲となりました。多数のアルメニア人が難民となり、私の故郷は3週間にわたって爆撃を受け続け、私の通った学校はほぼ完全に破壊され、多くの友人は家を失いました。怒りと悔しさを感じながらも、相手も同じようにつらい経験をしているんだと自分に言い聞かせました。

　私は、次の世代は憎しみや恐れを手放して、敵対するものと握手できるという希望を捨てていません。解放された領土にはアゼルバイジャン人とアルメニア人の住民がともに暮らすことになるでしょう。このことは両国にとって新たな挑戦であり、平和と共存を促進するための重要な機会になると信じています。私はこれに尽力し、若者の平和構築への参加を推進していきたいと考えています。これまでにアゼルバイジャンで、外交問題に若者の声を反映させることを目的としたYouth Ambassadorsというプログラムを共同で立ち上げ、国連、欧州評議会、その他の国際機関に自国の代表として参加しました。若者が参加するこうした取り組みは、現実に影響を与え、今日の政治情勢の緊張を和らげることができると信じています。

　身をもって紛争を経験した私は世界平和を築くために声を上げ、現実を変えるために動かなければならないと感じています。私の夢は、みんなが平和に暮らせる世界、みんなに安心できる家がある世界。それを達成するためには、社会を平和に導く若き外交官や研究者、活動家、人道支援に取り組む人が必要です。しかし、まず私たちの間で平和をつくらなければなりません。若者は明日ではなく今日を生きています。みんなで私たちが住みたい世界をつくりましょう。みんなにとって家のように心休まる世界を。

アイスン・ゼイナロバ

ARMENIA

アルメニア

Change Yourself, Change the World!

　昨今、心理学者たちは、多くの若者が夢を持っていないと言う。若者は「夢」を、所有できる物質的なものに結びつけてしまいがちだ。例えば新しいガジェット、エキゾチックな国への旅行、高収入を得られる職業といったもの。

　夢を見ることは、山でのハイキングに似ている。駆け出して、できる

だけ早く目的地にたどり着きたいとじりじりしながらも、情熱と大志を抱いて一歩ずつ前進し続けなければならない。おそらく若者たちが見失っているのは、この姿勢ではないだろうか。何かを求めて努力しない。それはなぜなら、何でも与えられてきたからだ。彼らにとって自分自身を見つけることは極端に難しいのだと、私は感じている。だからこそ、若者たちを現実の世界へと導き戻し、自分たちが追い求める夢を見つけられるように支援していく必要がある。

強い意志を持つ個人が集まり、一人ひとりの個性を重視した健全な社会を形成する。それが私の夢だ。そんな世界が実現すれば、人々のなかに変化を生み出すことができると信じている。

私たちがつくってきたこの世界は、私たちの思考プロセスの結実だ。だから私たちが考え方を変えない限り、世界は変わらない。そこで私は、世界を変えようと自分自身を変えることから始めた。つまり、自分にとって未知の領域に足を踏み出し、新しいことを学ぶ挑戦を続け、日々より良い自分をつくろうとしているのだ。

さらに、ここ数年はITプロジェクト・マネージャーとして、政府や国際機関の活動に携わってきた。こうしたプロジェクトはすべて、SDGsを達成するために長期的な効果をもたらすように計画されている。現在は、アルメニアのエネルギーセクターの自由化プロジェクトに従事しているほか、ヨーロッパの主要開発機関のための成果重視型モニタリング・評価のデータ管理システムの開発にも取り組んでいる。

世界をより良い方向に変えたい。これは私の夢だ。しかし、夢とは、誰かと共有すればするほど、その力が増していくものである。つまり、私の夢を信じてくれる人が多ければ多いほど、実現する可能性も増していく。

冒頭の話に戻るが、だからもしあなたが、ある日突然「自分には夢がない」と感じたら、私はあなたと自分の夢をシェアしよう。私には分かる。未来をつくるのは今だ。力を合わせれば、明日、ともに夢に向かっていける。

ホフハネス・アグジェニアン

GEORGIA

ジョージア

癒された世界

　国際赤十字・赤新月運動という世界的な人道支援活動と私の人生が結びついた瞬間を忘れることはないでしょう。子どもの頃、赤十字のボランティアたちが、ジョージアの武力紛争のなか困っていた人々に人道支援を行い、希望をもたらしたのを見て感銘を受け、心が大きく動かされました。

1400万人を超える赤十字社や赤新月社のボランティアたちは、世界中で生まれる、人道支援へのニーズに応え、人々が困っているときや苦しいときに孤独ではないことを伝えるため、たゆまぬ努力を続けています。あらゆる世代の人々の命と尊厳を守るため、清潔な飲料水、栄養問題を改善するための食料、住まいとなるシェルターなど、必要不可欠な援助を提供し、困っている人々を助けています。

　私はこの国際的な活動に参加していることを誇りに思っており、「人道の力」を生かすためにあらゆることに取り組んでいくつもりです。何百万人ものボランティアたちは無私無欲で小包や毛布を送り、配慮や注意も欠かさず、人助けをして変化を起こします。彼らの支えがあってこそ、日々、人道の力を目に見える形で確認できるのです。

　世界各地で精力的に活動するボランティアのなかには、男性と同じ数だけ女性も存在します。人道の力を最大限に引き出そうとすることは、男性と同じように女性の存在を認め、さまざまな場で指導的立場にある女性リーダーたちの努力と貢献に感謝することなのです。この精神に基づいて、私はみんなに、友人や隣人、家族に心を開いて、手をさしのべ、ボランティア活動を行い、あらゆる形で自分の可能性を生かしてほしいと思います。そうすれば、私たちは団結し、強くあり続け、世界共通の目標を追求することができます。

　2019年、"Act Today, Shape Tomorrow"（今、行動しよう、明日をつくろう）というインクルーシブなスローガンを掲げて開催された第33回赤十字国際会議で、光栄なことに私は議長を務めました。この会議では人道支援機関と各国政府が一堂に会し、重要な人道的課題について話し合い、その結果を決議としてまとめました。その約束事がすべての国で達成されることが私の今の夢です。この会議に先立ち、スイスの100の学校の子どもたちが、私たちにメッセージを書いてくれました。その一つに「世界が癒されることを願っています」というシンプルで力強いメッセージがありました。私たちは同じ夢を持ち、誰一人として取り残さない、より良い世界を目指しているということは間違いありません。

ナティア・ロラゼ

CYPRUS

キプロス

若者の力を信じて

　幼い頃から好奇心旺盛で落ち着きのない私の心は、ずっと満足することはありませんでした。常に新しいことを学んだり、社会問題に取り組んだりしたいと思っていました。いつもニュースを見ていたので、授業で大臣の名前を聞かれたら、みんな答えられました。幼い頃から政治に興味があったのです。それが高じて、学校に通う傍らで、ボランティア活動や団体に積極的に参加するようになりました。

　若者には政治に参加したり労働市場に参加したりと、市民として存分に活躍する能力があります。しかし、ほとんどの場合、年長者から未熟だと思われて機会を与えられていません。私はまず母国の若者のエンパワーメントに注力するようになり、イギリス留学後には世界へと活動の舞台を広げていきました。One Young World や Global Shapers Community、ハーバード・アジア国際関係プロジェクト、国連ハビタットのユース・アドバイザリーボードでは、世界中から集まった若いイノベーターたちや印象的なリーダーたちと出会い、若者には世界をより良くする無限の力があることを実感しました。

　私は、若者の潜在能力をフル活用した社会が実現し、その声が世界的に聞かれるようにしたい。この夢を追求するために2016年、若者主導のNGO である The European Cyprus Society を設立しました。男女を問わずすべての若者が、その人にふさわしい、仕事と教育の機会を得られるように活動しています。

　社会にその一員として参加することで、責任感あるステークホルダーとなり、世界の変化を推し進めるための解決策を提供できます。そして、若者の権利を守るためには、若者の声を政治に反映させなければなりません。世界人口の大部分は若者で構成されており、若者を社会から排除することは、新しいアイデア、才能、そして最終的には世界の進歩からも遠ざけてしまいます。そのため、若者のエンパワーメントと社会参加こそ、すべての人にとってより良い未来をもたらすものなのです。

　　　　　　　　　　　　　　　　　　　　カテリナ・ガブリエリドー

TURKEY

トルコ

サステナブルな生活を設計する

　私は、トルコのすごく小さな都市ヤロヴァで育ちました。海に面した緑豊かな丘があり、子どもの頃は自然のすぐそばで生活できるのがどれほど恵まれていることなのか、気づいていませんでした。

　12歳のとき、私はイスタンブールへ引っ越しました。ヨーロッパとアジアの境い目にある大都市です。この街は文化のるつぼで、その独特の個性は歴史のなかでこの地に存在した数々の文明から生まれたものです。現在の問題の一つを挙げるなら、都市が持つキャパシティを超えるほど人口が多いことです。何年もの間、伝統的な建築や憩いの場所、緑地がゆっくりと消えていくのを目の当たりにしてきました。高層ビルが都市の新顔となりました。このことは通りにさし込む日光を遮るなど、気候に深刻な影響を及ぼし、都市の文化的な個性を侵してもいるのです。

　私は、サステナブルな建築を学び、自然や伝統的な建築、社会的ニーズを尊重する建物を設計しようと決意しました。勉強を進めるなか、私は世界中を旅して、さまざまな文化やその伝統的な建築様式を観察しました。世界の多彩な建築は、異なる社会的行動と多様な景観の結果です。例えば、モロッコの田舎にある家はレンガ造りで、部屋は中庭を囲むように配置されていますが、ネパールの伝統的な家は木造で棚田に面しています。マルタでは古い石造りの家のおかげで夏は涼しく冬は暖かく過ごすことができ、スカンジナビアではファサードを南向きにすることで、限られた日照時間を最大限に活用しています。

　これらの場所で私が感銘を受けたのは、人々の生活が環境と完全に調和していることです。残念なことに、今日、世界のあらゆる場所で似たり寄ったりの建築スタイルを目にすることがますます当たり前になってきています。その土地の気候や生活様式、資材などを無視したコピー＆ペーストのような建物です。

　建築家である私は、過去の経験そして未来のテクノロジーを生かさなければならないと考えています。グローバルな視点で考え、ローカルに建てる。そして何よりも、まわりから孤立した都会のジャングルとして

　ではなく、全体として、私たちの環境の繁栄を考えなければなりません。
　私の目標は、サステナブルな都市やコミュニティの創造に貢献すること
であり、夢は、人間の存在が自然や生物多様性を脅かすことのない世界を
つくることです。人間という種がバランスを保ちながら、私たちの生息

地が生態系に溶け込んでいる世界です。現代の若者である私たちは、この地球の未来を担っています。私たちには、次の世代に緑の地球を残すチャンスがあり、最も重要なことですが、それが責任でもあるのです。

バサク・イシク

SAUDI ARABIA

サウジアラビア

ZNotesの物語

　16歳のズベイルは、ふと気づきました。初めて受けた国際試験の会場を後にしたときのことです。それはIGCSE[3]というイギリス式のカリキュラムで学ぶ学生のために行われている試験です。ここで、提供されている教育資源にはすごく大きな格差があるということに気づいたのです。これは衝撃的でした。最高の授業や個人指導を受けられる生徒もいる一方で、初歩的な教

科書を買う余裕すらない生徒もいるのですから。それなのに、採点のときには私たちは受験番号だけで認識されます。これはどれほど公平なのでしょうか？

　私は幸運にもさまざまな先生やリソースから、たくさんの見識や経験を得ることができました。そのすべてを手に入れられるように、最高の情報を凝縮して、簡潔で質の高い復習用の教材をつくることにしました。自分のまわりにある教育の不平等に気づき、そのとき自分にできることをしようと決めたのです。無料のブログを立ち上げ、自分でつくった教材をそこに投稿し、それを徐々に成長させていきました。ZNotes の誕生です。

　ZNotes の物語がそこで終わってしまう可能性はいくらでもありました。しかし、今もなお物語が続いているのは、ある重要な要因のおかげです。つまり、コミュニティの力です。口コミを通して世界中の学生が ZNotes を見つけ、活用するようになりました。さらに、情熱的な学生たちから「どうしたら協力できるの？」といったメールが届くようになり、状況が変わり始めました。学生たちがつくる、学生たちのための学習リソース。このアイデアが彼らの心に響いたのです。

　開始から 6 年が過ぎた今、世界中から何百という協力者やボランティアを得て、ZNotes は 2000 万回以上閲覧され、あらゆる国から学生や教師、教育者など 300 万人以上に活用されています。復習用メモの共有ブログとして始まったものが、今や完全な学習プラットフォームとなっています。ライブ授業、ポッドキャスト、ニュースレター、そして何よりも一緒に学ぶためのコミュニティを提供しており、学生のために学生によってつくられています。ZNotes に参加することで、学生たちは世界の変革者に必要な力を身につけています。

　ZNotes が証明していることが一つあるとすれば、それはコミュニティには、本当に驚異的な力があるということです。そしてこの力をうまく活用するためには、学生たちに力を与え、自主的な教育の旅を先導していけるようにしなければなりません。こうしたことが実現すれば、私の夢はどんどん形になっていくでしょう。だからこそ、誰もがどこに住んでいても最高の教育を受けられる世界にするという夢を、私は持ち続けているのです。

　　　　　　　　　　　　　　　　　　ズベイル・ジュンジュニア

UNITED ARAB EMIRATES

アラブ首長国連邦

高層ビルの陰に光を

　私は人生の大半をドバイで過ごしてきました。ドバイについて、多く
の人が真っ先に思い浮かべるのは、世界一の高層ビル、高級車、そして
贅沢なライフスタイルです。これらは、UAEの人口の約4割を占めるブ
ルーカラー移民労働者の存在なしには実現しなかったでしょう。しかし、
長年にわたってこの分野では搾取が蔓延し、それに対処する取り組みは

ほとんど行われてきませんでした。

　私は子どもの頃から、さまざまな背景を持つ人たち、特に移民の人たちと話をするのが好きでした。生計を立てるためにショッピングモールのトイレ清掃員として働くナイジェリア出身の教師や、ウェイターとして働くフィリピン出身のソフトウェア・エンジニアにも会いました。彼らがなぜ、どのように移住してきたかを聞くと、胸が締めつけられるようでした。ある移民労働者は、故郷の人材派遣会社が、給料の良い憧れの仕事を約束してくれたからだと話してくれました。しかし、現実は違ったのです。

　多くの国では、仲介業者の大規模ネットワークが雇用のプロセスを支配し、経済的に追い詰められた労働者を食い物にしています。雇用者と求職者の間には、6層もの仲介業者が介入するため、プロセスの透明性が失われているのです。さらには、斡旋料として仲介業者に、最大3,000米ドルを前払いする場合もあります。移民労働者たちは、家族のためにもっとお金を稼ぎ、もっと良い生活をさせたいと願って、ローンを組み、資産を抵当に入れ、パスポートさえ手放してしまいます。彼らは、現実からほど遠い夢を売られているのです。

　この問題に取り組むため、私は2016年にZoEasyという雇用プラットフォームを立ち上げました。倫理的で透明性の高い採用方法を使い、ブルーカラーの求職者に情報を伝え、適切な雇用とマッチングさせています。設立からZoEasyが大きくなっていくのを見るのは、世界一素晴らしい気分です！　短期間に6万5000人の求職者のデータベースをつくり、100人以上のブルーカラー労働者を、より良い給料と労働条件の仕事に引き合わせることができました。この透明性の高いプロセスによって労働者の意欲や生産性も向上し、企業側もとても喜んでくれています。

　私の一番の原動力は、普段見過ごされてしまう人たちのために、社会的インパクトと意識の向上をもたらすことです。ZoEasyの事業を通じて、私はもっと多様性が受け入れられるようになり、経済が発展し、そして何よりも移民労働者たちの不平等を改善していくことを夢見ています。

スパンダナ・パレイプ

QATAR

カタール

変化を起こすのは誰か？

　私が夢見るのは、本当に大事なことに価値が置かれる世界。お金や地位や名声ではなく、人生のたくさんの不思議や一人ひとりが持つ独自性、自然がもたらす豊かさに価値が置かれる世界です。それは環境に優しく、未来を思いやる世界です。

　今日、私たちは物質主義の世の中に暮らしていますが、それはカタールやペルシャ湾岸諸国など世界で一番裕福な国々として知られる地域では特に当てはまります。けれど、長年にわたって環境活動を続けてきた私は、自然がどれほどの恵みを私たちの生活や精神にもたらし、自然から多くを学べるのかを知っています。

　カタールで環境意識の高い社会の実現に向けて、私は 25 歳のときに国内初の若者による認定環境団体、Arab Youth Climate Movement Qatar（AYCMQA）を設立しました。気候変動など、私たちが直面する喫緊の問題を解決するために最も重要なのは、学校教育と意識の向上だと考えています。

　気候変動を遅らせたり逆行させるために、個人や国が単独で何ができるかという問いは重要ですが、最大の課題は多くの人が実際の危機や、環境に及ぼしているダメージの規模に気づいていないということです。例えば人々は、自分がエネルギーをどれだけ消費し、どこから供給され、どれだけ無駄にしているかを知りません。ですが、ひとたび意識が目覚めれば、どのような解決策があり、どうやって実行に移せるかを学ぼうとやる気になるでしょう。そして真の変化が起こるのです。必要な転換を図るために政策について学び、政治的な解決方法を求めることはすべての市民の責任です。ですから AYCMQA では、人々の教育や意識向上に力を注いでいるのです。

　私の最大の夢は、サステナブルな世界の実現です。より良い未来のために、何も無駄にされない、すべてがリサイクルされたり、再利用される世界です。

　かつてマハトマ・ガンジーは言いました。「世界で見たいと思う変化に、あなた自身がなりなさい」と。

ニーシャド・シャフィ

OMAN
オマーン

人類をつなぐ旅

　90年代初頭のインドで私は生まれた。当時、地域では住民同士の対立がたびたび起きており、両親は自国にいながらまるで移民のように感じていたという。ヒンドゥー教が力を持つ国で、私たちはイスラム教徒だったからだ。やがて両親はより良い未来を求めてオマーンに逃れることにした。中東の石油の繁栄という蜃気楼に魅せられたのだ。しかし、そこもまた

移民、特に私たちのようなブルーカラーを酷使する場所であるということを両親は知らなかった。多くの移民たちは無礼な扱いに耐え、暴力に脅かされ、1人で外出するのも怖いほどだった。労働者とその家族の地位向上という私の旅が始まった。

18歳になって、医療支援から職業能力開発訓練までさまざまな事業を始めた。幸いなことに、この事業は地元の若者や産業界に歓迎され、移民労働者の待遇改善に大きく貢献できた。ちょうどその頃、オマーンで初めて若者の地位向上を求める抗議行動が起こったが、行き違いから抗議者に攻撃されかけた。そんなとき、かばってくれたのが私の活動の恩恵を受けていた別の抗議者だった。彼らの勇気を忘れることはないだろう。

2012年末、23歳のとき、父の大腸がん治療のため私たち家族は、差別のために故郷と呼ぶのがためらわれた国、インドへと戻った。大変な経験だったが、インドでもあらゆる職業の労働者を支援したいと思うきっかけにもなった。数年をかけてクラウドファンディングで資金を集め、ビジネスを始めようとする人に必要な設備を提供することができた。これまで400社以上の小規模スタートアップを生み出す手助けをできたことは誇りだ。

しかし、私のビジョンは十分満たされたとは言えない。夢を実現するにはまだ程遠い。4年経った頃だった。大勢のアフリカ人（多くはナイジェリア人）がインドへやって来ているのを知った。彼らの多くは、学生を家畜のように扱うブローカーや入学コンサルタントにだまされていた。自分の見ているものに耐えられなくなり、私はナイジェリアへと飛んだ。

今、私はこの地に新しい大学を開設しようとしている。ナイジェリア人だけでなく、すべてのアフリカ人のための大学だ。世界中の労働者が差別されているのは、仕事の内容や働く場所のせいではなく、教育を受けられなかったせいだ。この大学では、個人の生活を改善するために、技能の習得を図る教育へのアクセスを提供し、将来、強力なリーダーを輩出するだろう。私は史上最年少の大学創立者となり、私の長い旅は技能志向の教育のモデルをつくるという真の使命へと道が開かれつつあるのだ。

サマール・カン

TAJIKISTAN

タジキスタン

少女や女性たちの「声」になる

　私は美しい山間の国、タジキスタンに生まれました。とても豊かで歴史あるペルシャ文化が息づく国です。ここでは大人への敬意、男性の発言、人々の行動規範が重んじられます。また、もてなしの心と伝統がとても大切にされ、信仰が生活の一部になっています。私は母国を愛し、タジキスタンの国民であることを誇りに思っていますが、課題がたくさんある

ことを知っています。そして、国により良い未来が訪れることを夢見ています。

　11歳のとき、家族とともにコソボに移住しました。ヨーロッパ南東部にある国です。文化上のさまざまな変化を経験するうちに、自分の国がコソボとどれだけ違うかを知りました。タジキスタンでは女性が大変不当な扱いを受けているのだと気づきました。女性に発言権がなく、軽んじられていると。このことで私は教育の重要性に目覚めました。私の国では、山間の僻地（へきち）に住む女の子のなかには、9年生（中学3年生）までしか学校に通わない子もいるからです。彼女たちは私と同じように最良の未来に値するのに、適切な教育を受けられず、医療も受けられず、夢を見ることさえできません。家計を切り盛りする大変な生活を強いられ、早婚しがちです。このような少女たちや女性たちに教育を授け、自分の権利について知ってもらうことがいかに重要かに気づいたのです。

　子どもの頃、同級生の女の子たちから、よくこう言われたものです。女性の人生の目標は早く結婚すること、夫や子どものお役に立つこと、信仰生活を送ることだと。こうした生活に反対はしませんが、私が望むものではありません。歴史を通じて、私の国の女性たちは教育を受ける機会がほとんどありませんでした。けれど世界には、科学者、哲学者、作家、革命家、芸術家になった女性たちがたくさんいます。もし女性たちの行動、考え方、権利が制限されなければ、人類はどれほど偉大な達成を成しうるか、想像してみてください！

　実は私の一番の情熱は音楽です。ジャズと作曲が大好きです。コソボにいる間に、歌のアルバムをつくりました。女性と少女の権利について歌い、権利の不平等、家庭内暴力、女性差別に立ち向かっています。今は、これこそが私の気持ちを表現し、人々の関心をこのテーマに集める唯一の方法です。私の夢は、タジキスタンの少女や女性たちの声になることです。歌を聴いてもらい、人々が女性を過小評価するのをやめるよう、強いメッセージを送りたいと夢見ています。この国の少女や女性たち、僻地の少女たちにも世界を動かせることを証明したいと夢見ています！

ジャスミン・ドットフオエバ

TURKMENISTAN

トルクメニスタン

この地球は誰のもの？

　私の母国は領土の3分の2が乾燥した平原と砂漠なので、気候変動や持続不可能な天然資源の利用の影響を特に受けやすいです。ここでは、資源の一つひとつが「金の粒」として扱われています。あるグループが水資源の持続可能な利用と廃棄物管理の促進と維持に尽力している一方で、別のグループが全く逆のことをしている場合があります。残念ながら自然を大

切にし、公共の幸福のために快適さを手放す心づもりのある人は一部に留まるというのは明らかです。環境を気遣うよりも環境に害を与える方が簡単です。そのため、害を与える側に焦点を当てた行動が重要なのです。

　他人の過ちを回避し、大惨事を防ぐために、トルクメニスタンの若者たちは、国連が主導するYoung SDG Ambassadorsの活動に参加し、一歩を踏み出しました。私はトルクメニスタンの若者を代表して、気候変動・環境保護分野での意思決定への若者の参加を促進しました。このイニシアチブに参加することで、意思決定者との距離も縮まり、個々人の幸福は他の人の決定や消費、行動に依存していることへの理解が深まりました。そして何より、気候変動への取り組みや自国の自然環境の改善に貢献できると信じられるようになりました。

　現在、私たちは個人的な行動、さらに意識向上キャンペーンやその他の集団的努力などを通じて、サステナブルな未来のためにコミットする方法を子どもたちや若者たちに教えています。これは、彼らが将来、環境に害を与える側に回らないようにするためです。

　20年後には、約80億人が地球上に存在することを忘れてはなりません。みんなが生き抜くためには、食料、水、医療サービス、その他たくさんのものが必要です。現在の推計では2050年までに、私たちの生活を維持するためには少なくとも地球3個分の資源が必要だと言われています。将来の世代が十分な資源を確実に得られるようにするのは、私たちの責任です。私たちの現在の選択はその大小にかかわらず、未来にこだまするのです。

　私は気候変動がない、資源をめぐる争いがない、多様性が失われない地球を夢見ています。確かに私の夢は実現が難しいように聞こえるかもしれません。でも、夢を見ることにさえつまずいてしまうのは、私たちの世界の複雑さのせいです。みんな、経済成長ばかりありがたがるのをやめて、自然に感謝しませんか？

　忘れないでください。私たちは親たちから地球を受け継いでいるのではなく、子どもたちから地球を「借りている」ということを。

　　　　　　　　　　　　　　　　　クリスティーナ・オルロバ

UZBEKISTAN

ウズベキスタン

女の子の力を信じる世界

　私は女の子たちが希望や夢を持って生きる世界を夢見ています。女の子たちがただ良い娘や妻になるために生きるのではなく、それ以上の役割を持って生まれてきたのだと知っている世界です。

　私が育った社会では、女の子よりも男の子の教育が優先されています。女性の経済や社会生活へのかかわりは家族の要求によって決まり、早婚が促されています。だから女の子たちは、世界について勉強する代わりに、妻や母親としての役割に専念しなければなりません。このために、教育や仕事を追求する個人の願いよりも、家庭の問題の方が大事なのだと、女の子たちは信じ込まされます。けれど、母は娘の私に勉強するよう励ましてくれました。母自身は親からこんなチャンスを与えられなかったのに、私たちが学び、自分の権利を知り、充実した生活を送れるよう最善を尽くしてくれたのです。

　女の子の力を信じる人々のおかげで、今の私があります。愛情深い母、支えになってくれた友人、気持ちを奮い立たせてくれるメンターたち。私自身が自分の力を信じられないときも、彼女たちは励ましてくれました。私は、SUSI Women's Leadership program のファイナリストなど、自分が達成した成果を誇らしく思っています。

　私たち一人ひとりに果たすべき役割があります。そして私は、知識を広めて女の子たちを奮い立たせるために、この地球に生を享けたのだと気づきました。たくさんの人に助けられたので、今度は社会にお返しをしなければと強く感じています。そこで、女の子や女性たちのためのプログラムを立ち上げました。無料で英語のレッスンを受けられ、今日の激動の環境下でリーダーに求められる資質を学ぶものです。参加者たちは自信を持てるようになり、何よりも女の子についての固定観念から解き放たれるのです。

　1人の女の子の人生を教育によって変えることができたら、将来、彼女の子どもたちの人生も変わります。女の子への教育は、国の発展にまつわる問題として考えられるべきです。私は夢の実現に向けて、全力を注いでいきたいと思います。

デュラドナボヌ・アブデュムタロバ

KAZAKHSTAN

カザフスタン

まわり道でも夢は途切れない

　自分の夢と力を信じれば、できないことはない。

　子どもの頃、いつも自分の将来について考えていました。外交官になって国際社会で働きたい。そうでなければ法律家。一人ひとりの権利を守るという考えが大好きだったのです。にもかかわらず、こうした夢とはかかわりの薄い経済学を学ぶことになりました。私の居場所じゃないと感じました。私の仕事はどこにあるの？　私の使命は？　いろいろなことを考えすぎて生きる気力すら失いかけたほどでした。

　修士課程に取り組んでいたとき、転機が訪れました。模擬国連を初めとするさまざまな国際会議に参加する機会を得たのです。外交官にならなくても、国際社会を相手に働くことができると気がつきました。さらに2019年、One Young World サミットに参加しました。なかでも私の心を揺さぶったのはジェーン・グドール博士の言葉でした。「一つの種が絶滅しただけでも、そこから生じた連鎖反応によって、生態系全体が破壊される。」私ははっと気づきました。住んでいる場所にかかわらず、自分がやるべきことを見極め、実行する。そうすれば世界全体に影響を与え得る。自分の進むべき道が見えた瞬間でした。

　私の夢は、さまざまな国々と協力し合いながらカザフスタンの世界的地位を向上させることです。この夢に向かって、自分の研究と実践を融合させ、それを若者たちのために生かしたいと考えています。27歳で私は、経済学の博士課程の学生になり、カザフスタンで可能なイノベーションに関する研究を続けています。私はまた、この国の観光業に関する論文を書いています。観光業を促進し、世界中から若者を呼び込むことができれば、カザフスタンを世界的な教育の中心地として成長させることができます。そうすれば、国際社会のなかでカザフスタンの地位が強化され、しかも同時に世界中の若者たちを育て、人々の権利を守ることにも貢献できます。まわり道をしましたが、私は、国際的な目標に向かって進んでいます。その一歩一歩に生きる意味を見いだしています。

マイヤ・ソーユンチャリィェバ

KYRGYZSTAN

キルギス

すべての母親の幸せ

　いくつになっても世界中のどこにいても、すべての人にとって最も尊い瞬間の一つは、母親の温かい腕に抱かれたときでしょう。では、母親の何がすべての人にとって幸せの源になっているのか、あなたは考えたことはありますか？

　私は、母親が自らの幸せを見つけ、自らのために何かを成し遂げることができて、そして自由で自立している女性でなければならないと考えています。母親の不幸を願う人がいるとは思えません。それではなぜ男女平等や女性のエンパワーメントのために、世界はまだ闘い尽くしていないのでしょうか？

　私の家族は幼い頃から私の声を尊重してくれました。好きな友達と遊び、好きな服を着て、興味を持ったことは何でも勉強できました。自立して自分なりのスタンスを持ち、自由に決められるようになる。それが普通だと思っていました。でも、それは運が良かっただけだってすぐ分かりました。

　10代のとき私は、親戚の結婚式に招待されました。素敵なイベントだっただろうと思われるかもしれません。でもそれは、誘拐されてきた花嫁が見知らぬ男との結婚を強要されるものでなかったのなら、という話です。彼女には「普通の」花嫁なら誰でも持っている幸せそうなきらめきなんてなくて、その代わり、この国の伝統の名のもとに家族の手によって人生を、夢を、希望を奪われた人の目をしていました。

　数年後、彼女の物語は、公私問わず制限され、抑圧され、拒絶されてきた何千何万もの女性たちの不幸な物語の一つにすぎないと知りました。私は、国際法の教師をしながら赤十字国際委員会の活動をするなかで、胸が痛くなるような記憶が語られるのを数え切れないほど聞きました。不平等や虐待に苦しむ女性たちと、ただお話をすることもありました。

　フェミニストの言説が氾濫している時代だと言う人もいます。でも、私は全くそう思えません。女の子が教育、医療、政治や市民生活への参加などさまざまな分野でいまだに不利益を被っているのなら、これで十分な

んて言えないはずです。奪われているものを手にするべきです。

　私は娘を持つ母として、彼女の声が誰にも負けないほど強く、彼女の
人生がこの世界の差し出すあらゆる素敵なものから恩恵を受け、彼女の

翼が決して縛られることがない世界を夢見ています。つまり、すべての
母親、すべての女性が幸せになれる世界を夢見ているんです。

アリナ・ムルザエワ

ISLAMIC REPUBLIC OF IRAN
イラン

若者たちの創造力を解き放つ

　発展途上国のイランで育った僕は、自分で体験しないと説明するのが難しい、ある現象を見てきました。創造性の不平等です。これは独創的なアイデアをつくり出すチャンスの不平等と定義できます。僕は誰もが平等に能力を持っていると信じていますが、チャンスへのアクセスの不平等が人々を隔てているのです。

現代の経済システムでは、購買力のある人の意見や能力だけが考慮されます。今日、世界人口の80%以上が1日10米ドル未満で生活していて、彼らは数の上では多数派なのに、影響力や発言力、成功のチャンスがあるかという点では圧倒的に少数派です。これは先進国と途上国のデジタル格差を見れば明らかです。38億以上の人々にいまだにインターネットがなく、つまり限られた知識やツールしか得られず、独創的なアイデアを生むチャンスが制限されているのです。彼らにはインターネット上で自分の考えを述べ、人と共有する権利もないのです。この不平等によって才能が無駄になり、世界の差し迫った問題への貢献も失われています。

僕の夢は、世界中の若者たちにツールとチャンスを提供して、彼らの創造力を解き放つことです。そのために、26歳のとき The People を立ち上げました。世界中の若いクリエイターたちによって支えられるソーシャルビジネスです。僕たち独自のビジネスモデルは、若者たちがさまざまなブランドとコラボレーションし、技能を磨き、そして貢献した分の報酬を得られるよう機会を提供しています。例えば、BBCとコラボして、若いクリエイターやプログラマーたちと未来のデジタル・コンテンツを共同制作するのを手伝ったこともありました。

若者たちが、以前なら不可能だと思い込んでいた高みに達するのを見ると、本当にワクワクします。今後10年の間に、活動の影響を拡大し、100万人の若者たちにクリエイティブなチャンスを与えたいと考えています。そうしたら誰もが自分の運命を自分で切り拓くことができるようになるでしょう。

僕の究極の夢は、児童労働をなくすこと。子どもたちは大人よりもクリエイティブで、好奇心でいっぱいなのに、児童労働はその無限の創造性を押さえつけているからです。間違いなく深刻な創造力の損失でしょう。だから僕は最後に言いたいのです。

「子どもたちを遊ばせてあげてください！」

キアン・バクティアリ

![Pakistan flag] **PAKISTAN**
パキスタン

未来は教室から生まれる

　心を変え、国を変えられるのは、教育だけだと信じています。私の夢は、人生を変えることができる教師になることです。教えることは単なる職業ではなく、情熱です。教師は未来の世代の開拓者であるからこそ、社会の変化の担い手なのです。

　父は私が幼い頃に亡くなりました。社会的な圧力により、母はひどい暴力

をふるう男性と再婚しました。そのため、私は母と離れて暮らさざるをえず、親戚の家を転々とすることになりました。私は、「子ども時代」のない子どもでした。5歳にして心に傷を負い、痛みと苦しみのなかを生きてきたのです。自殺寸前まで追い込まれたことも一度ではありません。

私には、親をなくした子どもや恵まれない子どもが質の高い教育を受けられないとき、どんな気持ちになるのかが分かります。そういう子どもたちのために、私は教育者になったのです。しかし、私自身、学業を続ける上で、多くのハードルがありました。大学の費用はアルバイトをしてすべて自分で稼ぎましたが、最終的に私を引き取ってくれた伯父一家のサポートもあって乗り切ることができました。卒業後は教えることへの情熱と懸命の努力が実を結び、ある有名な組織に就職しました。パキスタンのシンド州の僻地にある学校に、ティーチング・サポート・アソシエイトとして派遣されました。今では、国連の市民教育ボランティアとして働いています。

シンド州にいた頃には、私のキャリアのなかでも最も印象に残る出来事の一つがありました。とても優秀な生徒がいたのですが、あるとき、彼女の成績が下がっていることに気がつきました。理由を尋ねると、両親が彼女を結婚させようとしていることが分かりました。私は彼女の両親に電話をかけて説得し、どうにかして両親は彼女に勉強を続けさせてくれました。そのときに考えたのは、同じような状況で苦しんでいる子どもは大勢いるのだろうということです。親を失った子どもにとっては、状況はさらに過酷なはずです。このことは、夢の実現に向けて進む私の背中を、強く押すことになりました。

私は子どもの頃に苦しみました。同じ苦しみを誰にも味わわせたくありません。この混沌とした世界のなかで子どもたちが孤独を感じる必要はないし、また子どもたちに、世界は終わることはないと知ってほしい。

私は自分が住んでいる地域に恩返しをし、苦しみのさなかにいる人や、自分の生活をより良くする手段を持っていない人たちみんなのために、社会をより良い場所にしていきたいと考えています。国の未来を決めるのは、学校の教室です。この信念を胸に、国家を繁栄させようと教育にエネルギーを注ぐ人たちのなかに立つことを夢見ています。

ジョン・ジェームズ

AFGHANISTAN

アフガニスタン

すべての女の子の夢がかなう国

　世界中の女の子が望んでいるように、私も「女の子がなりたい自分に
なれる世界」を夢見ています。女の子がやりたいことを自分自身で決断で
き、基本的な人権を持てる世界。教育が成功への鍵だと誰もが知っていま
すが、アフガニスタンでは女性教育の欠如が最大の問題になっています。
女性の識字率は約20%※4 で、370万人の子どもが不登校。そのうち6割

が女の子です※5。ということは、女の子の3人に1人しか学校に通っていないことになります。この国の若者である私たちの使命は、こうした状況を乗り越えるために仲間のアフガニスタン人を助けることにあります。

　私はパキスタンで移民として生まれ育ちました。幸運にも私には支援してくれる家族がいて、私の教育と将来のためにできる限りのことをしてくれました。13歳で初めてアフガニスタンに来ました。たくさんの家族や友人、そこに住んでいる人たちと出会いましたが、残念ながら8割の家庭は、娘の教育や人生の重要な決断について私たちとは異なるルールや権限を持っていました。だから、この国の女の子たちは、お父さんや兄弟に自分が何をしたいのかを伝えることを恐れているのです。その日を境に、私はアフガニスタンの女の子たちのために少しでも力になろうと決心しました。

　高校卒業後、17歳のときに Razia's Ray of Hope という組織に参加しました。最初は教師でしたが、今はスポンサーシップ・プログラムのコーディネーターをしています。女の子が恐怖をすべて克服して、自ら決断を下し、家族に自分の問題を相談したり話し合いに参加したり、声を上げることができるように手助けしたいと、私はいつも考えています。本に載っていることをただ伝えるのではなく、女の子が恐れることなく人生で何をしたいのかを家族に話せるように、自信を持ってもらおうと全力で取り組んできました。

　私たちが支援する700人以上の女の子が学校に通っており、これまで85人が卒業しました。助産師の資格を取得した人も20人いますし、在学中の生徒のなかにはトルコにて全額奨学金で医学を学んでいたり、国内のアメリカ系大学に通っている子もいます。これは、女の子が小学校もろくに通えなかった村や僻地（へきち）においては快挙です。こうした成果は他の女の子の家族を説得する上でも、大きな後押しになっています。

　そして、私の夢はすべての女の子が学校に通い、自分の夢を実現し、自分で決断できるような教育を受けられるよう、アフガニスタン全土で支援を始めることです。

アジーザ・ベーハム

MALDIVES

モルディブ

若者が力強く航海できるように

　モルディブは、エメラルドに輝く海に囲まれた群島の国です。毎年多くのモルディブの若者が良い雇用や教育、医療を求めて故郷の島から首都マレに旅立ちます。美しい海はすべての旅の始まりと終わりを象徴するかのようですが、若者の多くは故郷のコミュニティ、伝統、価値観からの断絶を経験し、疎外感を抱いています。ときには自らを支える錨が失われたか

のように感じることもあります。

　元々モルディブには非常に調和の取れた社会があり、島々には多様な文化がありました。凶作による食糧不足といった問題はあるものの、島のコミュニティの結びつきは緊密で、家族間での分かち合いが当たり前の社会でした。しかし、国による首都を中心とした開発政策のため、50年前から多くの若者がマレに移り住み、故郷の島のコミュニティから切り離されてきました。若者たちは下宿先の家で家事労働を強いられることは珍しくなく、ひどい場合は虐待を受けることもあります。そして、そこにつけ込むように組織犯罪や暴力的過激主義もはびこっています。一方で、地方の島々では高齢者と子どもばかりが残り、頭脳と力が失われつつあります。

　私の母も出産をして、体の弱かった生まれたばかりの私を育てるために、自分の島を離れた若者の1人でした。マレの良質な医療がなければ、今の私は存在していなかったでしょう。若者たちが尊厳ある生活を送り、国民の団結と平和を通じて国の調和と伝統を復活させるにはどうすればいいのか？

　これは私にとって身近な問題でした。この問題に取り組もうと、若者が主導するさまざまな組織で働き始め、特に若者たちの社会参加について尽力してきました。今は国際青年会議所（JCI）モルディブ支部の評議会議長として、開発助成金プログラムや青少年育成のための資源投入を監督しています。自分たちの要求や意見を政府の決定のために提案する力が、若者には必要です。

　美しいエメラルドの海は私たちと世界をつなげています。地球市民である私は、若者の社会参加は世界中のどこでも実現しなければいけないことだと信じています。自分の国から始め、良い例を世界に示していきたい。私は、モルディブで、そして世界中で、若者たちが社会の一員として受け入れられ、彼らの声が響き、彼らの価値、創意工夫、尊厳が尊重される、そんな未来を夢見ています。

　　　　　　　　　　　　　　　　　　ムハムド・フッド・イブラヒム

BANGLADESH

バングラデシュ

GEOPOTATO！

　私は学校ではずっと理科が得意で、科学者と彼らが人類にどのように貢献してきたか、本を読むのが好きでした。このようにして、私は科学への興味を深めていきました。自分の知的限界を押し広げることができ、少し運が良ければ、ある分野で革命を起こせるような道を探していたのです。

　そんな願望を抱いて、私はバングラデシュのトップ大学の一つで化学の

研究を進めました。しかし、すぐに、南北の知識格差のためにグローバル・サウス（南の発展途上国）出身の科学者がインパクトを生み出す可能性がいかに小さいかに気づいたのです。そこで私は、従来の科学者のキャリアを歩むのではなく、科学によって人々の生活に影響を与える仕事に邁進していこうと決意しました。

　農業は、科学やテクノロジーによって、最貧層にいる人々に最高の変革がもたらされうる分野の一つです。私の父は肥料工場で働いており、海岸沿いの郊外の街で、農場に囲まれ、植物でいっぱいの家で私は育ちました。こうした環境で育ったからこそ、作物生産における問題の解決に最善を尽くそうと思ったのです。

　農家の行動に影響を与え農薬の使用を最適化する機会を得て、mPower Social というバングラデシュで立ち上げられた ICT4D 企業※6 とともに心血を注ぎました。農薬の過剰散布は、農家の経済的損失を増大させ、環境破壊や土壌劣化を引き起こし、食の安全を脅かします。しかし、作物が枯死する病気など、壊滅的な植物の病気から食料と収入の安全を確保するには、化学薬品が唯一の方法であることがよくあります。そこで、私たちは、作物を守るため農家が事前に対策をとれるように携帯電話へ個別のアドバイスを提供するソリューションを開発しました。

　GEOPOTATO と名づけたこのソリューションは、2018 年からバングラデシュで運用されています。このシステムは、衛星データと気象データ、そして作物の成長モデルを組み合わせて、ジャガイモの疫病の発生リスクを局所的に推定します。疫病発生の可能性が閾値を超えると、農家にメッセージが送信されます。これにより、農家は予測された病害に対応した殺菌剤のみ散布すればよいことになります。

　2020 年、私たちはバングラデシュで 7 万人以上の農家にサービスを提供し、そのポジティブな影響はイェール大学などの著名な研究機関からも報告されています。また、製薬会社バイエルの支援を受けて、バングラデシュで商用モデルとしての検証も行っています。世界中のジャガイモ農家の最良の友となるよう、GEOPOTATO をもっと広めていきたいと思っています。それが私の夢です。

カジ・ジャワード・ホセイン

 ## SRI LANKA

スリランカ

違いと共通点を大切にする

　僕はスリランカで生まれ育ちました。いつでも戦争の悲劇と隣り合わ
せにあった国です。僕の父は軍人だったので、父を失うかもしれないとい
う可能性が、子どもの頃の僕の心のなかには常にありました。戦争へ行く
父を見送るときはいつも、もう二度と会えないかもしれないという恐怖
が胸を締めつけました。しかし、戦争の影響を受ける北部州と東部州に

住む人々は、はるかに大きな恐怖と苦しみのなかにいました。

　1983年に始まった内戦は、2009年に終結しました。それから2年後、僕はかつて戦場となったヴァヴニヤという町で働いていました。政府による更生と和解を進める仕事に、更生委員会事務局のインターンとして携わったのです。元反政府勢力の人々と交流し、彼らの更生と社会復帰の手助けをしました。戦争の被害を直接受けた人たちの現実を、自分は同じ国で生活してきたのに全く理解していなかったことを思い知らされました。なにしろ反政府勢力だった人たちのなかには、僕と同年代の人もいたのですから。自分と同じ国の同じ年齢の人が、自分とはまったく異なる凄惨な現実を生きていた。その事実に打ちのめされました。

　このときの経験は、私たちが分かち合う共通点に比べれば、社会格差や民族の違いなどはるかに小さいことも教えてくれました。ならば、なぜ違いばかりを追い求め、戦争が発生してきたのでしょうか?

　内戦の背景は複雑です。私はあまり一般化することを好みませんが、そこには三つの要因があったと考えています。社会に存在する不平等、自律的な経済成長の機会の少なさ、そして最も大事なのが思いやりに基づいた教育の欠如です。質の高い教育を受けられなかったこと、それは人々が共感力を失ったことを意味していました。社会に存在する不平等は、私腹を肥やそうとする人にたやすく利用されてしまい、経済的苦境のなかで人々は、容易に自分とは異なる人間への暴力へと駆り立てられていったのです。

　だからこそ、思いやりの心と平和を育むための基盤が必要なのです。それが教育です。普遍的な共感力を積極的に教える、質の高い教育プログラムを実施する。そうすれば、人々は違いではなくお互いの共通点を追求するようになるでしょう。こうした思いやる力を備えた市民が不平等を減らし、平等な経済機会の創出に努めていくはずです。僕たちのなかにある共通点を見つけ出し、それを育てていくと同時に、僕たちの持っている違いをも大切にする社会。それを実現するのが僕の夢です。誰もが幸せで平和にいられる世界を一緒につくっていきましょう!

　　　　　　　　　　　　　　ヘシカ・ディガハワセラ

NEPAL

ネパール

より健康でより幸せなネパール

　ネパールは世界で最も貧しい発展途上国の一つです。人口の約4分の1が1日50セント以下で生活し、5歳未満の子どもの約36%が、主に慢性的な飢餓が原因で発育不全に陥っています。[*7]死亡率は高く、特に人里離れた山村ではありふれた病気で命を落としています。私の母を黄疸<ruby>黄疸<rt>おうだん</rt></ruby>という治療できる病気で亡くしたことで、身をもって体験してきました。こ

の無力感が、私を医療と福祉への道へと突き動かしました。

　初めてヘルス・キャンプに取り組んだのは2009年のことです。それからネパール中をめぐり、これまで50以上の地域でヘルス・キャンプを実施してきました。2015年4月25日、大地震がネパールを襲いました。山奥の村まで救助の手が届かず、私は募金を呼びかけ、ヘリコプターを使った救援活動を組織しました。2016年には私の村に診療所を建てることもできました。

　これによって、そこに住む人々の生活に良い変化が生まれました。それは治療可能な病気で命を落とす人が減っただけではありません。みんなが自らの健康や日常的な衛生習慣を意識するようにもなりました。困ったとき、特に健康にかかわることで頼れる人がいるというのは、地域の人々にとってそれこそが希望であり、毎日を幸せに送ることにもつながっているのだと思います。

　私自身がこれまで健康な生活を送り、教育を受けることができたのは、私の師であるケンチェン・タング・リンポチェのおかげです。私が7歳のとき、良い環境でたくさんのことを学べるように両親は私をカトマンズの僧院に入れてくれました。仏教の僧侶でもあり、医療助手でもある私の人生の道は、師の教えに従うことであり、他者を助けて施しを与えようとする師のために身を尽くすことです。「あなたがどれだけのことを学んでも、どんなスキルを持っていても、それは常に他者の利益のために使われるべきである」という師の言葉は、私の人生のマントラであり、いつも心のなかにあります。

　私の国では多くの国民が貧しい状況にありますが、治療可能な病気で苦しんだり亡くなったりする人がいない世界になってほしい。ネパールのどこにいても誰もが基礎医療を日常的に受けられるように、私は全力で取り組んでいきます。より健康でより幸せなネパール。それが私の夢です。

ワンチュク・ラマ

BHUTAN

ブータン

すべての夢想家に捧げる夢

　ブータン王国は、人口約70万人のヒマラヤの小国です。先代の第4代国王は、父王の予期せぬ崩御により、17歳の若さで黄金の玉座に就かれました。若き王は、国民の運命は自分の決断にかかっており、間違いは許されないことをご理解されていました。そのため若き王は、国の成功は国民の幸福によって計られると考え、国民総幸福量（GNH）を提唱し、

政策に反映する決心をされました。第5代国王は、父のこの崇高なビジョンを受け継ぎ、今日、博愛の心をもってブータンを導かれています。

　世界のために人々が抱く夢全部に勝ろような、たった一つの夢を言葉にするのは難しいですね。普遍的な平和と調和、万人のための教育、貧困の撲滅、環境保護……どれも立派な夢ですが、私には一つひとつの夢よりもっと大きな夢があるのではと思っています。それと言うのも、私たちの国王は戴冠式のとき、国民にこう語りかけました。「王として、私は自らの夢を持たない」と。国王に許されるたった一つの夢、それは国民の夢全部だというわけです。だから私も国王にならって、私の夢をすべての夢想家のために捧げたいと思います。

　現在、私は、Drukyul's Literature Festivalのプロデューサーを務めています。この文学祭は10年前から開催されている読者と作家のグローバルなコミュニティであり、さまざまなアイデアが集まる空間です。パトロンにして著名な作家でもあるアシ・ドルジ・ワンモ・ワンチュク王太后陛下の高貴な志から生まれ、世界中の偉大な作家や思想家が物語を祝いました。毎年400〜500人以上が訪れ、世界中の10万人以上の人々がソーシャルメディアで参加しています。私の仕事は、世界中の人たちが夢をシェアできる場をつくるお手伝いをすることなのです。

　仏教には、徳のあることをした後、その徳を衆生のために捧げるという修行があります。他人の幸せのために自分の徳のほとんど全部を寄付するという実践は、おそらく仏教で最高の美徳でしょう。そして、私のお気に入りのお祈りは、「おお菩薩よ、慈悲の貴重な宝石よ。あなたの誕生を祈ります。他人の幸せのために生まれ続けますように。そして、あなたの博愛の行いがあまねく広がりますように。」菩薩とは、簡単に言えば「慈悲深い人」。すべての夢想家のなかに菩薩がいると、私は信じています。そして、私の夢は、世界中の夢想家が抱くすべての夢が燎原の火のように広がること、世界全体に平和、愛、調和、人類がみな家族になるような夢が伝わっていくことです。

ンガワン・ゲルツェン

INDIA

インド

誰もが尊厳を持って生きるために

　丸腰の難民。彼の頭に突きつけられた機関銃。混沌とした騒音から聞こえてくる質問。「お嬢さん、おけがはありませんか？」

　ナイロビの警官が、私を取り囲み、そのソマリア人を押さえつけた。警官たちは私に危険が及んでいると思ったのです。タバンのように難民の多くは不平等の犠牲者であり、不審者のように扱われ、尊厳のある人生を送る権利を侵害されています。ナイロビの路上をさまようタバンの顔には深い粘り強さがありました。そこにいるだけで法を犯すことを余儀なくされ、生き抜くことは、タバンにとって自分に配られた不公平なカードと闘いを続けることであることが分かります。

　私が止めるのに気づいた警官はやがて去っていきましたが、私の昼食の残りに手を伸ばそうとしたタバンの弱さに気づくことはありませんでした。今も、タバンは苦しい生活を送っています。その名前には「幸せ」という意味があるのに。タバンの苦境に終わりはあるのでしょうか？　彼をめぐる問題を誰が訴えるのでしょうか？　このような構造的な不利益にどう向き合えばいいのか？　このような思いがたびたび去来し、だんだんと重くのしかかってきました。こうした出来事や問いが、「誰一人として取り残されないように、個人が尊厳を持って自分の人生を切り拓けるようにする」という私の目標を強くしています。

　これは、私が過酷な状況に触れ、仕事に取り組み続け、長い時間をかけて考えた結果、たどり着いた夢です。学部生のとき、私は政治学か映画研究、いずれか一つを選ばなくてはいけませんでした。提出しないといけない書類を何週間も持って歩き回り、どちらを選ぶべきか格闘していました。

　そんなとき、研究課題に取りかかるため、ムンバイにあるマンダラというスラム街へ向かいました。ごみと瓦礫のなかに、病気の赤ん坊をあやしている1人の母親が見えました。そこには、ドアも電気も薬もありません。そのとき、こんなに親密で、傷つきやすい瞬間から見せ物をつくるのはやめようと決めました。この母親が自立して生きていけるように支援しようと思ったのです。その場で、その玄関先で私は書類に記入しました。

それ以来、私の旅は災害や不安定な制度、構造的な貧困の狭間で、数え
きれないほどの物語を切り拓いてきました。FARCのゲリラ兵が最後の
武器を降ろすのを見たり、ケララ州では洪水によって夫を亡くした未亡人
とお茶を飲んだり、アル・シャバブの攻撃中に国連事務所の封鎖下にいたり、
ハイパーインフレによってベネズエラのある家族の貯金が消えていくのを
目の当たりにしたり、閉鎖寸前の緩和ケア病棟で瀕死の子どもの手を握っ
たりしてきました。自分たちの境遇にとらわれた人々がそれぞれ耐え忍ぶ
姿が、私の心をつかんで離しませんでした。

　草の根活動家、UNESCOのユース・リーダー、ハーバード大学で公共
政策を学ぶ学生として、私は不平等の問題を解決し、社会から取り残され
ている人を助けるためにSDGsを積極的に提唱し、地域に適用してきまし
た。このような活動のなかで私が気づいたのは、私たちはみな、似たよう
な問題や約束事によって形づくられているということです。「私たち」と「彼
ら」という役に立たない二項対立に陥るのではなく、地球市民として共通
の課題を解決することに身を投じているのです。

　SDGsを国連の専売特許、もしくは教科書に書かれた理論的な概念であ
ると考えるのではなく、サステナブルな生活を促進するために、若者がもっ
とかかわっていけると、今、私は信じています。私が遭遇した非常に近視
眼的な（しかし、しばしば広まっている）見解とは、特定の国際機関だけ
がSDGsを達成する権限と責任を持っているという無関心な考え方です。
そこで、私はこの物語を読むすべての若者に、SDGsに関する自分とは関
係のない目標を掲げた長いリストではなく、目標が設定された情熱的な夢
へと変えてほしいと思います。

　タバンが自分の名前にふさわしい生活を送り、マンダラの母親がワクチ
ンを手に入れられる世界を一緒につくりましょう。それは、希望に満ちた
オルタナティブな未来、つまり人間の尊厳と忍耐力がまとめて実現される
ような未来を形づくることなのです。

アナミカ・マドゥラジ

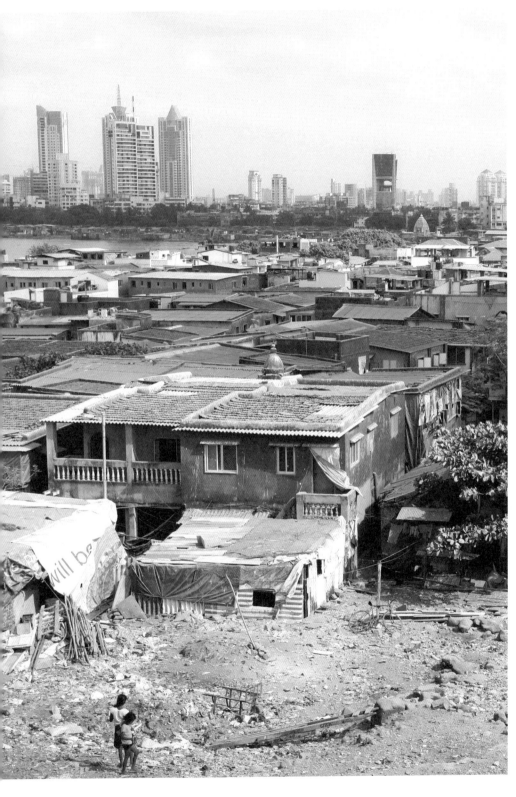

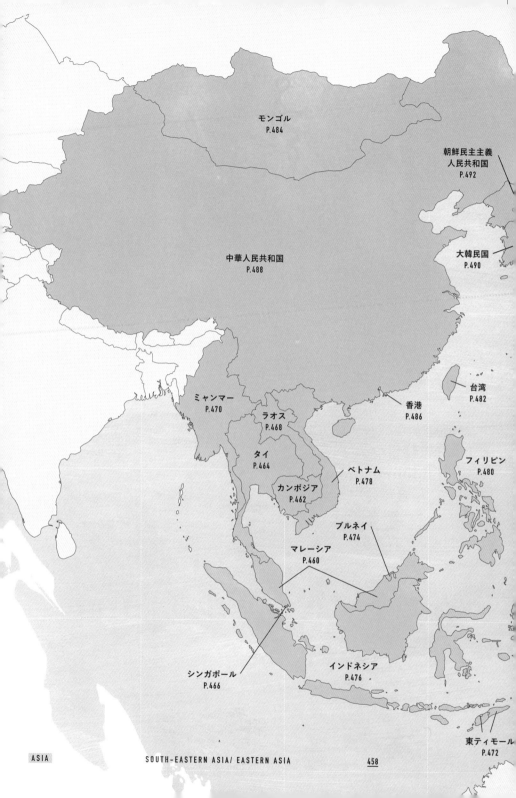

モンゴル
P.484

朝鮮民主主義
人民共和国
P.492

中華人民共和国
P.488

大韓民国
P.490

ミャンマー
P.470

ラオス
P.468

台湾
P.482

香港
P.486

タイ
P.464

ベトナム
P.478

カンボジア
P.462

フィリピン
P.480

ブルネイ
P.474

マレーシア
P.460

シンガポール
P.466

インドネシア
P.476

東ティモール
P.472

日本
P.496

SOUTH-EASTERN ASIA
– 東南アジア –

EASTERN ASIA
– 東アジア –

MALAYSIA

マレーシア

思考、肉体、魂に力を

「汝は思考をもって、より良い世界のためチャンスと解決策をつくり出すことを愛します」

「汝は肉体をもって、未来の世代のため環境を守り愛します」

「汝は魂をもって、能力を最大限に引き出し人生を愛します」

かつて私の心はたくさんの疑問でいっぱいでした。想像をめぐらせ、私は

ごみからアート作品や日用品をつくり出しました。この才能のおかげで、一躍学校を代表するアーティストとなり、問題を解決策に変える地域プロジェクトを組織しました。社会の問題を見つけ、ビルや店舗を使って、地域のために変化を生み出していったのです。変化を生み出そうとするとき、私はいつもこんなふうに自分に問いかけていました。

「どうすれば、より少ない材料でもっと多くのものを生み出せる？」

「どうすれば、捨てられたものを再利用して美しいものを生み出せる？」

「どうすれば、このビルやスペース、材料をもっと活用できる？」

この仕事をきっかけに私の肉体は森へ移り住み、マレーシアの先住民たちと暮らすようになりました。彼らから自然と共生するすべを教わったのです。天然のプラスチックとして葉っぱを使い、食べられる植物を探し集め、肉はほとんど食べませんでした。思考が明瞭になり、肉体ははつらつとし、自らの手でものをつくり、自由に歩き回りました。先住民たちの暮らしから授かった恵みによって、私の心と体は健康になっていたのです。自然が与えてくれる豊かさに感謝し、自然を愛するようになりました。ごみは出さず、お金も使いませんでした。川で水浴びをし、電気は使いません。動物や虫の声、木々の音を聞くと、生きていることを強く実感しました。私は自然に恋をし、人々に自然とのつながりを取り戻してほしいと思いました。

私を導く魂である森への愛を胸に、自分の物語を世界に伝えたいと思いました。One Young World サミットは、本当の私について話す機会を与えてくれました。本当の私は大好きだった仕事や成長した場所と一直線につながっており、それまでの過程で自分自身を発見できたのです。

サミットのおかげでグローバル・サステナビリティ・リーダーになりたいという目標も生まれました。世界中の優れた変革者たちに囲まれ、私も大きな変化をもたらしたいと力を得たのです。私の夢は、私自身が森で経験したように、人々に自らの思考、肉体、魂を絶えず意識し、世界と一体になってほしいということです。そんな想いで、顧問ビジネスを立ち上げました。今、私は思考と肉体と魂を通して、人々が人生の目的に気づけるよう手助けをしています。一緒に、自分自身を見つける旅へ出かけましょう。

ビビアン・チュー・プイ・チェン

CAMBODIA

カンボジア

リーダーになるのに若すぎることはない

　私たちの多くにとって、子ども時代を過ごすことは容易ではありません。カンボジアのような、大量虐殺や数十年にわたる内戦に引き裂かれた途上国に生まれ育ったら、なおさら困難です。私が子どもの頃は、住居や食糧、教育、その他の基本的ニーズは、一部の人が手にする真の特権でした。しかし「夢」を持つことは、お金のことは気にせずできる数少ないことだっ

たので、私は夢を見ていました。今では、たくさんの夢があります。生涯にわたる夢は、若者たちが奮起し、リーダーとして力を持てる世界をつくることです。

人を導き、奮起させ、力を与えるには、まず自分自身から始めなくてはならないと私は信じています。そして、教育に勝る手段はありません。私は貧しく、助言も得られなかったので、質の高い教育を追い求めるのはとても大変でした。しかし、一生懸命粘り強く勉強し、17歳のとき初めて海外から奨学金を受けました。このことが私の人生の軌跡を大きく変えてくれたのです。それ以来、世界で学び、働き、60カ国以上を旅してきました。私はこれまで助けてくれた人たちに感謝し、ずっと恩を忘れないでしょう。だから、出会う人々や地域にポジティブな変化をもたらし、恩送りすることが、私にはとても大事なのです。学生リーダーとしての活動から、マルタ赤十字難民センターでの英語講師ボランティアまで、私は精いっぱい恩送りし、困っている人を助けようとがんばってきました。

大学を卒業し、カンボジアに戻った後、24歳で官僚として働き始めました。子どもの頃からの夢をかなえることが私の最優先事項だからです。これまでの知識を生かして、カンボジアの経済・貿易関連の政策を形づくっています。ゆくゆくは人々の生活水準の向上や、国の成長と発展につながるでしょう。さらに若い世代に自分の経験を伝えたいと思い、地元の大学で教えています。私は学生たちに、仲間を助けて、いつも恩送りをするよう励ましてきました。特に意見をめったに聞いてもらえず、夢をかなえるのが難しい若者を助けるよう勇気づけています。

私の夢はまだまだ続きます。若者たちが最大限に活躍できる理想の世界は、若者自身がリーダーとなって導く世界だと心から信じています。だから若いみなさんが、人生のなかで直面するかもしれない逆境に負けず、学び続け、成長し、役に立ち、粘り強くやり抜くことが重要です。そして、いつも忘れないでください。リーダーになるのに若すぎることなど、決してないのだと。

イムソウチヴィ・スオス

THAILAND

タイ

誰もが自由に人生を切り拓ける

　「リーダーシップ」と一口に言いますが、それはどんな能力なのでしょうか？　私にとっては「どんな障害にも打ち勝つことができる個人の強さ、それを支える考え方やスキル、そして目標を達成するまで諦めず、自分が信じていることのために毅然とした態度を取る勇気」だと思います。つまり、自らの人生を、自らの手で切り拓いていく力。私は、誰もがその力

を手に入れ、発揮できる世界を夢見ています。

　私は地方の中流家庭で育ち、大学進学のために首都バンコクに出てきました。そこで直面したのが、都会で良い教育を受けてきた友達と故郷の人々との間に横たわる歴然たる社会的格差。懸命に働いてくれた両親のおかげもあって、私は可能な限りの教育を受けることができました。しかし、身近な親戚全員がそうだったわけではなく、例えばいとこの1人は最低限の教育しか受けられず、「初歩的な仕事を何とか見つけたのにAIに仕事を奪われた」と嘆いていました……。彼女の話を聞いて、誰もが良い教育を受けられ、リーダーシップのスキルを養えるようにすることが、社会の未来にとっていかに大切かを思い知らされました。

　私のリーダーシップが最初に開花したのは大学生のとき。国際的なリーダーシッププログラムのようなさまざまなプロジェクトに参加し、教育水準の高くない地方出身者である私は、自分よりも恵まれた環境にいる仲間と肩を並べる努力をしました。彼らと同じ機会を与えられ、一緒に学ぶ機会を得た幸運に感謝するとともに、リーダーシップは良質な教育によって誰もが身につけられると信じられるようになりました。

　私は今、SWAG EVという電動二輪車(EV)メーカーの事業開発担当副社長として働いています。当社はタイでEVのインフラを構築し、国内大学向けのEVコースを開発していますが、会社の持つプラットフォームを活用して若者が教育の機会を追求できるよう支援していきたいと思います。例えば、中堅大学と提携して学生がインターンシップに参加できるようにしたり、EVとグリーンエネルギーの意識を高めるために、大学構内や近隣での電動自転車のレンタルサービスについての事業計画を大学生たちと一緒につくり上げました。

　誰もが一流大学にばかり目を奪われるから、格差が生まれます。キャリアを積み、人生を歩み、リーダーシップのスキルを獲得するチャンスがみんなに与えられるべきではないでしょうか？　誰もが平等に自分を磨くことができてこそ、次世代の人たちは私たちが与えられた以上のものを獲得できると考えています。

ブンニャポーン・ワッツァワーン

SINGAPORE

シンガポール

恐れることなく生きる

　10代の頃、同世代の多くの女の子がそうであるように、ボディイメージと自己肯定の問題に苦しみました。自分の見た目が大嫌いで、体重や体型に関して自意識過剰になっていたのです。極端な食事制限とエクササイズを続け、一時は体重が37kgにまでなっていました。社会が課した美の基準に従おうとするあまり、命を失いかけたのです。

それが変わったのは、護身術を教えるシンガポール随一の学校、Kapap Academy に通い始めてからのこと。そこで、DVや性暴力、いじめなどの被害をかつて受けた女性や子どもたちに出会ったのです。そして、恐ろしい体験談を聞くうちに、私は考えるようになりました。こうした女性や子どもたちが精神的な回復力と護身術を身につければ、二度と恐怖や痛みのなかで暮らすことはないでしょう。彼女たちに勇気を与えるお手伝いができれば、私の人生はもっと意義のあるものになるだろうと。そして、それが夢となりました。

　夢を実現するために、自分探しの旅をしてきました。うまくいかないことはたくさんありました。まず家族や友人たちは、私が護身術のインストラクターという仕事を選んだこと、男社会のなかで女性が働くことに協力的ではありませんでした。それから、男性の生徒たちに対しては、彼らを指導するだけのスキルが自分にないといけませんでした。こうしたさまざまな困難に向き合ううちに、疑ったり批判したりする人に立ち向かい、自分の能力を証明できる強い性格を持っていることに気づいたのは、自分でも驚きでした。しかし、このような困難に挑戦するには、まず、その時点での自分の限界を受け入れなければなりませんでした。自分の限界に臆せず立ち向かうことで、人はそれを越えていくのです。

　やがて私は、社会事業として Kapap Academy の運営にかかわることになりました。これまで 10 年足らずの間に、仲間とともにシンガポール、マレーシア、インドなどで 6 万人以上の生徒たちとトレーニングをしてきました。私たちの活動が認められ、2017 年、シンガポール人として唯一の Queens Young Leaders Award を受賞しました。さらに今は取り組みを推し進め、年齢や性別にかかわらず、安全でいられるように設計されたパーソナルセーフティアプリ Angel Wings の開発も進めています。

　さまよいながら人生を送っていた私は、10 年の間に生きがいを持つ人間となりました。それは社会が自分をどう見ているかということではなく、人として、武道家として、社会活動家として自分自身を鍛える覚悟を持ち、他の人たちの人生にどれほどたくさんの変化をもたらすことができるのかということです。そして、今、これまでの道のりで出会った大勢の仲間とともに夢を追い続けています。

ユンチュエン・チン

LAO PEOPLE'S DEMOCRATIC REPUBLIC

ラオス人民共和国

小さくても一歩ずつ

　16歳の頃の忘れられない記憶がある。ある日、家族とともに自動車に乗って街に出かけたときのことだ。子どもの手を握りながら通りを歩き、物乞いをする1人の母親の姿が目に飛び込んできた。彼女の服はぼろぼろで、子どもは服を着てさえいなかった（ここはラオスの首都だったのに）。疑問がいくつも頭に浮かんだ。ぼくは、打ちひしがれ落ち込んだまま帰宅し

た。だが同時に貧困を撲滅し、若者をエンパワーして夢を生きられるよう
にする方法を見つけ出そうという固い決心が生まれていた。

　それから数年後、ぼくはラオス代表として Global Shapers サミットに
参加した。想像してみてほしい。それぞれのコミュニティに変化を起こそ
うと注目すべきプロジェクトを推進している、世界中から集まった素晴ら
しい若者たちでいっぱいの会場のなかにいることを。その瞬間から、若者
の力を信じるぼくの心はより一層情熱を燃え上がらせることになった。若
者であるぼくたちには、世界をより良い場所にする力があるんだ！

　ぼくはラオス全土の若者たちを鼓舞し、エンパワーするためのプロジェ
クトを、Global Shapers の仲間たちとともに実行に移すようになった。過
去には困難もあった。ぼくたちの若さゆえに真意や実行力を疑われたりす
ることが多かった。それでもプロジェクトの結果を一つずつ出していくこ
とで、信頼を勝ち取ることができた。

　ぼくたちは、若者が夢を実現するモチベーションを高められるよう、ラ
オス初の TEDx を開催した。また、子どもたちが英語を学べるように、
シンガポールで入手した 3,500 冊の英語の本を国立図書館に寄付。そして
UNICEF との協力のもと、ラオスの若者たちの声を集め、彼らが自分たち
の国にどんな夢を持っているのかを知るプロジェクトを実施した。集まっ
た夢はラオスの首相に読まれることとなり、政府が若者のために新しい政
策を立案する上での貴重な資料となったのである。

　ぼくたちは、大きな夢への小さな一歩を踏み出したのだと思う。今後は
起業家として雇用を創出すると同時に、若者が将来役に立つスキルを身に
つけられるように支援していきたいと考えている。ぼくは、民間の基金で
数百万ドルを調達し、そのお金を使ってラオスの中小企業や起業家の成長
を促したい。貧困を撲滅し、若者が夢を実現できる未来を実現させるため
に、ぼくたちはこれからも若者を支援していくつもりだ。「やろうと決め
さえすれば、なんでもできるのです。」17 歳のグレタ・トゥーンベリさんが、
英国議会で立派な聴衆の前でこう話したこの言葉が、ぼくたちの心のなか
で鳴り響き、背中を押してくれている。

ベンジャミン・ス・パボラチット

MYANMAR

ミャンマー

寛容になろう、地球のように

　　ミャンマーの2008年は悲劇の年でした。サイクロン・ナルギスが襲ったの
です。私はどうすることもできず、自分の国が地球の怒りによって一掃され
るのを見ました。何百万人もの人々が家を失い、何十万人もの人々が亡くな
りました。自然災害のとき人々を守ってくれる「大災害脱出ポッド」なる乗
り物を想像でつくり出して、私は日記に描いていました。「私の発明で自然の

残酷さからみんなを守ることができるかもしれない。」8歳の私はあどけなくそう考えていたのです。

　大きくなるにつれ、さらに多くの惨状を目にしました。森は炎のなかで倒れ、海岸線は浸食して居住地を飲み込み、有毒な空気は新しい棲み家を見つけたかのように肺に出入りしています。急激な気温上昇は一大異変を引き起こし、人類を含め、生物種は大量絶滅の脅威に直面しています。しかし、自然は本当に残酷でしょうか？　躊躇なく木が打ち倒されるのも私は実際に目の当たりにしています。地球は誰のものでもないのに、個人的な富のために資源が搾取されるのを目にしているのです。太陽が燃え盛るのを、地球が泣くのを感じ、その抑え難い怒りを感じます。私たちは地球を当たり前のものとどれだけ思ってきたのでしょうか？　「自分がしてもらいたいことを人に行ないなさい」と、よく言われます。私たちは地球に無関心で野蛮な行為を見せるなか、この言葉を人間だけに限って良いのでしょうか？

　空気をきれいにすること、水を大切にすること、木を守ることに身を捧げようと決心しました。17歳になったとき、地球を緑に染める旅を始めました。9人の友人と指導教授とで Air Quality Yangon を結成しました。この国で初めて大気汚染に関する問題に取り組むチームです。Save the Children が資金提供してくれただけでなく、他の専門家と全国放送で大気汚染について話しました。また、利他的な国民性に後押しされ、ボランティアグループ CARE を立ち上げました。志を同じくする若者が集まり、助けが必要な人や環境への優しさを広めようとしています。

　現在、私は大学で機械工学を学んでいます。自分の発明で地球を救うという夢を追求するためです。しかし、これだけでは全然十分でないことも分かっています。私たちは回復するよりも速く地球にダメージを与えています。だから、みなさんにお願いしたいのです。今こそ行動するとき、行動に責任を持つときです。つまり、ライフスタイルを無害な方法に変えるときが来たのです。私たちの星に対して思いやりを持ちましょう。この星が私たちに寛大であるように、私たちも地球に寛大であるようにしましょう。

ティン・ティンザー・ソー

（編注：この夢の文章は、2021年2月に発生した同国でのクーデター以前に書かれたものです）

TIMOR-LESTE

東ティモール

水を求める叫びに応える

　私の父は農家、母は仕立屋として働いていました。両親は私と8人の兄弟姉妹を養うのに必要なお金を稼ぐため、一生懸命働いていました。それは主に私たち全員が十分な教育を受けられるようにするためでした。自分だけでなく家族や地域を養うため、そして国の発展に貢献するために一生懸命働くことの大切さなど、とても幼い頃でさえ、私は両親から

たくさんのことを学びました。

　地域社会や国に変化をもたらすために私が最初に注目したのは、水でした。東ティモールの現状を見ると、いくつかの地域では、きれいな水をいまだ利用できていないことが分かります。

　きれいな水を手に入れるのに長い距離を歩かなくてはならない人々がいます。水を節約する必要があるので、穴を掘って岩を置いただけという昔ながらのトイレを使い続けている人々もいるのです。東ティモールの首都、ディリでさえも半数の家庭が浄水器を持っていません。私の両親もまた、きれいな水を求めて長い距離を歩かなくてはなりませんでした。

　東ティモールの水問題に対して、私ができる支援を考えた結果、ビジネスを始めようと決意しました。国内外のスポンサーたち、Wise Foundation や国連開発計画（UNDP）のおかげで、チャンスをいただきました。彼らは東ティモールのすべての若者たちのためにコンペを開催しており、幸運にも私はそれに優勝したのです。

　こうして私のビジネスは始まり、今では飲料水にかかわること全般を扱っています。高品質の水を地域の人々が買えるように、低価格で供給しています。将来、私は政府と協力して、排水を処理したり、全家庭が使うことのできる貯水槽をつくったりしたいと思っています。

　きれいな水を求めて叫ぶコミュニティがなくなり、世界がより健康になるのを見ることが、私の夢です。一生懸命働き続けるようにと、両親が言っていたことを私は決して忘れません。この夢に向かって私の事業は始まったばかりですが、私は東ティモールと世界のために、進み続けていきます。

フレデリカ・ロサ

BRUNEI DARUSSALAM

ブルネイ

物語の力で思いやりの世界を

　幼い頃、意味をよく知らないまま「いつか奴隷制をなくす」と冗談で
いとこに言ったことがあります。アメリカの奴隷制廃止を描いたアニメ
に出てきた言葉で、当時はおもしろそうな響きに聞こえたのです。大人
になって、実際に自分が「現代の奴隷制」の廃止を支持するようになると
は、思ってもみませんでした。

私のアドボカシーの旅が始まったのは、19歳のときでした。YSEALI※8が開催した「アイデアを行動に」をテーマとするワークショップに参加したのです。そこで現代奴隷制に関する地域プロジェクトのアイデアを話したのをきっかけに、Youth Against Slavery Bruneiを友人と共同設立することになりました。当初は、アドボカシー活動はほとんど不可能に思えました。強制労働、借金による束縛、差別、契約の変更、身分証明書の取り上げなど、現代奴隷制に当てはまる多くのことが、私の国では普通だと思われていると気づいたからです。特に、地元の人たちが移民に対して、またときには地元の人同士でさえ、そうなのです。このような課題や人々の認識不足を知って、ますます一生懸命取り組もうとやる気になりました。ついには、警察、労働局、移民局と何とか協力することができ、ここ数年で人々の意識レベルが高まってきました。

　さらに、もっと多くの人に関心を持ってもらう方法を見つけました。物語の力を使うのです。ストーリーを語り、聞くことは、人として欠かせないことで、お互いの理解を深めてくれます。私たちは『ヒューマンズ・オブ・ニューヨーク』のストーリーテリング手法に触発され、国内の移民労働者たちの物語を写真で記録し、Stories of Migrant という展示イベントを行いました。このおかげで新しい友達をつくれるだけでなく、移民労働者の苦しい立場を心から理解し、共感する機会も得られています。やはり私たちはみんな、語るべきストーリーを持っているのです。

　このアドボカシーの旅には、まだまだやるべきことがたくさんあると思っています。たくさんの物語を聞いてきましたが、悲しい話もあれば、うれしい話、元気が出る話もありました。私が望み、夢見ているのは、この旅のどこか途中で、私たちがお互いをもっと尊重し、もっと思いやりの心を持てるようになることです。いつの日か私たち人間がお互いを搾取しなくなるようにと願い、夢見ています。ネルソン・マンデラの言葉「自由であるとは、己の鎖を外すだけでなく、他者の自由を尊重し高めるような生き方をすること」に共鳴するために。

アマル・カシバ・バハリ

INDONESIA

インドネシア

欠陥を超えた夢

　僕は「壊れた」家庭で育った。母は何度も離婚を耐え、僕たちは家庭内暴力を受けたことさえあった。祖父は良い人だったが、たばこ中毒のせいで心臓発作で亡くなった。喫煙と女性を苦しめることは「男らしい男」の一要素だったのかもしれないが、僕はそんなステレオタイプには全く当てはまらなかった。また、両親がそろった家族のイメージにも馴染めなかったので、自分

の人生は完璧ではないと昔の僕は思っていたんだ。

　僕は被害者のままでいることもできたし、内気な少年でいることもできた。でも僕は夢を見ることにした。自分の欠陥と向き合い、それをすべての人にとって公正な世界をつくるという夢に変えることを選んだ。その世界では、すべての人が大切にされていて、健康は特権ではなく、誰もが持つ権利だ。子どもたちは健やかに成長し、女性は差別されることなく、みんなが自分の声を持ち、政治は世界のたった1%のためだけでなく、みんなのために機能するのだ。

　この世界を実現させるために、僕は高校生のときからさまざまな運動に参加してきた。2015年、僕はたばこ規制枠組条約（FCTC）のために若者を集めて運動を始めた。たばこの問題というのは、喫煙がどれほど健康を害するかだけではない。インドネシアでは、多くの子どもたちがたばこ産業に搾取されている。子どもたち自身がたばこを吸ったり、宣伝をしたり、たばこ農場で働いたりしている。これを知って、私はEmancipate Indonesiaという団体を立ち上げた。現代の奴隷制というこの問題に取り組み、インドネシアの若い労働者たちを結束させ、組合をつくろうと考えたのだ。

　24歳のとき、One Young Worldのアンバサダーの1人となり、世界中から集まった聴衆の前で話した。ハリウッド俳優であり#MeTooの活動家であるテリー・クルーズ氏が僕と一緒に登壇すると知ったとき、信じられない気分だった。僕のスピーチの前に、テリーはこう言ってくれた。「君は歴史の正しい側にいるんだよ」と。そのとき僕は、「欠陥」があるためにいじめられたときのこと、諦めたかったけれど諦めなかったときのことを思い出し、結局すべてに価値があるんだと悟った。

　自分の人生の「欠陥」を受け入れたとき、僕は教訓を得て、夢を見つけた。一家の大黒柱であり、子育てもしなければならなかった母は僕に、夢を見るだけではなく、行動を起こすことが大事なのだと教えてくれた。夢は僕たちの目をまだ取り組んでいないことに向けさせ、行動は僕たちに何ができるかを教えてくれる。しかし、僕たちは終わりに到達することは決してない。プロセスに集中しよう。そうすれば、僕たちは夢や行動をより良く形にできるだろう。

マルジャンタ・スラマン・ジュハンダ・ディナタ

VIET NAM
ベトナム

知識がチャンスの扉を開く

　マ・ダは、ベトナム最大の都市ホーチミンから約75km離れた、絵のように美しく小さなコミュニティです。私が初めて訪れたのは2015年のことでした。とても驚きました。水力発電ダムのすぐそばなのに、人々は電気のない暮らしをしていたからです。住民の多くはいまだに貧困ラインを下回り、識字率も低い状態です。乏しいインフラに伴う課題に加えて、

彼らの考え方が発展の最大の妨げとなっています。マ・ダでは、教育は不要という考えが一般的です。読み書きができれば十分と思い込み、ほとんどの住民が小学校を卒業しただけ、なかにはそのレベルに達していない人もいます。若者たちは学歴がなくても工場で働けるため、多くが義務教育を終えるモチベーションを失っています。

　私は、持続可能な開発のためには地元の人々が大きな役割を担うと信じています。教育は考え方や行動に影響を及ぼす重要な要素です。例えばマ・ダでは農業による淡水や地下水の汚染が深刻な問題となっていますが、もし農民たちが農薬の使用を抑えるしかるべき理由に気づけなければ、生態系を傷つけ続けるでしょう。また現在、マ・ダの子どもたちは親と同じように農業か漁業または工場の仕事を選びます。しかし、もし彼らが学校に行き、英語や他のスキルを身につけたら、教師やエンジニア、医師など、もっと多くの進路が開けるでしょう。私は、教育の必要性を人々に分かってもらいたいのです。

　私は今、Scivi Travel という教育ツアーを企画する旅行会社で働いており、Ma Da Learning Hub の建設に携わっています。この教育施設は2022年にオープン予定で、読書の習慣を促し、地域の若者の知識とキャリアの可能性を広げることを目指しています。図書館や学習スペースなどの屋内施設に加え、遊び場や庭園では STEM※9 などの教育活動を行います。さらに、ボランティアたちによる農業やキャリア、ライフスキルについての無料ワークショップも開催します。ここでは地域の子どもたちが新しい知識やモチベーションを得るだけでなく、運営するボランティアも子どもたちから好奇心や思いやり、礼儀正しさなど多くを学べます。お互いに学び合う。それが人々を絶えずマ・ダに惹きつけ、コミュニティを助けることになると思います。

　マ・ダだけでなく世界中の子どもたちにとって、知識こそがチャンスの扉を開いてくれると信じています。若い世代が知識を身につけ、地域や世界の課題に関心を向け、貧困や汚染、気候変動などに力を合わせて立ち向かうことを夢見ています。

フイ・ドー

PHILIPPINES
フィリピン

両親の結婚が教えてくれたこと

　私の平和への旅が始まったのは、私が「ハイブリッド」だからです。父はカトリック教徒、母はイスラム教徒です。私の国、フィリピンでは、マジョリティであるキリスト教徒とマイノリティであるイスラム教徒の間で緊張が続いています。私の両親の結婚は珍しいもので、そのために闘わなければいけませんでした。

幼い頃に暮らしていたザンボアンガでは、紛争やテロが多発していました。でも、私は家のなかで二つの宗教が共存できることを見ながら育ってきました。だから、家の外でだって平和を実現すること、他者を尊重し理解することができるはずだと思っていました。14歳のときに両親とともにKristiyano-Islam Peace Library（KRIS）という組織を立ち上げ、紛争の影響を受けていた地域に六つの図書館を設立しました。当初は不審な目で見られることもあり、図書館へやってきてもイスラム教徒の子どもとキリスト教徒の子どもは互いに話すことをためらっていました。しかし、時が経つにつれ、子どもたちは宗教や生い立ちが違っても、一緒に本を読んだり、勉強したりするようになり、平和の礎となる友情を育んでいきました。私たちの図書館が象徴するものが、だんだんと受け入れられていったのです。

　テロ組織や過激派に参加する若者について分かったことの一つ。それは、彼らには他に選択肢がないことです。教育を受けたり仕事を見つけるすべがないのです。貧困が大きなハードルとなっています。私自身も奨学金をもらうことで、名門とされる高校で質の高い教育を受けることができました。だけど、私のようには学校に行けない子がたくさんいます。同じような機会をできるだけ多くの若者たちと共有したいという想いに背中を押され、16歳のときKRISの総合責任者となり、奨学金プログラムを立ち上げました。奨学生たちは、これまで教師や看護師のほか、地元の政府審議会の役員や青年団体のリーダーとなり、地域社会では平和の擁護者になっています。

　平和への道のりは極めて困難なもので闘いを終えることはまだできません。私は今、世界中から集まった9人の若いリーダーたちと一緒にExtremely Togetherを結成し、暴力的な過激主義を防止するためのアイデアを出し合っています。今、強大な力を持った国家元首や組織のリーダーたちの多くが、恐怖や不安を利用して紛争を引き起こしているのなら、若者は逆の方向に進まなければなりません。戦争をする人たちよりも、もっと強く、もっと大きな声で平和を叫ぶことが私たちの責任です。より多くの若者が平和の擁護者、リーダーになることを夢見ています。

アリーザ・ノカム

TAIWAN

台湾

持続的に美しい台湾

　台湾は、中国語圏において史上初にして唯一の民主主義国であり、過去3回の平和的な政権交代が成され、2019年には同性婚が合法化されました。すなわち台湾は不可能なことが可能になる国だと言えるでしょう。だからこそ台湾はサステナブル経済に移行できると、私は信じています。

　2010年、台湾の大学で私は経済学を履修していましたが、そこで学ん

だのは、効用と利益を最大化することでした。私は需要供給曲線に夢中になって、方程式のなかで何かを見逃していたことを理解していませんでした。その後、イギリスの大学に4年間留学してサステナブルな経営を学んだとき、「環境への影響」と「社会への影響」が「財務への影響」と同じくらい重要であるという「トリプルボトムライン」に目が覚めました。企業には、ネガティブな経営上の影響をすべて排除する責任があるのです。

　イギリスのスーパーマーケットでは、消費者に対してより多くの選択肢があることを目の当たりにしました。フェアトレードやオーガニック、人道主義に基づく植物由来の製品など、その多くは台湾では見たことのないものでした。イギリスの消費者は、自分たちが購入する製品に対する意識が高いのです。こうした経験から台湾の暮らしを振り返ってみたのですが、サステナビリティという考えがとても過小評価されていました。企業はサステナビリティに真剣に取り組んでいないし、私たち消費者は価格にばかり目を向けて、値札の裏に隠された真実を無視しています。

　台湾だってもっとできることがある。私はそう思いました。だからこそ、サステナビリティに関するコンサルタントになって、台湾にも持続可能なビジネスというアイデアを広めようと決意したのです。この道を歩みだしてから、幸いにも志を同じくするたくさんの人と出会えました。若い世代はこの問題に、これまで以上に情熱を持っていることも分かりました。

　そうした多くの人々の努力のおかげで、サステナビリティに対する台湾のスタンスはこの5年間でかなり改善されました。今ではアジアでもESG（環境・社会・ガバナンス）開示がトップレベルの国の一つとなりました。しかし、まだまだ十分ではありません。私はこれからも、台湾の企業がこの島を今後も大切にしていくように働きかけていくつもりです。力を合わせれば、私たちは「フォルモサ」※10 の名にふさわしい美しい島のまま台湾を残していくことができるでしょう。

ユンリ・ワン

MONGOLIA

モンゴル

若者が夢の仕事に就く世界

　私は陸に囲まれたアジアの国、モンゴルに生まれ育ちました。大学でビジネス学を学ぶためアメリカへ渡り、帰国後はスタートアップのテクノロジー企業に就職しました。それは順調なキャリアでしたが、ある出来事が私の社会への見方をがらりと変えることになりました。若者の課題や地域開発に取り組む地元NGOのYoung Leadershipプログラムに参加したのです。そこで小児がんを患う子どもたちと一緒に活動したことで、自分はもっと社会に貢献できることがあるんだと気づきました。これがきっかけで私は転職し、そのNGOで若者のために働き始めたのです。

　モンゴルは、約300万の人口のうち圧倒的多数が35歳未満、つまり若者の国なんです。けれどその多くが、生活を支える持続可能な雇用を得られずにいます。国連の報告書によると、モンゴルでは教育を終え、就職するまでの移行期に平均2.9年かかるそうです。[11] これほど長期にわたり職が見つからないため、多くの若者は大学教育を受けたにもかかわらず、非正規雇用を選んでいます。社会から取り残された地域では、教育や社会サービスなどが限られているため、より深刻な状況にあります。

　この問題を解決しようと、私は24歳のときにSustainable Employment for Youthプログラムを考案しました。参加者たちに履歴書の書き方や面接など就職に必要なスキルを教え、さらに学歴や興味に合うインターンシップを斡旋（あっせん）しています。この開始以来、参加者の95%が持続可能な仕事に就くことができました。

　私の目標はこのプログラムを拡大して、もっと多くの人々が夢の仕事に就けるよう支援することです。すべての若者が輝かしいキャリアを築ける、もっと公平な世界をつくりたいと夢見ています。

マラルマ・マンクー・アチット

HONG KONG, CHINA

香港

絶望のなかに機会を見いだす

　香港の若者の多くは地位向上をもはや信じてもいないし、最近の政治情勢や経済不安から、自分たちの将来に絶望しています。自分はどうかと言うと、私は絶望のなかでも常に幸運があると考えるタイプ。私たちに状況を変えることはできませんが、考えや態度は変えることはできます。

　勉学、そして仕事のために国外へ出たことが転機になったとは言いま

せんが、新たな視野を手に入れることになりました。新しい環境、文化も言葉も歴史も風景も異なる場所に置かれると、自分が何もできず力不足だと感じるものです。このことは、もしあなたが世界の事情により通じていたらそこまで大きな問題にはなりません。多くの人々が同様の問題か、それ以上の、想像もつかないような大きな問題に直面し、苦しんでいるのですから。

　若いときには、新しいものを探索するエネルギー、時間、機会があり、それは不可能を可能にできるということです。だから、若者がいくら絶望感を抱いていようと、私は彼らを私たちの国の未来だと考えています。私は若い働き手たちが好きですし、彼らの日常生活が満たされているかを心配しています。若者たちのために働くことが私の天職なのです。

　例えば、私は香港大学を卒業後、香港青年協会（The Hong Kong Federation of Youth Groups：HKFYG）に勤め、若者を雇い、イノベーションを通して社会資本やベンチャー創設を支援しました。Leaders to Leaders というフェイス・トゥ・フェイスのトレーニングを提供し、若いリーダーたちが協力してポジティブな社会的影響を地域にも世界にも与えるように促しました。ここ7年間では、香港初の Leadership Institute の設立を支援し、500億香港ドル以上の基金を募り、さまざまな変革を支援しました。例えば社会起業、レスポンシブル・ツーリズム[※12]、人権、社会的平等、そして自然および野生保護への取り組みです。

　世界が今後どうなるか、私には分かりません。でも、未来は常に不確かなものであることは確かです。変化のために人々を一つにし、次の世代に力をつけることによって、私たちの社会は繁栄と統一へと進むでしょう。これを実現させるのが、私の夢です。

イキ・チャン

CHINA
中華人民共和国

不完全な世界を生き抜く力

　ある日、中学生の男の子とお母さんが私のところを訪ねてきました。彼の成績はクラスで最下位、このままでは高校に進学できないかもしれないというのが理由でした。彼の両親は個別指導を依頼するなど、いろいろと手を尽くしましたが、彼の成績は良くならず、レッスンを受けるのも嫌になってしまいました。その上、彼と両親はいつも口論していました。

彼はスマホに気を取られやすく集中力が欠けていたので、読書、運動、日記などのステップやルーティンが有効だと私は思いました。良い方向に進むという私との約束を守るため彼はがんばり、私は勉強計画を練りました。彼にとっても、私にとっても大いなる挑戦でした。1カ月後に成績は上がり始めました。先はまだ長いと彼は知っていましたが、10回の言い訳より1回のチャンスを自分に与えることの方がもっと価値があると気づいたのです。1年後、彼は高校受験を成功させました。彼が必要としていたのは、より強い意志と、進路を示す道筋、そしてたった一度のチャンスで変化を起こせるという信念だったのです。

私の夢は、若者が将来の障害や困難に備えられるよう教育を推進することです。私は小・中学校時代を中国で、高校時代をアメリカで過ごしましたが、どちらの国の校長も「誰もが平等に生まれ、誰もが夢を持ち、努力すればいつか夢はかなう」という話をしてくれました。教育者はいつも、精神的に強い人間に育つように社会のポジティブな面を子どもたちに見せることが大切だと言います。しかし、それだけでいいのでしょうか?

子どもだって不公平は理解しています。私自身、小学校ではいじめられ、アメリカ留学時には人種差別を経験しました。そういうことを誰かから事前に教えてもらえれば良かったのにと思います。社会のネガティブな面や失望感に向き合う準備ができていないと動揺したり、パニックになったり、鬱病を発症してしまうことさえあるでしょう。こうした状況に対処するために、私は2019年、教育と文化に特化した会社を起業しました。自分が夢見た世界を誰かがつくってくれるのをこれ以上待つことはできません。未来はとても不確実だからこそ、人々に影響を与え、心の教育をしていきたいと考えています。

私は決してユートピアのような非現実的な夢を持ちません。何をするにしても、痛みや困難は常に存在します。集中力を養い、健全な体を鍛え、世界は不完全であっても勇気によって人生を完璧なものにできると理解することで、誰もが若い頃からこうした困難に備えられるようになってほしいと思います。

ユーセン・フゥ

REPUBLIC OF KOREA

大韓民国

「境界人」として「境界線」のない世界を

　私は自身を「境界人」だと定義している。韓国人の父と日本人の母の間で二つのルーツを持ちながら生まれた私は、幼少期から小学校までの8年間を中国で過ごし、中高を含めた10年間を韓国で、そして大学から社会人までの8年間を日本で過ごした。国と文化を越境しながら育ち、それらの境界に立つ「境界人」としてのアイデンティティが次第に形成さ

れていった。

　人・国・文化の間に横たわる境界線は、異物を排除したいという人類が無意識に持つ性質から生まれる。私がこうした境界線を強く意識するようになったのは、暮らして来た国々で知り合った朝鮮半島からの移民との出会いからだった。中国で暮らしてきた頃、身のまわりには朝鮮族が多く住んでいた。日本ではたくさんの在日コリアンと出会った。彼らの多くが居住国の人々と比べて低い待遇に甘んじていたり、ヘイトスピーチなどの排斥にさらされているさまを目の当たりにしてきた。

　衝撃を受けたのは、彼らが母国、韓国であっても差別に直面していることを知ったときだった。居住国でよく「国に帰れ！」といったヘイトスピーチにさらされることがあるが、いざ母国に帰れば就職難に直面したり、職場や学校などで受け入れてもらえないこともあると知った。私も中学生の頃、韓国人と日本人のハーフであることや、中国で過してきたというだけでいじめにあった。

　どこで生まれたのか、どこで生きてきたのか、そんなことだけでつらい思いをする人たちを他人だと思えなかったし、先祖の代から感じてきた移民たちの苦痛を自分のことのように感じた。そして、私は徐々に「境界線にとらわれない社会の実現」を夢見るようになっていった。

　夢に近づくために、私は人と人が交流できる場づくりにずっと挑んでいる。2014 年から One Young World サミットでの日中韓 3 カ国を含む東アジア地区のコーディネーターとして活動し、地域での対話と協力の機会を増やすことに挑んだ。異なる背景を持つ人たちの対話、それこそが境界線をなくすための第一歩だ。

　たとえセンシティブなトピックで互いに嫌悪感を抱く可能性があったとしても、私たちは対話し続けなければならない。試行錯誤と挑戦なのだ。それを積み重ねていって、いつかは互いの差異を学び合い成長し合える「村」のような場所をつくるのが最大の夢だ。人々の間に境界線のない「村」、私はそこでようやく「境界人」をやめるのだろう。

アッキー・ミョンス・リュウ

DEMOCRATIC PEOPLE'S REPUBLIC OF KOREA

朝鮮民主主義人民共和国

すべての人に自由を

「命は贈り物。だから決してあきらめてはいけないよ。」

　昔、父にそう言われたとき、私にはその意味が理解できませんでした。私が生まれ育った北朝鮮には、話したいことを話す、着たい服を着る、好きな髪型を選ぶ、あらゆる自由がありません。友達のお母さんはハリウッド映画を見たという罪で公開処刑されました。

北朝鮮では、夢を持つのは贅沢(ぜいたく)なことです。幼い頃、私は飢えに苦しみました。いつもお腹が空いていると食べ物のことしか考えられなくなります。そのとき、私が夢見ていたのは桶いっぱいのパンを食べることだけでした。このままでは餓死してしまう。そう思った私は13歳で北朝鮮から中国へと逃げました。しかし、私を助けてくれると思った人は実は人身売買業者で、奴隷のような日々が始まりました。身の危険を感じても北朝鮮に送り返されるのが怖くて警察に助けを求めることはできません。だから、そのときの私はIDカードを手に入れて安全な暮らしを送ることを夢見ていました。それから、命がけでゴビ砂漠を渡り、モンゴルを経て、韓国へたどり着いた後、私の夢は大学へ行くことになりました。

　さまざまな経験を経て、私の夢はどんどん進化していきました。韓国とアメリカの大学を卒業した今、祖国の人々を解放すること、北朝鮮へ帰ることが私の夢です。韓国に住み始めたばかりの頃、すごくたくさんの物があることに驚きました。韓国人は、超高速鉄道から近代的な高層ビル、K-popまで、何でも生み出すことができる。なぜ北朝鮮ではできないのでしょうか？　北朝鮮にいる人たちも韓国や世界中の人たちと同じように能力を持っているはずです。違うのは北朝鮮には一人ひとりの可能性を発揮できる自由と民主主義がないということだけ。「すべての人に自由を。」それこそ私が望むものです。

　21歳のときに参加したOne Young Worldサミットで、私の経験を初めて世界中の人々の前で話しました。会場にいたたくさんの人が私と一緒に泣いてくれただけでなく、北朝鮮の実情を知りたいとさまざまなメディアから取材を受けました。私は希望を感じ、忘れたいと思っていた中国での出来事も話そうと決意して、本にすべてをつづりました。中国に売られた北朝鮮女性の身に何が起きているのか、世界中の人に知ってもらいたいと思ったからです。しかし、テレビや新聞ではすべての話を伝えることはできませんでした。たとえ自由が認められていても、国や企業の利害が絡むと真実が隠されてしまうことがあります。YouTubeに動画をアップし始めたのは、自ら声を上げることができない北朝鮮女性に代わって人権にまつわる問題をすべて伝えるためです。北朝鮮から脱出した人は

今も強制収容所や暗殺の恐怖にとらわれています。「国を脱出できたから過去は忘れて、新しい人生を生きよう」というわけにはいきません。私たちの旅は終わることはないのです。

　北朝鮮には今もインターネットがありません。しかし、昔と比べると外の情報が入るようになり、2500万人の考えや行動をコントロールすることはもはや不可能になりつつあります。いずれ変化が北朝鮮のなかから起こると私は思います。それは革命へとつながるでしょう。しかし、この革命を実現するには、北朝鮮の人々に本当の情報を届ける必要があります。国外にいる私たちにできることは何かと言うと、戦車を動かし北朝鮮を攻めることではなく、北朝鮮にいる人々が情報を得られるようにすることと、そこから逃れてきた人々を助けることです。それが最も光のない国と言われる北朝鮮に光を照らすことなのです。

　人生は公平ではありません。でも、そのことを嘆くのではなく受け入れたことで、今の私があります。努力をすればどんな状況も必ず良くなります。3年前、初めて我が子を抱いたとき、「命は贈り物」という父の言葉が理解できるようになりました。私たちは今、アメリカに住んでいて、息子は一見すると何不自由のない環境のなかで暮らしています。でも、世界にはさまざまな問題があるので、息子が困難に直面して落ち込んだり、不満を言ったりする日が来るかもしれません。だから、息子にも人生は公平ではないことを知ってほしいと思います。問題があったって良い。問題があるから、世界が私たちを必要とし、それが生きる意味になります。希望を持てば、物事は常に良くなっていくし、大きなことに貢献することもできる。

　世界はまだ虹のようではないけれど、だからこそ楽しいんだよって。

ヨンミ・パク

JAPAN

日本

One World in One Book

　地球を一つの「学校」にすること。世界の人々がお互いに学び合える場をつくることが、僕の夢だ。

　日本の田舎で生まれ育ち、子どもの頃から世界に対して何ができるのかを自分に問い、悩み続けてきた。大学生になってから、発展途上国を中心にいろいろな国を訪れた。実際に行ってみると、それまでテレビなどから抱いていた印象と全く違う景色にいつも愕然（がくぜん）としていた。世界について何も知らない僕に、一体何ができるのか？　悩みはさらに深くなるとともに、現地に行って初めて分かるということの大切さにも気づいていった。

　まだぼんやりしていた世界の解像度を一気に鮮明にしてくれたのが、2014年の One Young World サミット。190カ国以上の人々が一つのホールに集まる景色は、まるで「小さな地球」。全世界を丸ごと旅したような気持ちになった。それだけに、この「地球サイズの経験」をなかなか消化しきれずにいた。なかでも、大きな衝撃を受けたのは、北朝鮮代表のパク・ヨンミさんのスピーチだ。過酷すぎる境遇を経験してもなお、彼女は家族との食事の温かさを語り、僕らと同じことに幸せを感じていた。

　僕らは国籍や人種、民族などさまざまな境界線に隔てられた他人ではない。同じことを喜び悲しむ仲間なのだ。そして、一人ひとりの人生の物語を学ぶことで、それを強く実感できる。学び合いから始まり、受け入れ合うことで、僕らは応援し合い、幸せを分かち合い、ともに平和をつくって生きることができるのだと気づかせてもらった。世界に何ができるかを問い続けた日々に、「学び合いの場から平和を実現したい！」という僕の夢への道が見つかった。そしてこの本を、その場づくりの最初の一冊、最初の一歩にする。

　そんな想いは、インターネットを通じて瞬く間に世界の隅々まで広まった。当初は友人の応募から始まったが、各国代表者が SNS で呼びかけてくれたり、各国のメディアでも紹介されたり、このプロジェクトがなければ出会わなかった人たちも応募をしてくれた。自分は掲載されなくても、このプロジェクトを気に入ったからと拡散してくれる人がいたのも忘れら

れない。

　世界中にコロナウイルスが蔓延し、つらいニュースであふれる一方で、僕のパソコンには日々夢が寄せられていた。原稿の募集要項の最後に書いた言葉があった。「何が起きても夢を描き続けよう。」公開したときに「願い」として書いたこの言葉は、世界から夢が集まるにつれて一つの真実になっていったと思う。ロックダウンのさなか家から書いてくれた人、街で紛争が起きるなかで書いてくれた人、本当にいろんな状況から夢の原稿が集まった。何が起きても人は夢を描き続けることができる。そんなピュアな真実がパンデミックによって、逆に照らされたように感じた。

　一つひとつの物語もそうだ。苦難や失敗、葛藤、深い悩み、人生で何が起きても希望を捨てず、プロジェクトや運動、起業、日常の行動など、等身大で課題に取り組んでいた。そこには、自分と誰かを同時に幸せにしようとする夢と生き方があった。夢を描くことで、生きがいも未来の景色も見えてくる。そんな夢を持つ意味を改めて世界の人々から教わっていった。

　201カ国が集まった末に感じるのは、この本は人類の希望そのものだということ。誰かが苦しむ hopeless な状況をどうにか hopeful に変えたいという夢が記されている。誰も本当は争いたくないし、傷つきたくない。心の奥の夢では必ず誰かが笑顔だ。夢を持つことの意味は、きっとそんな未来への希望を周囲に、次世代に受け継いでいくことなんだと思うようになった。

　僕らの国籍はばらばらだけど、夢に向かう情熱は世界共通。この本は201カ国の仲間が集う「小さな地球」であり、「夢」という共通言語で記された、世界と人を学ぶ「新しい教科書」に育てたい。人から人へ学び合いの輪をどんどん広げていって、いつか一つの学校のように丸ごと平和な地球を世界の人々とつくっていきたい！

市川太一

ABOUT
THE DREAMER

ー アジアの代表者たちへ5つの質問 ー

① 出身地はどこ？② 年齢は？（夢の文章の執筆時）③ 話せる言語は？④ 好きな食べ物は？
⑤ あなたの国を一言で表すと？

SALAM KANHOUSH
サラム・カンフッシュ
①ジャバブ
②28歳
③アラビア語、英語
④果物、チーズ！
⑤Innovative（革新的）

**SYRIAN ARAB
REPUBLIC**　　　···· P.386

TAMARA LEE KANNER
タマラ・リー・カナー
①ホドハシャロン　②21歳
③ヘブライ語、英語
④タヒニ、シュニッツェル
⑤Yallah
（"let's go"もしくは"come on"）

ISRAEL　　　···· P.388

KHALED ABU-QARE
カレッド・アブ・カレ
①ラマッラー
②25歳
③アラビア語、英語、フランス語
④パレスチナ風マクルバ
⑤Solidarity（連帯）

PALESTINE　　　···· P.390

AIMAN BAHURMUZ
アイマン・バフルムズ
①アデン
②24歳
③英語、アラビア語
④シーフード
⑤Happy Yemen（幸福なイエメン）

YEMEN　　　···· P.394

FATEMA HUSAIN
ファテマ・フセイン
①ナビ・サーレハ
②29歳
③アラビア語、英語
④アジア料理
⑤Peaceful（平和な）

BAHRAIN　　　···· P.396

ABRAR JAMAL ALQARYUTI
アブラ・ジャマル・カルユティ
①パレスチナ、ヨルダン、クウェート
②26歳
③アラビア語、英語
④ムサッハン
⑤Historical（歴史的）

JORDAN　　　···· P.398

ABDULLAH NAZAR
アブデュラ・ナザール
①バグダード
②19歳
③英語、アラビア語
④ドルマ
⑤Mesopotamia（メソポタミア）

IRAQ　　　···· P.400

HAWRA AL-MOUSAWI
フラ・アルムーサウィ
①クウェート
②27歳
③アラビア語、英語
④Marag Deyay
⑤Generous（寛大な）

KUWAIT　　　···· P.402

ALISSAR AZZAM
アリッサ・アザム
①マウントレバノン
②20歳
③アラビア語、英語
④タブリ
⑤Coexistence（共存）

LEBANON   ···· P.404

AYSUN ZEYNALOVA
アイスン・ゼイナロバ
①ギャンジャ
②26歳
③アゼルバイジャン語、ロシア語、
　英語、トルコ語、ノノ人語
④アゼルバイジャン風ドルマ
⑤Hospitality（おもてなし）

AZERBAIJAN   ···· P.406

HOVHANNES AGHAJANYAN
ホフハネス・アグハジャニアン
①エレバン
②31歳
③アルメニア語、英語、ロシア語
④アルメニアの伝統料理
⑤Innovative（革新的）

ARMENIA   ···· P.408

NATIA LOLADZE
ナティア・ロラゼ
①トビリシ　②36歳
③ジョージア語、英語、フランス語、
　ロシア語
④シーフード
⑤Cultural（文化的な）

GEORGIA   ···· P.410

KATERINA GAVRIELIDOU
カテリナ・ガブリエリドー
①ニコシア
②31歳
③ギリシャ語、英語
④ムサカ
⑤Summer holidays（夏休み）

CYPRUS   ···· P.412

BAŞAK IŞIK
バサク・イシク
①ヤロヴァ
②26歳
③トルコ語、英語
④レンズ豆
⑤Cultural Diversity
　（文化的多様性）

TURKEY   ···· P.414

ZUBAIR JUNJUNIA
ズベイル・ジュンジュニア
①カラチ（パキスタン）
②23歳
③英語、ウルドゥー語、アラビア語
④お母さんの料理なら何でも
⑤Resilient（強靭な）

SAUDI ARABIA   ···· P.418

SPANDANA PALAYPU
スパンダナ・パレイプ
①ハイデラバード（インド）
②26歳
③英語、ヒンディ語、アラビア語など
④インド料理、東南アジアの屋台料理
⑤Diversity（多様性）

UNITED ARAB EMIRATES   ···· P.420

NEESHAD SHAFI
ニーシャド・シャフィ
①ドーハ
②31歳
③英語、アラビア語、ヒンディ語
④シャクシューカ
⑤Hospitality（おもてなし）

QATAR   ···· P.422

SAMER KHAN
サマール・カン
①ニューデリー（インド）
②31歳
③英語、アラビア語、ウルドゥー語
④シャワルマ、チキンビリヤニ
⑤Equality（平等）

OMAN   ···· P.424

JASMINE DODKHUDOEVA
ジャスミン・ドットフオエバ

①ドゥシャンベ　②15歳
③ロシア語、英語、アルバニア語、
　ドイツ語、トルコ語、タジク語
④タジク風ピラフ
⑤Culture（文化）

TAJIKISTAN　　　····P.426

KRISTINA ORLOVA
クリスティーナ・オルロバ

①レバプ
②27歳
③ロシア語、英語、ドイツ語
④地元の果物
⑤Neutrality（中立）

TURKMENISTAN　　　····P.428

DURDONABONU ABDUMUTALOVA
デュラドナボヌ・アブデュムタロバ

①タシュケント　②22歳
③英語、ロシア語、フランス語、
　ウズベク語
④プロフ、シュルパ、マンティなど
⑤Hospitable（温かくもてなす）

UZBEKISTAN　　　····P.430

MAIYA SUYUNCHALIYEVA
マイヤ・ソーユンチャリィェバ

①アルマトイ
②29歳
③ロシア語、英語
④パスタ、ピザ、カザフ料理
⑤Friendly（親しみやすい）

KAZAKHSTAN　　　····P.432

ALINA MURZAEVA
アリナ・ムルザエワ

①ビシュケク
②35歳
③ロシア語、英語、フランス語、英語、
　キルギス語、ウクライナ語
④シーフード
⑤Mountains（山々）

KYRGYZSTAN　　　····P.434

KIAN BAKHTIARI
キアン・バクティアリ

①テヘラン
②29歳
③ペルシャ語、英語
④アブグーシュト
⑤Culture（文化）

ISLAMIC REPUBLIC
OF IRAN　　　····P.438

JOHN JAMES
ジョン・ジェームズ

①シンド州
②24歳
③英語、ウルドゥー語、シンディー語、
　パンジャーブ語
④ビリヤニ
⑤Diverse（多様な）

PAKISTAN　　　····P.440

AZIZA BEGHAM
アジーザ・ベーハム

①カブール　②27歳
③パシュトー語、ダリー語、英語、
　ウルドゥー語
④豆ごはん、マントー、カブリプラウ
⑤Unbeaten（負けない）

AFGHANISTAN　　　····P.442

MOHAMED HOODH IBRAHIM
ムハムド・フッド・イブラヒム

①マレ　②27歳
③ディベヒ語、英語、ヒンディー語、
　日本語、中国語
④モルディブ風豆カレーライス
⑤Emerald（エメラルド）

MALDIVES　　　····P.444

KAZI JAWOAD HOSSAIN
カジ・ジャワード・ホセイン

①チッタゴン　②26歳
③ベンガル語、英語、ヒンディー語、
　スペイン語
④ビリヤニ、キチュリー、バクラヴァ
⑤Indomitable（不屈の）

BANGLADESH　　　····P.446

HESHIKA DEEGAHAWATHURA
ヘ・シ・カ・ディガハワセラ

①キャンディ　②31歳
③シンハラ語、英語
④カレーライス
⑤Serendipitous（思いがけない）

SRI LANKA　　　···· P.448

WANGCHUK LAMA
ワンチュク・ラマ

①ガンダキ
②29歳
③チベット語、ネパール語、英語、
　ヒンディー語
④ダルバート
⑤Himalayas（ヒマラヤ）

NEPAL　　　···· P.450

NGAWANG GYELTSHEN
ンガワン・ゲルツェン

①ティンプー
②24歳
③ゾンカ語、日本語、英語
④エマダツィ、味噌汁、ラーメン
⑤Happiness!（幸福!）

BHUTAN　　　···· P.452

ANAMIKA MADHURAJ
アナミカ・マドゥラジ

①ケララ州　②23歳
③英語、マラヤーラム語、ヒンディー語
④ビリヤニ
⑤Profoundly Mystical
　（深遠で、神秘的）

INDIA　　　···· P.454

VIVIAN CHEW PUI CHENG
ビビアン・チュー・プイ・チェン

①クアラルンプール　②30歳
③英語、中国語、マレー語
④ナシレマッ
⑤Diversity-lah（多様性でしょ!）

MALAYSIA　　　···· P.460

IMSOUCHIVY SUOS
イムソウチヴィ・スオス

①プノンペン　②29歳
③クメール語、英語
④ピーマン、イカ
⑤Warmth（温もり）

CAMBODIA　　　···· P.462

BUNYAPORN WATSAWANG
ブンニャポーン・ワッツァワーン

①バンコク
②28歳
③タイ語、英語
④パパイヤサラダ
⑤Land of Smile（微笑みの国）

THAILAND　　　···· P.464

YUNQUAN QIN
ユンチュエン・チン

①シンガポール
②31歳
③英語
④ハーバルスープ
⑤Home（家）

SINGAPORE　　　···· P.466

BENJAMIN SOO PHAVORACHITH
ベンジャミン・ス・パボラチット

①ヴィエンチャン　②29歳
③英語、ラオ語、インドネシア語、
　フランス語
④もち米を添えたバーベキューチキン
⑤Serendipitous（思いがけない）

LAO PEOPLE'S
DEMOCRATIC REPUBLIC　　　···· P.468

THIN THINZAR SOE
ティン・ティンザー・ソー

①ヤンゴン
②19歳
③ミャンマー語、英語、中国語、韓国語
④ラカイン・モ
⑤The Golden Land
　（ゴールデンランド。世界で一番寛容な国）

MYANMAR　　　···· P.470

FREDERICA ROSA
（フレデリカ・ロサ）
①ロロトエ
②29歳
③ブナク語、テトゥン語、
　ポルトガル語、英語
④タロイモ
⑤Island of Crocodile（ワニの島）

TIMOR-LESTE　　····P.472

AMAL
KASIBAH BAHARI
（アマル・カシバ・バハリ）
①バンダルスリブガワン
②25歳
③マレー語、英語、中国語、福建語
④お米
⑤Serene（うらら か）

BRUNEI DARUSSALAM　　····P.474

MARGIANTA SURAHMAN
JUHANDA DINATA
（マルジャンタ・スラマン・ジュハンダ・ディナタ）
①西ジャワ　②26歳
③英語、インドネシア語、ドイツ語
④ホウレンソウの炒め物、ラーメン、
　マルタバ
⑤Complexity（複雑）

INDONESIA　　····P.476

HUY DO
（フイ・ドー）
①ハイフォン
②26歳
③ベトナム語、英語
④フォー、バーンミー、トロピカル
　フルーツ
⑤The Food Heaven（食の天国）

VIET NAM　　····P.478

ARIZZA NOCUM
（アリーザ・ノカム）
①ケソン
②29歳
③英語、フィリピン語、チャバカノ語
④レチョンマノク
⑤Paradise（楽園）

PHILIPPINES　　····P.480

YUNLI WANG
（ユンリ・ワン）
①台北
②30歳
③英語、北京語
④タピオカティー
⑤Freedom（自由）

TAIWAN　　····P.482

MARALMAA
MUNKH-ACHIT
（マラルマ・マンクー・アチット）
①ウランバートル
②27歳
③モンゴル語、英語、トルコ語
④アイスクリーム
⑤Potential（可能性のある）

MONGOLIA　　····P.484

IKI CHAN
（イキ・チャン）
①香港
②30歳
③広東語、北京語、英語
④シーフード
⑤Diversity（多様性）

HONGKONG, CHINA　　····P.406

YUSHENG HE
（ユーセン・フゥ）
①重慶
②24歳
③中国語、英語、フランス語
④エビとブロッコリーの中華炒め
⑤Brave（勇気）

CHINA　　····P.488

ACKEY
MYEONGSU RYU
（アッキー・ミョンス・リュウ）
①京畿道
②27歳
③韓国語、日本語、中国語、英語
④マンゴー
⑤Affection（情）

KOREA　　····P.490

YEONMI PARK
（ヨンミ・パク）

①恵山
②27歳
③韓国語、中国語、英語
④チョコレート
⑤Resilience（回復力）

DEMOCRATIC PEOPLE'S
REPUBLIC OF KOREA ···· P.492

TAICHI ICHIKAWA
（市川太一）

①福島県
②28歳
③日本語、英語
④寿司、ステーキ、果物
⑤Moon（月）

JAPAN ···· P.496

WHAT IS

OUR

DREAM?

「I have a dream」と夢を書いてくれた仲間たちは

一人ひとり、生まれた場所や国籍、民族、宗教、言語、

数えれば切りがないくらいたくさんの違いがあるけれど

平和、自由、正義を求める心、健康で幸福な生活を守る気持ち

同じと感じるところもいっぱいある。

その中でも、202人に大きく共通していることは、

目の前の人を大切にする優しさから夢が始まり

自分の手が届く小さな世界から行動を始めていることだ。

ONE WORLD
FULL
OF DREAM

誰ひとり取り残さない世界は、

誰にでもできることがある世界。

地球の生きとし生けるすべてに、優しさを届けることで

小さな世界から、みんなで大きな世界を変えていこう

思いやりのリレー、夢のリレー、人から人へ

「We have a dream !」

私たちは、夢を語り、夢を聴き、夢をつなごう

誰もが自由に夢に向かって生きられる明日に向けて

平和な一つの世界に向けて

WE ARE ONE

THIS BOOK
AND THE SDGs

- 本書とSDGs -

Promise
for Our Future

– 世界が結んだ約束 –

　SDGs（Sustainable Development Goals：持続可能な開発目標）とは、2001年採択のMDGs（Millennium Development Goals：ミレニアム開発目標）の後継として、2015年9月、国連サミットにて全会一致で採択された、持続可能な開発を目指す2016〜2030年の国際目標です。17のゴールは独立しながらも、それぞれ深くかかわり合っています。「地球上の誰も取り残さない」ことを誓い合い、国連加盟国193カ国が結んだ約束は史上最大の規模となり、全世界共通の目標になりました。

　また、同年、先進国・途上国双方の温室効果ガス削減義務を定めたパリ協定も結ばれ、SDGsとパリ協定が両輪となって、人類が地球的課題に立ち向かっていくことが期待されました。

Keep
Dreaming

– 夢という一つの回答 –

　しかし、2019年、アメリカがパリ協定から離脱を表明（2021年2月より復帰）しました。また、国連事務総長のアントニオ・グテーレス氏はSDGsを達成できるペースには至っていないという見解を明らかにしています。SDGsのさらなる普及と達成のためには、国際機関や各国政府、企業やNGO・NPO、熱意ある個人など限られた人々が行うのではなく、誰もが日々の暮らしのなかで実践していける、自分事にしていける、そんな発想の転換が求められているのではないでしょうか？

　その発想の転換ができる力が夢にはあると本書は考えます。では、夢とは一体何でしょうか？　キーワードは「夢と目標の違い」です。何かへの挑戦を山登りにたとえるなら、目標とは到達したい山頂に立てる旗（FLAG）です。夢とは、その山頂で見たい光景であり、山頂に立ったときに見える世界（DREAM）なのです。

Co-Creating
Our Planet

－ 地球上の誰もが SDGs に貢献できる －

　夢とは「人生を楽しむため」に、目標とは「自分を成長させるため」に欠かせないものです。SDGs もこれと同じだと本書は考えます。SDGs における 17 のアイコンは、いわば山頂に立てられたゴールフラッグ。期日や数値目標を定め、人類がそこに向かって努力し成長していくためのシンボルです。

　そして、そのフラッグをつかんだ先に想い描く、「誰ひとり取り残さず、誰もが幸せに生きていける未来の光景」を夢見て、世界の国々は約束を交わしたのではないでしょうか。

　「誰もがお腹いっぱいで眠れる世界にしたい」「次世代の子どもたちに美しい自然を残したい」「自由で平等な社会をつくりたい」。本書に登場するドリーマーたちのように夢見る未来を実現しようと生きることが、そのまま SDGs という目標を達成することにつながります。

　夢に向かって歩むことは人間本来の生き方。描く未来、描く世界に向けてみんなで語り合い、夢を重ね合うことで、地球上の誰もが SDGs に貢献できる。本書は、そのきっかけになれると信じています。

SUSTAINABLE
DEVELOPMENT
GOALS

17

SDGs INDEX

— SDGs索引 —

5 ジェンダー平等を実現しよう

6 安全な水とトイレを世界中に

11 住み続けられる まちづくりを

12 つくる責任 つかう責任

13 気候変動に 具体的な対策を

17 パートナーシップで
目標を達成しよう

NOTES
－ 註 －

AFRICA　アフリカ

※ 1 ⋯ P.23
アメリカ合衆国国際開発庁：https://www.usaid.gov/mozambique/education/
（アクセス日 2021 年 3 月 23 日）

※ 2 ⋯ P.23
アメリカ合衆国国際開発庁．
Let Girls Learn fact sheet：https://www.usaid.gov/letgirlslearn/fact-sheet/
（アクセス日 2021 年 3 月 23 日）

※ 3 ⋯ P.55
The World Literacy Foundation：https://worldliteracyfoundation.org/female-illiteracy/
（アクセス日 2021 年 3 月 23 日）

※ 4 ⋯ P.56
アパルトヘイト期に黒人居住区に指定された地域。

※ 5 ⋯ P.59
地球の環境容量をあらわしている指標で、人間活動が環境に与える負荷を、資源の再生産お
よび廃棄物の浄化に必要な面積として示した数値。

※ 6 ⋯ P.59
環境への負荷を持続可能な水準まで低減させながら、事業として採算が取れる仕事。

※ 7 ⋯ P.59
政治的、経済的、社会的なシステムや制度における決定に影響を与えることを目的とした、
個人またはグループによる活動や運動。

※ 8 ⋯ P.89
ミレニアル開発目標（MDGs）ターゲット 1.C は「1990 年から 2015 年までに、飢餓に苦しむ
人々の割合を半減させる」。

※ 9 ⋯ P.89
国連世界食糧計画（WFP）
Comprehensive Food Security and Vulnerability Analysis. 2009.

※ 10 … P.101

The European Community Action Scheme for the Mobility of University Students の略称。各種の人材養成計画、科学技術分野における EU 加盟国間の人物交流協力計画の一つ。大学間交流協定などによる共同教育プログラムを通じて、「ヨーロッパ大学間ネットワーク」を構築し、EU 加盟国間の学生流動を促進している。

※ 11 … P.122

UNICEF. The State of the World's Children. 2019.

※ 12 … P.132

FAO. The Sudan Institutional Capacity Program: Food Security Information for Action. 2011.

EUROPE ヨーロッパ

※ 1 … P.152

マルセル・プルーストの自伝的小説『失われた時を求めて』において、主人公が紅茶に浸したマドレーヌの香りから幼少期の記憶の回想が始まる。

※ 2 … P.167

Association Internationale des Etudiants en Sciences Economiques et Commerciales の略称。

※ 3 … P.177

フォーマル教育（学校教育制度内での教育活動）やインフォーマル学習（組織的ではない学習過程全般）に対し、正規の学校教育の枠外で、十分な教育を受けていない子どもや成人を対象とし、特定の目的を持って組織的に行われる教育活動を指す。

OCEANIA オセアニア

※ 1 … P.279

Jodrikdrik nan Jodrikdrik ilo Ejmour の略称。

※ 2 … P.285

Micronesia's male suicide rate defies solution. Newyork Times,
1983 年 3 月 6 日.

※ 3 … P.285

Lowe, E. D..Anthropological engagements of youths' mental health in contexts of modernizing social change: A critical assessment. Pacific Basic Research Center Working Paper.2016.

AMERICAS アメリカ

※ **1** ⋯ P.310
アフリカからアメリカ大陸に奴隷として連れてこられた人々が逃亡し、形成した集団とその子孫。

※ **2** ⋯ P.311
行商や靴磨きなど、主に開発途上国における経済活動で、公式に記録されないもの。

※ **3** ⋯ P.329
ビジネス領域では、業界や製品を連携させて大きな収益構造を構成するさまを指す。
収益活動協調体制、特定の業界全体の収益構造。

※ **4** ⋯ P.337
The UN Women Caribbean Office：https://caribbean.unwomen.org/en/
caribbean-gender-portal/caribbean-gbv-law-portal/gbv-in-the-caribbean
（アクセス日 2021 年 3 月 23 日）

※ **5** ⋯ P.339
性別を要因として起こる、女性に対する殺人。

※ **6** ⋯ P.352
島の東側 3 分の 2 をドミニカ共和国が、西側 3 分の 1 をハイチが占める。

※ **7** ⋯ P.361
グナの言葉で「子ども」の意味。

※ **8** ⋯ P.367
ブレイク・ダンサーの別称。

※ **9** ⋯ P.369
エルサルバドルやメキシコなどに自生する木。

※ **10** ⋯ P.369
刑罰の免除。人権侵害について、加害者を裁くことができないこと。

※ **11** ⋯ P.370
"Unbelievable" と国名の "Belize" を組み合わせた造語。

ASIA アジア

※ **1** ⋯ P.389
Eastern Mediterranean International School の略称。

※ **2** ⋯ P.401
The International Federation of Medical Students Associations：
国際医学生連盟の略称。

※ **3** ⋯ P.418
International General Certificate of Secondary Education の略称。

※ **4** ⋯ P.442
Islamic Republic of Afghanistan Central Statistics Organization.
Afghanistan Living Conditions Survey 2016–17. 2017

※ **5** ⋯ P.443
UNICEF. Global Initiative on Out-of-School Children: Afghanistan Country Study. 2018.

※ **6** ⋯ P.447
主に開発途上国において、ICT を活用した経済開発を行う企業。

※ **7** ⋯ P.450
国連世界食糧計画（WFP）.
https://www.wfp.org/countries/nepal（アクセス日 2021 年 3 月 23 日）

※ **8** ⋯ P.475
Young Southeast Asian Leaders Initiative の略称。

※ **9** ⋯ P.479
科学（Science）、技術（Technology）、工学（Engineering）、数学（Mathematics）の教育分野を
総称する語。

※ **10** ⋯ P.483
台湾の別称。ポルトガル語で「美しい」を意味する。

※ **11** ⋯ P.485
国連開発計画（UNDP）.国連人間開発報告書.2016.

※ **12** ⋯ P.487
責任ある観光。訪問先の自然環境や文化への影響を鑑み、その土地への敬意や配慮を伴った、
責任ある行動と持続可能性への意識を持って旅行すること。

SPECIAL MESSAGE

－世界のリーダーから若きドリーマーたちへ－

AI

アイ

アーティスト

誰だって夢を見れる世界！これ最高！お互いを知って助けあえたらそれも最高！この本が、この中の一人一人が、これを読んでるあなたが、時にヒビの入ってた世界を繋げてくれるような気がしました。新しい"未来"を"楽しみ"に変えていけますように。Let's dream!!!!

Jan Peter Balkenende

ヤン・ペーター・バルケネンデ

オランダ元首相

私たちは夢見なければなりません。私たちの共通の故郷、誰もが取り残されることのない世界、そして誰にとってもこの地球上で持続可能な未来がある世界を。そして、私たちはこれらの夢を実現するために全力を尽くさなければなりません。だからこそ、インスピレーションを与え、イノベーションを起こし、実行していきましょう。この本『We Have a Dream』は私たちの未来のための強力な羅針盤であり、行動への緊急の呼びかけでもあります。

Marija Pejčinović Burić

マリヤ・ペイチノヴィッチ・ブリッチ

欧州評議会事務総長

持続可能な開発は、人権の尊重、法の支配、民主主義という、欧州評議会が保護し推進する中核的価値観にしっかりと根ざしていなければ達成できないという私たちの信念を、本書の多くの声が裏づけています。持続可能な開発のための2030アジェンダは、私たちが取る行動のための、世界的な枠組みを提供しているのです。

Eugene Chien

ユージン・チェン

外交官、元中華民国外交部長

若者は社会に貢献する能力があり、企業の持続可能性を促進し、環境や社会への悪影響を軽減する力があります。次世代に向けて持続可能な世界を創造していきましょう！

Anthony Francis "Tony" Fernandes

トニー・フェルナンデス

エアアジア・グループCEO

さまざまな人生の若者の声で語られる、忍耐と勝利の物語に深く心を動かされました。決して諦めず、夢に向かって果敢に挑戦する彼らの物語は、この世界をより良い場所にすることを信じる多くの人々を感動させるでしょう。

Ron Garan
ロン・ガラン

元NASA宇宙飛行士

宇宙から見れば、私たちが共通の未来に向けて地球を旅する一つの存在であることは否定できない、明らかなことです。この本は、私たちが同じ種族として、認識されている違いを乗り越え、共有の課題を解決することができる可能性を真に照らしています。私たちには、（特に世界の若者たちには）私たち全員が存在したいと思うような未来を構築する能力があるのです。

Jorge Garduño
ホルヘ・ガルドゥニョ

President, The Coca-Cola Company Japan and South Korea

耳をつんざくようなアラームです。世界の隅々から何十億もの声を代表する201の夢は、私たちの行動を呼び覚まします。同時にこれは、新しい世代にリーダーシップを手渡すときが来たことを示す201の理由です。

Carol Lynch
キャロル・リンチ

サンド社最高業務責任者

現代医学の進歩にもかかわらず、世界中の多くの人々がいまだに必要な治療を受けられていません。私たちはそれを変えるために懸命に働いています。世界中の患者さんのために、私たちの夢を現実のものにするために、コミュニティとして協力し続けましょう。

Bernd Montag
ベルント・モンタグ

シーメンスヘルシニアーズCEO

私たちは異なる国に住んでいますが、同じ地球を共有しています。そして、私たちの脳は異なる思考を生み出していますが、幸せに生き、長く健康な生活を平和な地球で過ごすという同じ夢があります。地味な夢ですが、とても勇気がいります。ともに形にしていきましょう。

Kimy Okubo
大久保公人

One Young World Japan 会長

人と人、価値と価値がつながれば、世界はもっと小さくなる。あらゆる文化の人々を重んじ、彼らが出会い、意見を交わし、ひらめき合う環境を創造することは、新しい価値やイノベーションが生まれるきっかけとなります。そこに、一人ひとりが持つ個性と専門性、ともに何かを実現していこうとする真剣な想い、そして互いへの敬意と信頼が加わることで、いかなる挑戦も、どんな課題をも克服できる、真のパートナーシップと絆が生まれるでしょう。

Kate Robertson
ケイト・ロバートソン

One Young World 共同創設者

この本が読者に与える影響は、大きすぎて表現しようがありません。これらの物語は、より良い世界を目指して前進する若きリーダーたちを、間違いなく鼓舞することでしょう。

Mary Robinson

メアリー・ロビンソン

アイルランド元首相、The Elders会長

持続可能な開発目標（SDGs）は、すべての人にとってより健康的で、より公平で、より平等な未来を実現するための青写真です。この目標に到達するために私たちが一緒に創造しなければならないより良い世界があり、その世界を夢見る若いリーダーたちの重要な声と経験をこの本は捉えています。

Francesco Rocca

フランチェスコ・ロッカ

国際赤十字・赤新月社連盟（IFRC）会長

若者は世界の現在と未来を担う存在であり、平和と対話の持続可能な未来を築く鍵となる存在です。赤十字社ファミリーのなかで、若いリーダーは重要な役割を担っています。この本が多くの若者たちに、世界で必要とされる変化を導くためのインスピレーションを与えてくれることを確信しています。

Ellen Johnson Sirleaf

エレン・ジョンソン・サーリーフ

リベリア元大統領（アフリカ初の女性大統領）
ノーベル平和賞（2011年）

世界中の女の子と女性にシンプルな招待状を送ります。私の姉妹、娘たち、私の友人たち、どうかあなたの声を見つけてください。

Elhadj As Sy

エルハジ・アズ・サイ

コフィー・アナン財団理事長

あなたたちの声は届いています。望む未来を形づく
るために、今すぐ行動しようという声。それは確か
な思考のリーダーシップの表れであり、刺激と感動
と希望を与え、行動を促すものです。今日も明日も
私たちを導いてください。

Dorji Wangmo
Wangchuck

ドルジェ・ワンモ・ワンチュック

ブータン王太后、タラヤナ財団理事長

親愛なる若者たちへ。ボランティア精神を広め、思
いやりを持って心から奉仕するために、大きな夢を
見てください。Tashi Delek（乾杯）。

Muhammad Yunus

ムハマド・ユヌス

ノーベル平和賞（2006年）、グラミン銀行創設者

何かを実現させたいのなら想像力を働かせなさい。
この本は、人類が想像力を働かせ、不可能を可能に
できると教えてくれる！ 若者は、自分の生きたい
世界を想像しなければならない。想像力がこの世界
の未来をつくっていくのだから。

SPECIAL THANKS

WONDERFUL SUPPORTERS
FROM ACROSS THE WORLD

HELDER EDUARDO PINTO AFONSO [ANGOLA]

SILVIA CORREIA DE ARAUJO [TIMOR-LESTE]

NAOKI ASAMI [JAPAN]

SAFOORA BIGLARI [THE UK]

YOSR BOUHOULA [TUNISIA]

JONATHAN CHU [MALAYSIA]

DALIA DHIA [IRAQ]

DICKEL DIA [MAURITANIA]

TSUYOSHI DOMOTO [JAPAN]

NICOLLE FAGAN [UNITED STATES OF AMERICA]

SEINA FUJIWARA [JAPAN]

YUKI HINATA [JAPAN]

KHALID HOSSAIN [BANGLADESH]

SHAZEEB M KHAIRUL ISLAM [BANGLADESH]

JENNIFER KOSKELIN [PALAU]

MARINA KUBO [JAPAN]

HERUKA KUMARARATNE [SRI LANKA]

EILEEN GOH YU LIN [SINGAPORE]

SABRINA MAURER [UNITED STATES OF AMERICA]

JANA MINOCHKINA [KOSOVO]

ABDULVAHHOBI MUMINJONIYON [TAJIKISTAN]

JULIET NAMUJJU [UGANDA]

ADORA NOBUO [PALAU]

EMMANUELE MARIE PARRA [PHILIPPINES]

CIRA MOLLINGS PUENTES [CUBA]

SINCHITA DUTTA ROY [INDIA]

ABIGAIL SLADE [THE UK]

MAYURI SUZUKI [JAPAN]

RUTH WACUKA [KENYA]

MAIKO YOKOKAWA [JAPAN]

ILLUSTRATORS

ANCO (WORLD1)

EBISU (WORLD1)

AYA (WORLD1)

SHUNSUKE FUJIE (WORLD1)

GURIKO (WORLD1)

HACHI (WORLD1)

MAAKO (WORLD1)

MIU (WORLD1)

NAGISA (WORLD1)

NOKAMI (WORLD1)

RUTSU (WORLDT1)

SAYAKA SAKAMOTO (WORLD1)

SAEKO (WORLD1)

RUKA KAWASAKI

EDITING & TRANSLATION

CHANDRA MAIKO AZUMA

KANA HAYASHI

HARUKA IMAI

AYAKA JINBO

KEN KAWABE

AKIKO KIYOTSUKA

SHOKO KOMATA

BENI KUDO

HIROKO NAKATANI

MISAKO NOGUCHI

KOHEI MATSUDA

MARK STEIN

KANAE WAKUTANI

TOMOHIRO YAMATSUKI

SATOSHI YASUNAGA

PHOTOGRAPHERS

YUTA KOBAYASHI (P.60-61)

MIKIYAS MELESS (P.32)

MAXLAN PHOTOGRAPHY (P.310)

ONE YOUNG WORLD (P.216 / P.492)

EBONNIE ROWE / @HONEYJAMBDOS (P.338-339)

VAUD PHOTOGRAPHY (P.74-75)

PEETER VIISIMAA (P.96-97)

GENEVIÈVE SAUVALLE (P.94)

ACADEMIC SUPPORTER

OKAYAMA UNIVERSITY

United Nations
Educational, Scientific and
Cultural Organization

UNESCO Chair in Research and
Education for Sustainable Development,
Okayama University, Okayama City, Japan

SPECIAL THANKS

毎年開催されるワン・ヤング・ワールド・サミットには、あらゆる国やセクターから、社会的影響力を加速させるために活動する最も優秀な若き才能が集まります。190以上の国からやって来た代表者は、ジェーン・グドール博士、ポール・ポルマン氏、ムハマド・ユヌス氏といった影響力のある政治家やビジネスリーダー、人道主義者をはじめ、多くの世界的著名人から助言を受けます。スピーチ、パネルディスカッション、円卓会議、交流会、ワークショップなど、この4日間は参加者にとって変革を起こすものになるでしょう。サミットで扱われる議題は、世界規模のリサーチを行ったうえで、ワン・ヤング・ワールド・コミュ

ニティによって、若者に影響を与える問題ともっとも関連のあるものになるよう、設定されます。サミットを経て、ワン・ヤング・ワールド・アンバサダーとなった参加者は、変化を生み出そうという意欲と手段を手にして、それぞれのコミューティや組織に帰ります。そして、12,000人以上の若いリーダーたちがつながる世界的なネットワークを生かし、既存の取り組みを加速するだけでなく、新たな事業を生み出しています。

WORLD DREAM PROJECT

HP https://world-dream-project.com

MAIL info@world-dream-project.com

[Instagram] @worlddreamproject

私たちの夢は、平和な世界です。

私たちは、夢という世界共通言語と

夢から始まる力を信じています。

分断や国境、固定概念など、これら「境界線」を越えて

新しい未来に向けて語り合い、学び合い

夢で未来を照らし、世界を元気にするプロジェクト。

それが、WORLD DREAM PROJECT です。

そして、このプロジェクトは誰でも始められます。

身近な人に、出逢った人に夢を伝える、相手の夢を聴く

そうやって日常のなかに夢を感じ続けることで

あなたの毎日に希望や勇気があふれていきます。

あなたの夢は何ですか？

夢から始まる希望のリレーをあなたから

WORLD DREAM PROJECT

市川太一　平原依文

WE HAVE A DREAM

201カ国202人の夢 × SDGs

2021年6月12日　第1刷発行

編
WORLD DREAM PROJECT

Director
市川太一

Co-Director
平原依文

Chief Editor
きむ

Editors
岩花京太朗　村瀬真奈

Editorial Supporters
品川亮　萩原英子　矢谷知仁　木村美都里

English Supervisor & Translator
ネルソン・バビンコイ

Photo Supervisor
日比康二

Designers
西村夏南　本田琢馬

発行者　木村行伸
発行所　いろは出版株式会社
　　　　京都府京都市左京区岩倉南74
　　　　電話　075-712-1680
　　　　FAX　075-712-1681

印刷・製本 株式会社光邦

GREEN PRINTING JFPI
P-B10149
この印刷製品は、環境に配慮した
資材と工場で製造されています。

VEGETABLE
OIL INK

バイオマス
No.180082
使用部位：本文印刷インキ

P.172-173 Photo by Godong/robertharding/gettyimages　P.202-203 Photo by mikroman6/Moment/gettyimages　P.234-235 Photo by Roman Kharlamov/gettyimages　P.270-271 Photo by David Kirkland/gettyimages　P.288-289 Photo by John White Photos/Moment/gettyimages　P.314-315 Photo by Sorin Rechitan/EyeEm/gettyimages　P.392-393 Photo by joe Daniel price/Moment/gettyimages　P.416-417 Photo by efesenko-stock.adobe.com　P.434 Photo: AFLO　P.457 Photo: AFLO　P.495 Photo by Christian Petersen-Clausen/Moment/gettyimages